书山有路勤为径,优质资源伴你行
注册世纪波学院会员,享精品图书增值服务

思维力

高效的系统思维

（第❷版）

王世民·著

电子工业出版社
Publishing House of Electronics Industry
北京·BEIJING

未经许可，不得以任何方式复制或抄袭本书之部分或全部内容。
版权所有，侵权必究。

图书在版编目（CIP）数据

思维力：高效的系统思维 / 王世民著．—2 版．—北京：电子工业出版社，2021.8
ISBN 978-7-121-41751-1

Ⅰ．①思… Ⅱ．①王… Ⅲ．①思维方法 Ⅳ．①B80

中国版本图书馆 CIP 数据核字（2021）第 159419 号

责任编辑：杨洪军　　　　　特约编辑：田学清
印　　刷：北京捷迅佳彩印刷有限公司
装　　订：北京捷迅佳彩印刷有限公司
出版发行：电子工业出版社
　　　　　北京市海淀区万寿路 173 信箱　　　邮编：100036
开　　本：720×1000　1/16　　印张：15.25　　字数：242 千字
版　　次：2017 年 1 月第 1 版
　　　　　2021 年 8 月第 2 版
印　　次：2025 年 10 月第 18 次印刷
定　　价：68.00 元

凡所购买电子工业出版社图书有缺损问题，请向购买书店调换。若书店售缺，请与本社发行部联系，联系及邮购电话：(010) 88254888，88258888。
质量投诉请发邮件至 zlts@phei.com.cn，盗版侵权举报请发邮件至 dbqq@phei.com.cn。
本书咨询联系方式：(010) 88254199，sjb@phei.com.cn。

再版序

不知不觉，距离 2017 年《思维力：高效的系统思维》的出版已经过去 4 年多了。

《思维力：高效的系统思维》是我写的第一本书，当时我刚辞职创业一年多，误打误撞地做了 ERP 实施顾问的培训业务。苦于没有合适的培训教材，于是我萌生了自己写一本书给这些顾问当教材的念头。

就这么一个简单的起心动念，没想到产生了两个深远的影响。

影响一：成就了几百个人

《思维力:高效的系统思维》这本书在正式出版前两年,也就是 2015 年,已经是 ERP 实施顾问的内部培训教材。现在回头看，2015 年到 2016 年，我培养的 200 多名顾问成长得明显比同龄人快得多，现在已经是各行各业的精英了：有的和我创业前一样担任咨询总监；有的在科技公司担任 IT 经理、财务经理；有的在电商公司担任合伙人。

现在他们中的大多数人还都与我保持着联系，逢年过节打个招呼，以及在每次换个好工作或职位有升迁时来报个喜。

每次收到他们的这些喜报我都很自豪，因为他们说得最多的就是思维力的提升改变了他们的一生，特别是随着工作时间越长、职位越高，越发感知到思维力的重要性。

能在短短的两年内对这 200 多人产生这么大的影响，这是我之前完全没有想到的。

影响二：YouCore 的创立

因为《思维力：高效的系统思维》的出版，越来越多的人知道了我、找到了我，我也顺势在当年创办了 YouCore，走出了顾问培训这个小圈子，将我的这套独特的职场思考和学习方法（关于学习方法可以阅读我的另一本书《学习力：颠覆职场学习的高效方法》）应用到了普通职场人士身上。

这个影响就更大了，也改变了我的创业方向：从 2017 年起，我不再做 ERP 实施顾问的培训业务了，而是将所有的精力都投入对普通职场人士的思维力和学习力提升上。

YouCore 自成立以来，发展的速度超出了我的想象，现在已经是职场思维力/学习力这个领域的领跑者了。我原先压根没有意识到，非咨询顾问的普通职场人士对思维力和学习力提升的要求是如此迫切、如此普遍的。

经过近 5 年的探索，我又积累了 10 万人以上，而且是各行各业、各种职位的职场人士的培训经验，思维力和学习力的训练材料、培训方法也随之打造得更完善了。

趁着这次再版机会，除对部分过时的内容与笔误进行了修订外，我还将部分最新的研究成果加入书中，如界定问题六问法、个人执行力和团队执行力等内容。

第一个 5 年即将过去，希望当下一个 5 年《思维力：高效的系统思维》再次修订的时候，我们可以再度相见，一起探讨更多、更新的思维力研究成果。

王世民

推荐序

2014年，以前领导过的一个下属鼓励我在深圳开一家顾问培训公司。说实话，或许我的确拥有资源，但我心里并不是很愿意干这档事。虽然他一直强调市场需求的规模和独占性，但我心里有一把尺，总觉得那是苦力活，不太动心，也不够"高大上"。我知道这位朋友和世民兄也熟悉，也曾劝说世民兄离开惠普和他一起创业，于是我丢下一句话："如果你可以说服王世民加入，那我们就成立公司。"很快，在2015年年初，我们达成了共识并成立了尔雅。

有了世民兄的加入，我们树立了更远大的目标，不单单成立一个顾问培训公司，也期待尔雅能成为一个平台，创造更大的价值。于是，几个不懂培训行业的门外汉就卷袖露腕，以世民兄为主轴，拼命地干起来。市场果真不如预期得好，但是生存没有问题。虽然与当初的期待有落差，但也并非坏事，至少浮躁的心慢慢沉稳下来。在一步一个脚印的过程中，我们逐渐尝试找回更多的感动，于是尔雅的关注点便从顾问培训转成研究学习的方法。这个变化使得我们更在乎行为的技能，而不是专业的技能；我们执着的不只是帮助学生就业，更是学生素质能力的提升。也唯有从"授鱼"到"授渔"，尔雅才能真正地解决结构化的社会问题，成为一家受人尊敬的公司。

对于这个目标，我们都感到兴奋，也觉得尔雅承担的责任更重了。因为从理念上，它已是一家社会公司，在为整个社会基本素质的培养尽一点心力。从送出去就业的200多名学生的追踪数据可知，70%的顾问成了核心的顾问或项目经理，这绝对是以思维力为基础的学习力的展现，是他们在尔雅所学习到的核心素养的打磨和持续发力。虽不能尽如人意，但至少帮他们开了另一个窗口。就业后，只要他们不停地将行为能力变成习惯，将素养变成自己身心的一部分，他们的表现就能比其同侪更加突出，虽然这只是它所发挥功能的一个方面。

世民兄和我在做的就是教育更多的"自由人"，把一些有形或无形的制约，从学生的意念中去除。明白地说，尔雅所做的，正是博雅教育的实际落地。法理德·札卡瑞亚（Fareed Zakaria）的一本书《为博雅教育辩护》很清楚地定义出博雅教育的本质，从某种程度上说，尔雅所推广的行为能力体系和博雅教育一致。此书描述道："'博雅教育'是培育学生在知识上成为一个'自由人'而非'奴隶'，它的精髓不是机械式地教导某些课程，乃是涵盖着正确方向、价值观、信念和不可或缺的'人的因子'，将对其日常生活有可能面临的事物做出更正确的分析和辨识。"

在尔雅，我们从根本的思考开始，让学生充分运用智力和想象力，去了解他们作为群体和个人可能遇到的各种问题。帮助这些学生的学习力有序提升，是我们所乐见的。借由世民兄在尔雅打造出来的方法论和课程，我们看到了愿景，且越来越近。

《思维力：高效的系统思维》是第一本，在不久的未来，会有一系列与个人核心力相关的书籍陆续问世。在看完此书后，我认为它真的有别于市场上炒得火热的思维书籍和文章，因为它是在我们几十年的顾问生涯经验基础上，外加上实践的教育经验，所结合而成的入门宝典。

无论是彼得·圣吉（Peter Senge）在《第五项修炼》里提到的"学习型组织"（Learning Organization），还是丹尼斯·舍伍德（Dennis Shernwood）在《系统思考》里提到的"忘却学习"（Unlearning），我们都能看到其思考的缜密性和解决问题的推理过程。世民兄深得个中精髓，将实战性知识叠加理论高度演化成自己的心得。也因为这样的心态，对于此书我们有更高的期许，它不仅是一本书，也是我们对于思维这个话题所贡献的心力。素质教育改革不能只靠学校，我们也能借助不同的渠道，将这事儿讲得更清楚，帮到更多喜欢学习的人。

陈孝昌

美国宾夕法尼亚大学博士

深圳尔雅联合创始人

前　言

2014年年底，我还在惠普企业集团咨询事业部担任咨询总监时，我曾经的一位老领导推荐我去金蝶担任副总裁兼咨询事业部总经理。当时传出企业集团要被某国企收购，我考虑多一个选择似乎也不是坏事，就答应了。经过最后一轮金蝶董事局主席徐少春先生的面试，我就职金蝶的事就剩下确认薪水和入职时间了。

恰巧这个时候，我在IBM工作时的领导陈孝昌博士邀请我共同创办一家培训机构，这个项目是一位前IBM同事想找陈孝昌博士合作的，他们两人已经交流好几个月了。说实话，刚开始我拒绝了：一边是稳定的百万元年薪的工作；一边是不确定的创业，而且是我不看好的ERP实施顾问培训项目。不过碍于老领导的情面，我还是答应帮忙设计业务模式。有了这个开端，后面的一切就自然发生了。

在设计人才培养体系的时候，我突然意识到不应做单一职业技能培训，而要做人才的核心通用能力培养，只有这样才能给年轻人提供更好的帮助、给社会创造更大的价值，也顺应了"移动互联""云计算""大数据""人工智能"等新技术驱动下的新时代人才要求。而这正是我一直想做的事！因此，我完全抛开了原先的业务设想，全新设计了业务模式，尔雅就这样诞生了！我也成了尔雅的大股东和执行董事。这一年多来，我与陈孝昌博士一起构建了尔雅的核心团队，并建立了一套完整的以思维力为基础的人才培养体系。

基于这套以思维力为基础的人才培养体系，我们已经输送了200多名金蝶ERP实施顾问。这些年轻顾问虽然经验不足，但凭借优秀的思维力基础，他们表现出了远远超过同龄人的潜力和成长速度，在不到一年的时间里已经成为珠三角地区金蝶K/3 Cloud实施的主力军。

"真正有用"正是这套系统思维体系的不一般之处！市面上与思维相关的培训和书籍多如牛毛，但因为背景、经验的局限，绝大多数都是在炒金字塔原理、思维导图的冷饭，将原本局限的应用无限扩大化，结果导致教者不知所云、学者不知所谓。本书提炼的系统思维是一套科学、完整的思维体系，它既融合了中西方思考和表达的优秀方法、工具，又基于我在顾问咨询、企业管理、自主创业和人才培训方面的多角度、全方位实践，做了非常大的创新和突破。本书理论很深但举例很浅、威力巨大但上手简单，无论是对在校学生或初入职场的新人，还是对创业者或企业高管，在高效学习、有力表达、解决问题方面都有着很强的指导作用和应用价值。

本书结构和阅读建议

本书分为三部分共十章，各章可自成体系地解决一个问题，同时整本书又形成一套体系化的系统思维。对于想全面提升思维力的读者，建议按照本书章节顺序阅读；对于迫切想寻求具体问题解决技巧或表达技巧的读者，可以直接阅读相应章节。

第一部分——系统思维探秘

本部分由两章组成。第一章分析了具备优秀思维力的必要性。第二章透彻分析了万事万物的本质是系统，而框架则是对系统的简化体现，据此明确了系统思维的简化应用：用框架来系统地思考与表达，并演示了框架在分析和解决问题、表达、学习上的应用价值。

第二部分——用框架解决问题

本部分由四章组成，主要介绍框架在分析和解决问题上的应用。

第三章至第五章分别介绍了发现问题（界定问题）、分析问题（构建框架及明晰关键）和解决问题（高效执行及检查调整），这构成了用框架解决问题的五步法，每个阶段都精练了相应的优秀思考方法和工具。

第六章介绍了"假设思考"，这是咨询顾问和高层管理者常用的思考方法，可在有限的时间内、有限的资源下高质量地解决问题。

第三部分——自上而下地表达

本部分由四章组成，主要介绍框架在表达上的应用——自上而下地表达。

第七章至第九章分别介绍了"讲三点""从结论说起""金字塔结构"，这三章是自上而下地表达三个逐层递进的层次：形式上的自上而下地表达，有明确中心思想的自上而下地表达，有明确中心思想且逻辑结构清晰的自上而下地表达。

第十章介绍了"形象化表达"。这是自上而下地表达的另一种高级形式，即透过一张图表呈现出比文字式的"从结论说起"更突出的中心思想、比"金字塔结构"更清晰的逻辑框架。

特别致谢

写书是一件需要投入大量时间与精力的事。不巧的是，在编写本书期间，恰逢企业几个项目同时启动，宝宝王君然又刚出生。感谢太太王艳的大力支持，让我挤出时间完成本书的编写。同时，还要感谢我们尔雅的缪志聪老师帮忙编写了本书第六章与第十章的初稿并进行了通稿的校验。

非常感谢电子工业出版社策划编辑张培对书名的建议，让我们的系统思维、高效学习、圆润沟通、习惯养成等核心课程可以通过"核心力系列"系统地推荐给大家。"核心力系列"的另一本书《学习力：颠覆职场学习的高效方法》为我跟缪志聪老师合著，也欢迎你的阅读！

王世民

目 录

第一部分 系统思维探秘 1

第一章 不得不提升的思维力 2
第一节 思维力不足的三大痛点 2
第二节 思维力提升是当今时代的要求 9

第二章 思维力提升必备——系统思维 14
第一节 系统思维是什么 14
第二节 系统思维与常见思维的关系 19
第三节 框架的三大应用价值 24

第二部分 用框架解决问题 33

第三章 发现问题——界定问题 39
第一节 准确地描述问题 39
第二节 明确问题的构成要素 41
第三节 探究问题的本质 43
第四节 显性化问题隐含的假设 53
第五节 综合界定问题 57

第四章 分析问题——构建框架及明晰关键 65
第一节 必备的基础思考工具 65
第二节 构建框架之一：自下而上提炼框架 69

　　　　第三节　构建框架之二：自上而下选用框架 87
　　　　第四节　综合运用两种构建框架方法 102
　　　　第五节　明晰关键 115

第五章　解决问题——高效执行及检查调整 120
　　　　第一节　高效执行 120
　　　　第二节　检查调整 127

第六章　假设思考——咨询顾问的问题分析与解决之道 130
　　　　第一节　什么是假设思考 131
　　　　第二节　假设思考的三大优势 135
　　　　第三节　假设思考五步法 144
　　　　第四节　如何练习假设思考 150

第三部分　自上而下地表达 153

第七章　"讲三点"快速拉升水平 156
　　　　第一节　神奇的7±2效应 158
　　　　第二节　表达时"讲三点"的好处 159
　　　　第三节　如何养成"讲三点"的习惯 162

第八章　"从结论说起"明确目标 165
　　　　第一节　"从结论说起"的表达结构 166
　　　　第二节　"从结论说起"的适用场合 168
　　　　第三节　如何做到"从结论说起" 171

第九章　"金字塔结构"清晰逻辑 175
　　　　第一节　金字塔原理概述 176

XI

第二节　演绎式逻辑论证 179

第三节　归纳式逻辑分组 186

第四节　综合运用演绎式逻辑论证和归纳式逻辑分组 196

第五节　表达时的 MECE 要求 199

第十章　"形象化表达"有力展示 204

第一节　为什么需要图表化展示 206

第二节　常用的图表 208

后记　书的结束　你的开始 228

参考文献 230

第一部分

系统思维探秘

第一章

不得不提升的思维力

第一节 思维力不足的三大痛点

你在工作、生活和学习中是否碰到过下面三种情况：遇到事儿想不明白、与人谈话或写文章时说不清楚、学习新知识或新技能时掌握得慢？

（请将视线离开书本60秒，在脑海中回顾一下这些你不敢直面的场景。）

如果一时没有想到，没关系，你可以跟着我一起走进下面的场景，看是否似曾相识。

◄◄ 分析时想不明白

➢ 场景1——张小满的"大"事干砸了

张小满（化名）离开学校进入公司也有半年了，领导净给他安排端茶、倒水、打印的"小"事。张小满十分郁闷，天天盼着领导给自己安排"大"事，也不枉多年的寒窗苦读。盼星星、盼月亮，终于，领导通知要布置"大"任务了，张小满兴奋地走进了领导的办公室。

领导正在打电话，看起来很忙。看到张小满来了，领导用手掌盖住话筒，转过身对张小满说："小满，公司缺一个书柜，你去采购下，有什么问题吗？"

看到领导这么忙，张小满连忙点头答应说："好的，没问题。"

在转身离开领导的办公室，着手准备去采购书柜时，张小满傻眼了！应该买个什么材质的书柜？多宽、多高、多少层？什么时候要？多少钱？可以网上采购，还是只能去家具城买？这些细节问题自己当时都没想起来跟领导沟通啊！领导那么忙，现在再过去问又怕领导质疑自己连这点事都办不好，以后怎么做更"大"的事。张小满纠结了！

上面的场景你似曾相识吗？你是不是也陷入过类似的困境，在接到客户、领导或老师布置的任务时，没能第一时间全面考虑任务的原因、背景、内容、地点、时限要求、团队人员，以及任务的预算？

↘ 场景2——刘大能换工作的烦恼

刘大能（化名）最近很纠结。毕业5年以来，他一直在一家省级国企工作，现在是公司旗下互联网平台的运营总监。虽然国企的待遇和福利不错，工作也很轻松，但他总觉得工作干得很没劲，因此想换个工作。

刘大能的文笔不错，对市场策划感兴趣。他面试了几家互联网公司，没想到真有一家业内口碑不错的互联网公司给他发来邀请。这家互联网公司提供的工作岗位是文案策划，待遇比目前的国企低20%左右。但是公司的发展前景很好，已经完成了A轮融资，而且还是由知名机构领投的，因此未来的收入回报可能会很高。

想要的工作机会来了，刘大能却不知道如何选择：现在国企的工作虽然没有自己想要的激情，但是稳定，而且自己也挺受重视；互联网公司提供的岗位是自己感兴趣的工作，但是收入少了，而且面临着未来的不确定。

怎么办呢？刘大能彻底纠结了！

刚刚的场景有唤起你类似的记忆吗？在面对看似两难的问题时，你是像刘大能一样纠结，还是能够找出一个系统的分析和决策模型，迅速做出决定？

➥ 场景3——李老板的利润率之痛

李春风（化名）是一家手机生产公司的老板。李老板的父亲在给他起这个名字时，希望他一生都能春风得意。李老板也争气，刚过而立之年就创办了这家手机生产公司，年营收过亿元。

不过这段日子，李老板一点都"春风得意"不起来了。因为智能手机市场的竞争越来越激烈，手机价格越卖越低，但是公司的成本越来越高。昨天财务人员给李老板发了上个月最新的财报，毛利润率竟然只有0.8%，缴了税后就是亏损状态。这样下去，公司还怎么持续经营？

李老板想过大批量采购以降低原料价格，但转念一想这个风险也很高：电子原料一个月一个价，而且技术革新又快，万一压在手里，那公司的现金流就断了。

李老板也想过从员工的工资入手降低部分成本，但他将这个想法在经营会议上一提出就遭到了所有高层经理的反对。每个经理都跟李老板大倒苦水："老板，人不好招，更不好带啊。我们员工的工资水平在行业里已经算中等偏下，再降怕没人愿意干了。"

既然成本降不下来，李老板想："如果能提高价格也行，iPhone不就卖得挺贵，我们也可以通过研发新产品来提高售价嘛。"当李老板还沉浸在成为"李布斯"的梦里时，研发总监提交的6 000万元研发经费报告瞬间将李老板吓醒了，而且研发总监还在报告里特别强调6 000万元也不能保证研发成功。万一不成功，6 000万元不就打水漂了？这可比杠杆炒股的风险还高啊！

李老板头疼了，乍一想，能入手的地方好像很多，但仔细想想又都不一定可行。真是一团乱麻，不晓得怎么办才好。

不知道李老板的痛苦有没有激起你的同感。你是否也遇到过类似复杂、棘手的事？看似可以着手处理的地方很多，但其实又都难以执行，结果就是千头万绪，不知道从何入手，最后只能畏缩不前，一直拖到"判决书"来临后听天由命。

⏮ 表达时说不清楚

➡ 场景1——谭小明的电梯太"慢"了

谭小明（化名）大学毕业后进入人生的第一家公司，每天任劳任怨，勤勤恳恳。一天晚上加班，谭小明下了班走进电梯，遇到了公司的董事长。

董事长关切地问："加班到这么晚，很辛苦啊。最近在忙什么？"

谭小明连忙应答："是啊，很忙的。"但紧接着谭小明就不知道该说什么了，感觉事情很多，脑子里却一片空白。

电梯里出奇地安静，虽然只有10楼，但他感觉这次电梯运行的时间如此漫长。

"叮"，电梯门终于开了。"再见。"董事长说完就出了电梯。"再见。"谭小明应答道。

谭小明十分沮丧，这是一个千载难逢的展现自己的机会，自己竟然什么都说不出来。

你有没有相似的经历？当偶遇一个可以提拔自己的领导，或者在一个需要自己即兴说几句话的关键场合，全场的焦点集中在你一个人身上时，你的脑中却一片空白，无话可说。

场景 2——谭小明的电梯太"快"了

这次还是谭小明。经过上次不堪回首的经历，谭小明进行了充分的准备，就等待与董事长不期而遇。时光飞逝，谭小明一如既往地踏踏实实工作，已经快忘记了上次的电梯尴尬之旅。

又是一个加班的晚上，谭小明拖着疲惫的身体走到电梯口。"叮"，电梯门开了，是董事长，谭小明立刻兴奋了，准备一雪前耻。

"最近在忙什么啊？"董事长问道。

"最近做了……"谭小明滔滔不绝地说起来。但一个项目的背景还没有介绍完，电梯就到了，这次 10 楼的电梯之旅怎么这么短！

"再见。"董事长出了电梯。但谭小明还有千言万语没来得及说，只介绍了一个项目背景，还没介绍自己的辛勤成果呢。

你对谭小明的这次表现满意吗？这种感觉你熟悉吗？给你有限的时间，你怎么在这有限的时间内表达得言简意赅？

场景 3——文滔滔的面试

文滔滔（化名）在参加一个面试。

"先做个自我介绍吧。"人力资源经理说道。

"好的，我很喜欢打篮球……我也很喜欢下棋……"文滔滔口若悬河。

"你想找什么工作？能说说之前的工作经历吗？"人力资源经理引导道。

"我两年前在 B 公司工作……我刚毕业的时候在 A 公司工作……我的上家公司是 C 公司……哦，对了，我三年前还在 D 公司工作过……"文滔滔努力回忆道。

人力资源经理努力想跟上文滔滔的思路，但感觉自己像在坐时光穿梭机，不知道下一站是哪里。

面试结束后，文滔滔感觉自己很健谈，却没有接到这家公司人力资源部门的通知。

如果你是人力资源经理，你会录用文滔滔吗？是文滔滔太健谈了吗？你有没有过在回答别人的问题时，长篇大论之后，别人却听得懵懵懂懂的经历？问题出在哪里？

⏮ 学习时学不快速

↘ 场景1——项勤奋的白用功

项勤奋（化名）是个用功的孩子，天天挑灯夜战，但是成绩总是不理想。

每次考试前，老师问项勤奋复习得怎么样了，项勤奋都不知道如何回答。看了好几遍书，也做了很多题，可是到了考试时，项勤奋总感觉很多题目是新的。只有几百页的书，项勤奋却感觉其中的内容无穷无尽，考试的时候只能碰运气。

有的同学平时也不比自己用功，考试分数却比自己高很多，哎！项勤奋郁闷了。

不知道你的成绩怎么样，项勤奋的这种无奈你能感同身受吗？如果上文的场景你也经常遇到，可以思考一下，是你比别人笨，还是有其他原因？

↘ 场景2——魏专家在大数据平台下的经验清零

魏曦宇（化名）在一家合资汽车厂干了20年，从一名普通的生产线工人做起，逐步做到班组长、生产管理经理、车间主任，现在是售后维修处的高级工程师。因为工作时间长，熟悉公司各种车型的情况，汽车驾驶、维修中的种种疑难杂症在老魏这儿几乎都可迎刃而解。老魏也因此在公司一直被同事尊称为"魏专家"，老魏自己也挺得意于这个非正式称呼。

不过老魏最近很烦心。因为公司引进了一套"车辆维修智能诊断平台"，公司所有车型过往几十年的维修记录都被整合进了这个平台，现在一碰到维修问题，大家在手持终端上点一下，基本就能定位到问题。而且，车联网兴起后，公司所有车型加载的智能设备越来越多，虽然自己也想去学习和了解，但是怎么学都学不过刚来公司的年轻人。

老魏觉得自己落伍了，原先汽车驾驶、维修的经验和优势似乎一夜之间就被清零了。现在当同事再称呼自己"魏专家"时，老魏很心虚，总感觉别人其实心底里叫的是"伪专家"。

在大数据平台下，信息的采集、存储和分析发生了本质的改变。如果不能快速学习，你原先的经验还能支撑多久？"人形百科全书"必然被"机器百科全书"替代，你也想跟老魏一样，20年的经验被一夜清零吗？

↯ 场景3——何三木的"专业不对口"

何三木（化名）在一家传统的物流公司做企划，按部就班熬了10年升职成了高级经理，收入不高也不低，工作压力也不大——就是时不时要写物流行业的分析报告。作为物流管理专业的毕业生，又有10年的行业经验，何三木完全能应付。

何三木本想就这么在公司混下去，没想到之前鲜有人问津的物流行业突然成了香饽饽，大量资本蜂拥进了各式物流公司，上市、兼并、电商、孵化创新、"互联网+物流"等扑面而来，何三木感觉一下子就变天了：电商平台京东怎么成了物流公司的竞争对手？EMS怎么在卖樱桃？顺丰怎么还有金融产品？

何三木所在的物流公司也有资本投资，"互联网+"和跨界成了公司每个人口头上说得最频繁的词语，企划部忙得团团转。这不，老板给何三木一周时间写一份农副产品行业的分析报告。

何三木很郁闷，自己的专业是物流管理，怎么会懂农业呢？专业不对口啊。他赶紧寻求亲戚和朋友的支援。好不容易找到一个正好研究这方面的朋友，终于赶在最后期限前写完了报告，交给了老板。

可没过多久,老板又要一份快消品行业的分析报告。何三木无语了,自己人脉广泛,但也不至于所有专业的朋友都有啊!

何三木面临的场景你碰到过吗?是老板在刁难他吗?如果是你,你能否在短时间内快速熟悉一个陌生的领域?

"互联网+"时代已经到来了,各种跨界正在发生,专业、行业的边界迅速消融,复合型的创新人才成了每个公司追逐的新焦点。不能快速学习、不能快速适应新领域的人很可能被时代淘汰。

以上的典型场景,有些你可能碰到过,有些可能没碰到过,不过这不是关键,关键是你要能通过这三类九种典型场景意识到思维力不足的危害:想不明白、说不清楚、学不快速。因此,要重视对思维力的锻炼,特别是在"互联网+"、大数据、人工智能时代,优秀的思维力更是现代人避免被时代淘汰的必备能力。

第二节 思维力提升是当今时代的要求

知识积累方式变化下的必然要求

人工智能、大数据、移动互联网等技术在冲击和改造传统行业的同时,也对人类知识积累的方式产生了巨大的影响。

(1)知识淘汰和更新的速度进一步加快。

4 000多年前,第一辆马车在中国夏朝诞生。直到20世纪20年代,第一台民用收音机诞生的时候,马车依然是人类社会的主要交通工具之一,马车通信知识延续了4 000年。假设一个人从夏朝开始赶马车送信息,并且一直活到了20世纪20年代,他依然可以靠赶马车送信息为生,不但不需要进行知识更新,而且因为赶了4 000年马车,他很可能成为全世界最棒的马车通信人。

20世纪20年代，收音机开始民用，声波通信产生。直至1983年元旦，真正的PC互联网诞生，Web通信才迅速取代声波通信的主流地位，一跃成为新的通信主体。声波通信知识转向Web通信知识经历了大约60年，其周期远远短于马车通信知识的4 000年。

Web通信仅仅辉煌了25年。随着2008年6月10日新一代智能手机iPhone 3G的发布，移动互联网以摧枯拉朽之势席卷全球，App通信迅速取代Web通信成为主流。现在离开了微信，估计大多数人都难以适应。

移动互联网诞生8年后，我国正式启动了5G技术研发试验。我国在5G领域的领先，甚至间接引发了中美贸易摩擦。虽然目前5G的商用还不广泛，但随着5G网络在全球范围的建设加速，在不久的未来，通信方式将发生重大变化。更别说6G已经踏上了各国竞争的赛道。

图1.1.1所示为人类通信知识的更新速度。经过4 000年—60年—25年—8年，人类知识在以我们难以想象的速度淘汰、更新。30年前，还有人以维修收音机为生，如今已经很难看到维修收音机的人了；18年前，还有有人以组装台式电脑为生，如今连维修台式电脑的人都很少见；现在不少人以维修手机为生，可能无须10年，维修手机的人也不再常见。

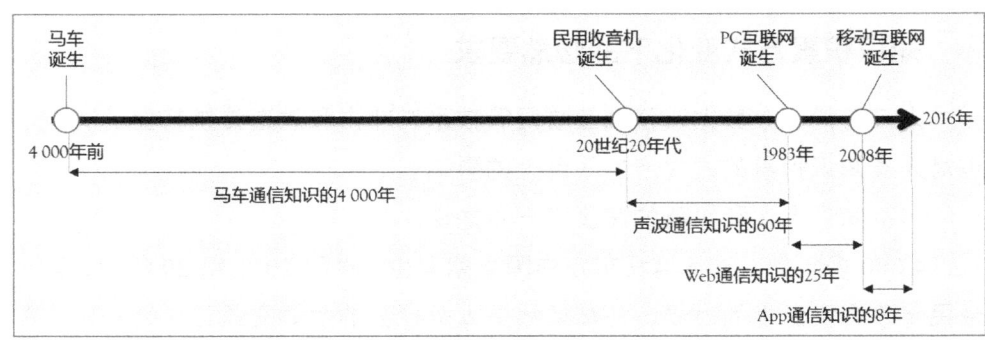

图1.1.1　人类通信知识的更新速度

因此，依赖现有的知识存活一辈子的时代已经一去不复返了。在如今知识快速更新和淘汰的时代，相较知识本身，提升思维力以快速掌握和应用知识更为重要，即思维力>知识。

（2）知识的学习日趋碎片化。

移动互联网兴起后，人类注意力集中的时间进一步减少，5 分钟已经成了人类注意力集中的新极限。各类云学堂、微课堂、自媒体打着"利用碎片化时间"的旗号，结果却打碎了你原有的整段时间。微信公众号、微课堂现在已成了不少人获取知识的主要渠道，知识的传播和接收进一步碎片化。

在信息大爆炸，但信息的传播和接收变得碎片化的情况下，如何才能将海量碎片化的信息变成你自己的体系化的知识？只有依靠提升思维力，建立个人知识体系，才能对知识进行分类过滤和体系化吸收。否则就是碎片来、碎片出，除时间被打碎外，一无所获。

高速运转时代的生存之道

人类社会的节奏越来越快，一切都进入了高速运转模式。移动互联网的普及，在拉近全球距离的同时，也因其即时传播的特性将人类社会的节奏越推越快。

在工作内容从以月为单位逐渐变成以小时为单位的快节奏中，人们对解决问题速度的要求也越来越高。思维力低下、快速解决问题的能力不足的人，势必被这个高速运转的社会抛弃。

保持大数据和人工智能趋势下人类仅存的优势之一

谷歌的 AlphaGo 战胜顶尖棋手李世石的事件将人工智能推为世界热点。在变化无穷的围棋游戏上，人工智能战胜人类，这可能标志着人类社会接近了从量变到质变的奇点。

AlphaGo 赖以击败李世石的技术就是大数据、云计算和人工智能。机器取代体力劳动者已经被讨论了多年，而且也持续在现实社会中上演，如富士康、格力都上马了大量机器和自动化设备以取代生产线工人。但大数据、云计算和人工智能技术的发展，让脑力劳动者被取代的现象也正在发生。

（1）知识的记忆和调用。云计算让机器比人记忆得更多、更快、更准。IBM 超级计算机"沃森"在 2011 年的美国智力竞赛节目中以击败两位人类冠军进行了证明。

（2）数据的分析和预测。大数据和云计算的配合，让机器可以轻松搜集海量数据、即时分析数据，并基于数据模型快速做出有效的预测。谷歌可以先于美国卫生部门预测疫情暴发地区，先进企业的舆情监测、热点和趋势分析已经由机器包干。

（3）非创新性复杂问题的解决。大数据和云计算的配合，让机器在一切"有标准答案问题"上的解决速度和正确率遥遥领先于人类。随着人工智能（以深度学习技术为核心）的发展，机器已经踏入了"无标准答案问题"的解决领域，并以击败李世石宣告了在局部领域相较人类的领先，且正在无人驾驶领域继续向人类发起挑战。

未来一切可被编程化的脑力工作——会计、BI 分析、英语培训、围棋教练，都可能被机器取代。随着人工智能的不断发展，人类相较机器的剩余优势已不多，而独立思考、自主创新、解决复杂问题所需的思维力则是其中之一。人类无法被机器完全取代的原因，就在于人类具备优秀的思维力，能够独立思考、自主创新、解决复杂问题。

本章总结

思维力不足会造成想不明白、说不清楚、学不快速，更难以满足移动互联网、大数据等新技术驱动下的当今社会发展的要求，因此提升思维力刻不容缓。那么，如何做才能真正提升思维力呢？"系统思维"的掌握和应用是全面、有效提升思维力的最佳途径。下面我将带你一起踏上了解和掌握"系统思维"的魅力旅程。

书外求助

读书时遇到了不解之处,或者碰到了想找人交流的问题怎么办?

例如,本章提到的思维力不足的痛点可以如何解决呢?我还有一些思维上的其他痛点可以跟谁交流呢?

为了帮你解答这些读书时可能存在的疑问,以及能与其他读者交流,我们建立了一个读者群。

关注微信公众号 YouCore,发送"思维力"即可入群。

第二章

思维力提升必备——系统思维

第一节 系统思维是什么

万事万物的本质是系统

世间万物，无论大到一个星系还是小至一个原子（见图 1.2.1），其本质都是一个个系统（如果有兴趣，你可以阅读霍金的《时间简史》或者量子力学理论）。而"框架"就是对系统构成元素及元素间有机联系的简化体现。

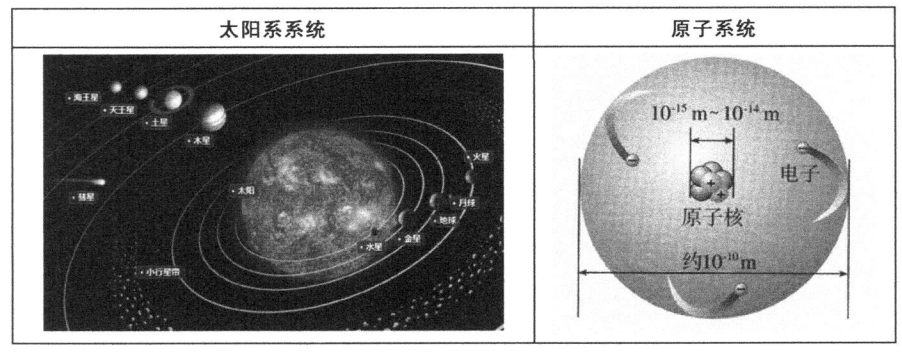

图 1.2.1 太阳系系统与原子系统

通过分析物体系统的构成元素，人类可以对物体形成深刻的理解并对其进行应用甚至改造。例如，随着对各种不同生物基因测序的深入，人类已经掌握了大量生命的基因系统，从而根据需要开展了各种"改造生命"的活动（如备受争议的"基因疗法"和"转基因作物"）。生物科学家已经完成了人类基因组的全部解读，掌握了人类基因系统的全部构成元素。若抛开伦理层面上的争论，人类在技术上已经侵入了"上帝的领域"，完全可以创造生命了。这就是掌握基因系统构成元素的威力！

框架不仅体现了系统的构成元素，还体现了系统各构成元素间的有机联系，这种联系就是"规律"。通过对系统规律的理解和把握，人类甚至可以认知到靠眼睛看不到、靠耳朵听不到的东西。例如，早在 1916 年，爱因斯坦就基于广义相对论预言了引力波的存在，但直至 100 多年后的 2015 年，美国科研人员才第一次探测到了引力波（在物理学中，引力波是指时空弯曲中的涟漪，通过波的形式从辐射源向外传播，这种波以引力辐射的形式传输能量。引力波的发现对人类有重大意义，可能带来天文学革命、能源革命，甚至可能让《三体》中的曲率超光速宇宙飞船成为现实）。爱因斯坦没有上过太空，也没有先进的宇宙探测工具，但仅仅依据广义相对论，他在 1916 年就预言了引力波的存在。这就是掌握系统规律的威力！

既然万事万物的本质是系统，而且掌握系统的框架（系统的构成元素和规律）的威力如此巨大，那么我们是不是应该有意识地通过框架来认识这个世界和世界中存在的一切事物呢？

⏮ 用框架来思考与表达是对系统思维很有效的简化应用

系统反映了人们对事物的一种认识论：系统是由两个或两个以上的元素结合而成的有机整体，并且系统的整体不等于其局部的简单相加——不仅要考虑系统的构成元素，更要考虑元素间的联系。例如，最简单的房子系统的框架就是屋顶、四壁和地板，但是仅识别出这 6 个元素是构不成一间房子的，你还需要清楚这 6 个元素间的联系——屋顶在最上面呈现出一个伞状，四壁作为长方体的四边在屋顶下面支撑，地板是长方体的底。最简单的房子系统的框架如图 1.2.2 所示。

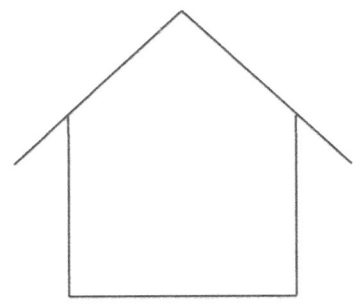

图 1.2.2　最简单的房子系统的框架

系统的这一概念揭示了客观世界的某种本质属性，有无限丰富的内涵和外延，其内容就是系统论或系统学。系统论作为一种普遍的方法论，是迄今为止人类所掌握的最高级思维方式。

系统思维就是以系统为基本模式的思维形态，它的客观依据是事物存在的普遍方式和属性。按照历史时期来划分，可以把人类系统思维方式的演变分为四个不同的发展阶段：古代整体系统思维方式、近代机械系统思维方式、辩证系统思维方式、现代复杂系统思维方式。

本书介绍的用框架来思考与表达的方式，是基于现代复杂系统思维方式而简化的一种高级思维方式。它是一种包含和超越了整体观、机械套用结构（结构思考所在层次）和辩证思维的思维方式。

框架是系统的核心组成部分。系统的特点主要是整体性、结构性、立体性、综合性、动态性。其中，整体性、结构性、立体性和综合性，都是基于框架而产生的，而动态性则是通过框架各构成元素间联系的动态变化来体现的。

系统是非常复杂的，这就注定了我们的大脑难以将系统作为日常思考与表达的对象，但我们可以将系统简化为框架，以此来思考与表达，在保留系统思维整体性、结构性、立体性、综合性精髓的基础上，可以极大地简化我们对事物的认知。

用框架来系统地思考与表达，到底是如何做到更快速、更全面、更深入的呢？

既然万事万物都是各式各样的系统，而框架是对系统构成元素及元素间有机联系的简化体现，如果你构建了一个反映某事物系统的框架，并运用这个框架来思考与表达，那你是不是就可以对这个事物有更全面、更深入的理解呢？例如，你想对自身能力进行分析，你可以宽泛地想想自己擅长的、不擅长的，也可以借助某一款个人能力评估模型进行分析——这个评估模型其实就是个人能力系统的一个简化框架。显然第二种做法会让你对自身能力的了解更全面、更深入。

让我们再做一个进一步的假设。假如一开始就有人告诉你某个事物系统的框架，你直接用这个框架思考是不是比全新思考更快？例如，你想从家里去一个从未到过的办公楼，现在有两种办法：一是你直接出门，一路问人或自己摸索过去；二是你在出门前就通过地图查好路线，再按照这个路线过去。你觉得哪种方法能让你更快地抵达目的地？毫无疑问，肯定是第二种。不运用框架思考就如同不查地图就出门找路，而运用框架思考就是照着地图去目的地。

相信现在你已经理解框架的价值了。那么，框架从何而来呢？框架有以下三个来源。

（1）从已有框架中选择。

人类经过这么多年的发展，针对万事万物的系统积累了丰富的认知框架（各种理论模型、思考工具），如用于宏观环境分析的 PEST 模型、分析企业财务状况的杜邦分析法、制定目标的 SMART 原则等。在思考与表达的时候，你可以优先选择人类已有的优秀框架，不重新发明"车轮"，从而有效地提高思考与表达的速度。

（2）基于已有框架改善。

受限于客观环境和人类发展水平，任何理论模型其实都是对事物系统的近似模拟，都有其应用前提和边界，甚至有的理论模型本身就是错误的。人类的发展就是在对前人成果不断完善的基础上实现的。例如，牛顿的经典力学体系一度被奉为物理学的真理，但后来被爱因斯坦的相对论证明了它只不过是物体在低速运动条件下的近似规律；当公认相对论是真理的时候，量子力学又证明了广义相对论在微观领域的缺陷（如广义相对论无法解释原子、量子运动规律，这部分运动规律要靠量子力学理论来解释）；但量子力学也有缺陷，它无法解释宏观领域的物体运动规律。

由于人类已有框架都有其应用前提和边界，因此一旦应用情境与所用框架的应用前提不一致，或者人类的发展证明该框架错误时，你就需要对已有框架加以改善。但还是要记住，站在巨人的肩膀上改善已有框架大多数时候好于重新发明"车轮"，毕竟不是每个人都有能力构建超越前人的框架，而且在人类社会的节奏越来越快的趋势下，你很难有足够的时间和成本全新构建事物系统的框架。

（3）全新构建框架。

全新构建框架是一个创造性的活动，挑战难度相对较大。虽然我反复建议你尽量避免重新发明"车轮"，但当你碰到以下两种情况时，就不得不全新构建框架。

- 暂时没有合适的框架适用于你想思考与表达的对象。
- 有合适的框架，但是你尚不知道或未能想到。

用框架来思考与表达示意如图1.2.3所示。

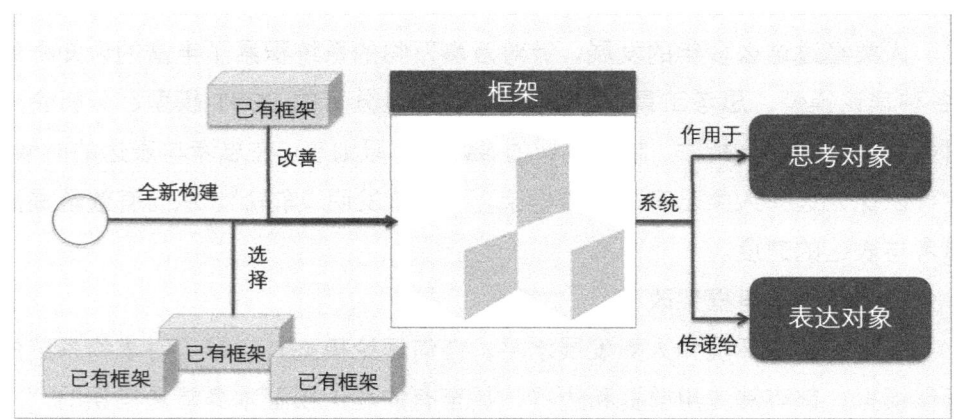

图1.2.3　用框架来思考与表达示意

第二节 系统思维与常见思维的关系

人类自从进化为"人"以来就一直在思考，思维力是人类领先其他生物并最终成为地球主宰的决定性力量。思维一直都是人类的研究热点，从最早的逻辑学到谷歌击败李世石的 AlphaGo，这些都是对人类思维的总结和深入挖掘。但是迄今为止，人类并没有关于思维的统一理论，各种与思维相关的名词层出不穷，给众多学习者带来不少困惑，甚至有人被引入歧途。

为了避免你理解时的困扰，我将各类刊物、培训中最常提及的思维进行了梳理归类，并分析了它们与系统思维的关系，以帮助你真正掌握系统思维，提升思维力。

系统思维与发散思维的关系

发散思维，又称放射思维、求异思维、辐射思维或扩散思维，是大脑在思考时呈现出一种扩散状态的思维方式。它表现为思维视野广阔，思维呈发散状，如"一题多解""一事多写""一物多用"等方式。不少心理学家认为，发散思维是创造性思维的最主要的特点，是测定创造力的主要标志之一。

系统思维与发散思维是包含的关系，而非对立或交叉的关系。发散思维是系统思维的重要组成部分。

当没有现成的反映事物系统的框架而需要全新构建框架时，就需要运用发散思维充分、广泛地思考，以找到尽可能多的解决方法，再通过筛选和归纳分组构建一个新的框架，用于后续的思考和表达。

或者虽然有现成的框架，但不太合适需要改善时，也需要通过发散思考跳出已有框架，寻找其他新颖的、突破性的解决方法，从而改善原有框架，得到更合适的框架，用于后续的思考和表达。

系统思维与收敛思维的关系

收敛思维，又称聚合思维、求同思维、辐合思维或集中思维。它的特点是使思维始终集中于同一方向，使思维条理化、简明化、逻辑化、规律化。收敛思维与发散思维如同"一个硬币的两面"，是对立的统一，具有互补性，不可偏废。

归纳和演绎是收敛思维最核心的思考方法。归纳是从多个个别的事物中获得普遍性规则，如男人、女人可以归纳为"人"；演绎则是从普遍性规则中推导出个别性规则，如目前所有的汽车都有轮胎，新能源汽车也是一种汽车，所以新能源汽车有轮胎。

收敛思维是系统思维的核心组成部分。在运用系统思维思考和表达时，在构建框架的过程中，无论采用什么思维方式——发散思维也好，水平思维也罢，最终都要通过归纳或演绎的方法将所有思考内容组织成一个框架，并在此基础上分析、解决问题或有效地表达。因为只有通过框架，才可以更全面、更深入地理解思考对象的本质；只有通过框架，才可以更清晰、更简单地将要点传达给别人。

◀◀ 系统思维与水平思维的关系

水平思维是以非正统的方式或非逻辑的方式寻求解决问题的办法。目前对水平思维最简单的描述是："你不能通过把同一个洞越挖越深，实现在不同的地方挖出不同的洞的愿望。"这里强调的是寻求看待事物的不同方法和不同路径。

水平思维是爱德华·德·博诺在20世纪60年代末提出来的，他同时也是知名思考工具"六顶思考帽"（Six Thinking Hats）的创建者。爱德华·德·博诺是一位天才，15岁上大学，21岁获得医生资格证，后来又作为罗德奖学金获得者进入牛津大学。他有4个学位，其中3个是牛津大学和剑桥大学的。并且，哈佛大学和伦敦大学（圣托马斯医院）都为他提供了职位。

水平思维同样也是系统思维的重要组成部分。水平思维所强调的天马行空的思考方法其实也是一种框架，是一种弱联系，是对收敛思维强联系的有力补充。

例如，"六顶思考帽"提出的白帽（象征着信息、事实和数据）、红帽（象征着感觉、情绪和直觉)、黑帽(象征着谨慎、批评及对风险的评估)、黄帽(象征着价值或利益)、绿帽(象征着创意与变革)、蓝帽(掌握思维过程本身，象征着成果与控制)，就是一种多维度全面思考的框架。它也是在运用系统思维全新构建框架时所采用的重要工具之一。

再如，水平思维中最重要的思考方法——逆向思考，就是一种站在事物的对面去思考的方法，这也是在运用系统思维改善原有框架时的常用方法之一。

系统思维与结构化思维的关系

结构化思维，又称结构思考。它最早由美国知名的管理咨询公司麦肯锡提出。

不过，结构化思维虽然最早是由麦肯锡提出的，但麦肯锡提出结构化思维的背景是为了服务"以假设为前提、以事实为基础"的管理咨询工作方法(本书第六章介绍的"假设思考"就是对这一工作方法的系统性总结)。因此，结构化思维的内涵和外延一直未能清晰化。

这个特殊情况与麦肯锡的主营业务有关，管理咨询工作要求咨询顾问在有限的时间内、有限的资源下为客户提供高质量的分析结果或解决方案。为了满足这个近乎不可能的要求，管理咨询公司除了大力提升咨询顾问资质，还开发了一套非常高效的工作方法：在工作开始时就提出分析结果或解决方案的假设，再聚焦以上假设并用事实来验证，如果验证通过，则花很少的时间或资源就解决了问题，如果验证不通过，则继续验证下一条假设，直至问题被解决。

如果你没从事过管理咨询工作，可能不太理解这种工作方法。举个简单的例子，我从一副刚买的扑克牌里抽了3张牌，请你猜这3张牌是什么，前提是允许你翻查剩下的牌。传统的工作思路是一张张地检查剩下的51张牌，然后一步到位地得出我手上的牌。但如果我加上一个限制，要求你在5秒内说出我手上的牌，这时你就没有足够的时间一张张地翻查剩下的牌。这就是咨询顾问在从事管理咨询工作时面对的真实情况：永远没有足够的时间做穷尽分析。此刻你最可行的方法就是直接猜测我手上的牌是什么，如你可以假设我手上的牌是"红桃3、梅花7、方块K"，如果我手上正好是这3张牌，那你在2秒内就解决了问题。如果不对呢？你就假设另一组牌，再猜一次，如果猜对了就在4秒内解决了问题。这就是"以假设为前提、以事实为基础"的工作方法。聪明的你可能已经发现这种工作方法的关键之处——如何提高假设的准确率。换句话说，你在假设我手上的牌的时候不能天马行空地乱猜，必须先框定范围：一是能提高首次猜中的概率；二是每猜错一次都能大大提高下一次猜中的概率。麦肯锡就是在这种背景下提出结构化思维的，它的主要目的是帮助咨询顾问在提出假设前，掌握框定范围（构建框架）的方法。因此，麦肯锡提出的结构化思维的内涵和外延都很狭隘。

- 麦肯锡结构化思维的内涵（定义）：分析问题的框架。
- 麦肯锡结构化思维的外延（应用范围）：框定假设的范围。

正是因为麦肯锡提出结构化思维的背景的特殊性，虽然市面上有各种关于结构化思维或结构思考的培训书，但其定义非常混乱：有人错将"以假设为前提、以事实为基础"的工作方法称为结构化思维，有人硬将"金字塔原理"的写作方法称为结构化思维。这些人都未能深刻地领悟到结构化思维的精髓其实也是框架。

因为结构化思维定义的乱象，本书为了避免你在思维学习时产生困扰，故不再引用"结构化思维"一词，但麦肯锡结构化思维的精髓——框架——已被融入本书中，并且本书突破了麦肯锡仅将框架用于为提出假设而框定范围的局限，将其全面应用在思考、表达和学习中。（本书重点传授框架在思考、表达上的应用，框架在学习上的应用请参考我的另一本书《学习力：颠覆职场学习的高效方法》。）

回到扑克牌的例子，麦肯锡结构化思维是如何帮助你框定我手上牌的范围，实现"以假设为前提、以事实为基础"的工作方法的呢？

你要注意到，这3张牌是我从一副刚买的牌中抽取的，假设新牌的排列顺序如表1.2.1所示。

表 1.2.1　新牌的排列顺序

花　色	牌　号	在新牌中的区间
红桃	A、2~10、J、Q、K	1~13
方块	A、2~10、J、Q、K	14~26
梅花	A、2~10、J、Q、K	27~39
黑桃	A、2~10、J、Q、K	40~52
—	大王、小王	53~54

然后，你要留意我抽 3 张牌的位置，大致判断我抽牌的区间。例如，你现在大致判断我抽 3 张牌的区间分别是 4~5、30~34、46~50，那么你就可以先构建一个框架，框定假设的范围（见图 1.2.4）。

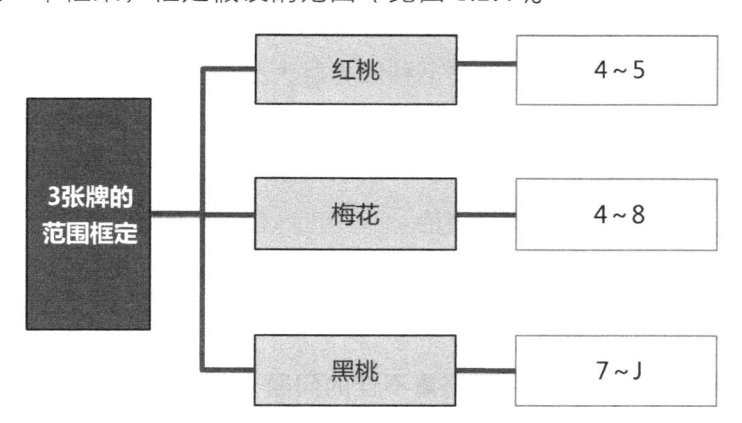

图 1.2.4　所抽牌的范围框定

最后，因为只有 5 秒，你应该迅速摊开所有的牌，留意以上 3 个区间中哪些牌缺失。经过上一步的范围框定，需要查看的牌的区间已经很小了，你完全有足够的时间判断缺少哪 3 张牌。

- 摊开牌，1~2 秒。
- 验证是红桃 4 还是红桃 5，0.5 秒。
- 验证梅花 4~梅花 8，1 秒。
- 验证黑桃 7~黑桃 J，1 秒。

在 3.5～4.5 秒内，你就能判断出我手上的牌。以上就是麦肯锡结构化思维通过框架框定假设范围，帮助咨询顾问提高思考问题速度的工作方法。

上文提过，系统思维是以系统为基本模式的思维形态，但系统过于复杂，难以作为日常思考与表达的对象，因此我对系统思维进行了简化应用，以框架为核心来进行思考与表达。在构建框架的过程中，涵盖了发散思维、收敛思维、水平思维和结构化思维中所有的思考方法。换言之，你可以理解为本书给你介绍的思考与表达的方法，完全包含这四种思维方式。

第三节 框架的三大应用价值

现在，你对系统思维是什么、以框架为核心的思考与表达是什么，应该有了清晰的理解，也认识到这是一种威力巨大的高级思维方式。接下来，你可能很想知道框架到底如何解决思维力不足的三大痛点：想不明白、说不清楚、学不快速。下面我分别从分析和解决问题、表达、学习三个方面，举例说明框架是如何应用和发挥作用的。

系统地分析和解决问题

应用场景——解决空调销量不佳的问题

G 公司的某款空调产品，尽管既有市场需求又有质量竞争力，但该产品的销售情况远远未达到 G 公司的预期，导致公司的现金流很紧张。

假设你是一位营销专家，G 公司的老板卜总通过朋友介绍想请你给这款空调产品的营销情况做个诊断并提出改进建议。咨询费是每天 5 万元。

你答应后，卜总非常开心，觉得公司终于有救了。听说你上午 11 点到深圳，卜总亲自开车到机场接你，并安排到一个非常高档的餐厅吃午餐。

吃饭期间，寒暄良久后，卜总终于忍不住了，迫切地向你请教："专家，在研发这款空调产品前，我们专门请顶级市场调研公司做过市场分析，它的市场需求绝对旺盛，目前竞争对手同款产品的销量也证明了这款产品的市场机会很大。我们这款产品的质量优于竞争对手，并且我们使用的都是顶级材料，空调使用10年都不会生锈。那么，我们要怎么做才能提升销量呢？"

作为营销专家的你要如何回复卜总呢？

你要回复卜总说，你刚下飞机，对公司的具体情况还不太了解，要深入调研后才能给他建议？普通人这么回答完全没有问题，但对于每天咨询费5万元的营销专家来说就不行了。卜总对你的期望这么高，愿意支付高额的咨询费，还亲自到机场接你，又安排你在高档餐厅吃午餐，这一切都反映了卜总的迫切得到你宝贵意见的心理，如果用"好好调研后才能给他建议"的理由搪塞他，可能让卜总觉得咨询费、亲自接机和高档午餐都不值得，也不利于树立你在他心目中的专家形象，影响后续咨询工作的开展。

"那就直接给建议呗！"也许你心里这么想。

行，那我们就按照直接给建议的做法继续推演可能的剧情。你给卜总什么建议呢？也许你会说："卜总，既然我们这款产品的质量这么好，您可以考虑加大宣传。在电视台、报纸上投放广告，提高产品的曝光度！"

好了，具体的建议给出了。万一卜总回复你："专家，我们已经在央视、一些重点市场的卫视频道和报纸上都投放过广告了，花了1亿多元，但现在的结果就是销量依然不见起色！"

（也可能你想的是其他建议，不过具体是什么建议不重要，反正你的建议卜总尝试过，且已证明效果不佳。）

给具体建议的风险似乎也很高。就像上面那样，如果你给的建议卜总尝试过，那么你在卜总心目中的专家形象可能一下子就坍塌了，卜总会觉得所托非人，会萌生换顾问的想法。

那怎么办呢？不给建议不行，直接给建议也不行，真是左右为难！

而且，你还需要立马就给卜总答复，最多夹块儿肉，假装肉比较老要多嚼几下，但怎么着最多1分钟也要咽下去了吧。

如何才能做到在1分钟内就给卜总一个满意的答复呢？

这时就需要框架救场了。因此，你需要第一时间找一个框架出来。

这是一个营销问题，作为营销专家的你肯定知道4P、4C和4R三大营销策略。你需要选取其中一个作为分析框架，然后将卜总的经验输入这个框架中，并在与卜总的讨论过程中得出结论。

假设你选取4P营销策略作为框架，那么你可以这么跟卜总说："卜总，我刚下飞机，对公司的具体情况还不太了解，不过我们可以先用'现代营销学之父'科特勒的4P营销策略，分别从产品（Product）、价格（Price）、渠道（Place）、促销（Promotion）四个策略入手讨论提升销量的可能措施。"4P营销策略框架如图1.2.5所示。

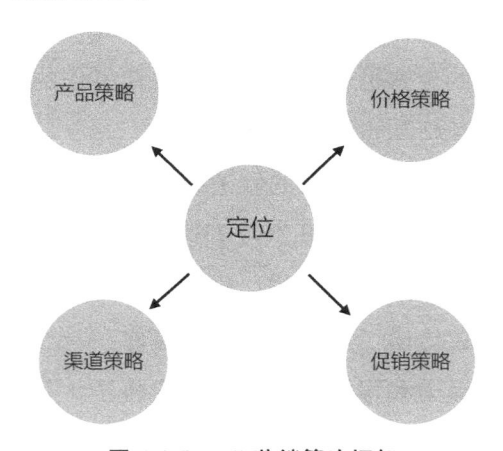

图1.2.5　4P营销策略框架

你可以先提问："从产品上看，我们这款产品的质量优于竞争对手，但产品款式，如系列、外观等，相较竞争对手怎么样呢？"

针对这个问题，卜总可能有三种反馈。

（1）告诉你产品款式与竞争对手相比怎么样。

卜总可能说："哦，产品款式上竞争对手比我们多，他们有三个系列，儿童系列、女性系列和老人系列。儿童系列的外观是绿色的，女性系列的外观是粉色的，老人系列的外观是青花瓷的。我们只推出了一个系列——白色。"

"行。我们可以将'推出多个产品款式'作为可能的改进措施先记录下来。等到了您的公司，我再深入地验证下可行性。"你可以这么回复卜总。

（2）告诉你没关注过竞争对手的产品款式。

如果是这种情况，你就可以换个说法："那我们将'竞争对手产品款式调研'作为接下来的工作项之一记录下来。等到了您的公司，我安排做个调研，判断这是否是影响销量的原因。"

（3）告诉你与竞争对手的产品款式都一样。

在这种情况下，你可以跟卜总说："好的，那产品款式影响销量的这个可能性就排除了。我们继续看产品功能与竞争对手相比怎么样。"

无论卜总反馈的是三种情况中的哪一种，他都是在按照你的框架输入他的认知和经验帮你进行判断和验证，以分析出可能的改进措施。

产品的款式、功能都讨论完毕后，你可以转到价格策略，继续与卜总进行讨论。

你可以跟卜总说："卜总，刚刚我们讨论完了产品策略部分，初步结论是需要验证推出多种产品系列的可行性。接下来，我们讨论价格策略部分。我们这款产品的价格相较主要竞争对手是高还是低，具体高了多少或低了多少？"

同样，卜总还是会反馈多个可能的信息，你再根据不同的信息分析出不同的建议或对策即可。渠道策略和促销策略也是同样的讨论和分析方式。

以上这种思维方法，就是用框架分析和解决问题的方法之一。通过这种思维方法，即使时间很短、信息很少，你依然可以给卜总提出有价值的建议，既避免了提不出建议的不作为，又避免了乱提建议的不负责。

用框架分析和解决问题示意如图 1.2.6 所示。

其实，即使是每天向客户收取 5 万元咨询费的资深顾问，也无法做到对任何行业或业务的理解都比客户深入，顾问也根本不可能比客户更了解他们自己的业务，但是顾问绝对要比客户更懂得如何解决问题。咨询顾问的核心价值不在于比客户对行业或业务的理解更深入，而在于能构建解决问题的框架来帮助客户。因此，咨询顾问赖以生存的基础就是解决问题的系统思维方式。

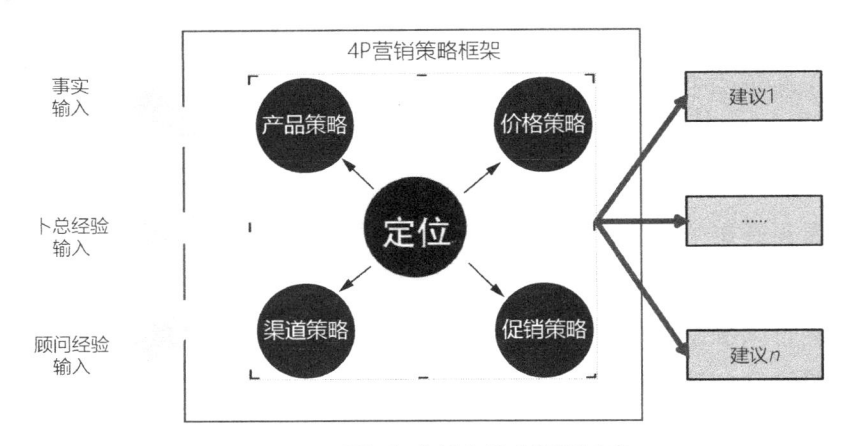

图 1.2.6 用框架分析和解决问题示意

同样，公司的高层管理者也绝不可能在公司的所有业务领域都比下属更专业，如果是这样的话，公司就不会花大笔的薪资来聘请专业人士了。事实上，公司的高层管理者的核心价值也不在于专业知识或行业经验的多少，而在于构建框架以解决问题的能力。这就是公司的高层管理者可以转型为咨询顾问，咨询顾问也可以转型为公司的高层管理者的原因。

清楚地表达

小实验 1——记忆数字（一）

下面 14 个数字，你能在 3 秒内记住吗？

7,2,9,6,7,1,5,1,8,3,4,3,0,5

光看这 14 个数字是不是眼花了？还要求在 3 秒内记住，我肯定做不到，如果你做到了，你可以考虑去《最强大脑》节目挑战其中的嘉宾。

▶ **小实验2——记忆数字（二）**

如果我换下一组14个数字，你能在3秒内记住吗？

0,1,2,3,4,5,6,7,8,9,7,5,3,1

不出意外的话，我相信你完全可以在3秒内记住这组14个数字。

这两组数字有什么不同？它们其实是完全相同的一组数字。既然是同一组数字，为何记忆起来难度差异这么大？这跟人类大脑处理信息的机制有关。

人类大脑在处理信息时本能地将其组合成能够被认知的框架，以反映对事物的理解。如果信息容易被组合成框架，那么大脑就容易理解这些信息并产生愉悦感；如果信息难以被组合成框架，那么大脑就会觉得这些信息晦涩难懂，进而产生头疼、厌恶等感觉，有时甚至会直接罢工。这就是为何你觉得有些人的讲话容易懂的原因，因为他们的讲话很容易被组合成你能够认知的框架；而另一些人的讲话，虽然每个字你都听得懂，但是你觉得难以理解，听的时间一长你就会焦躁，原因就是他们的讲话难以被组合成你能够认知的框架。

因此，用框架表达的核心就是强调采用自上而下地表达的形式，第一时间传递容易被认知的框架给受众，从而使受众更轻松、更有效地接收你所传递的信息。

⏮ 更高效地学习

▶ **应用场景——职场新人如何"弯道超车"**

假设你是一名应届毕业生，刚加入公司。现在公司将你和另外两个应届毕业生编在一个组里，负责公司某个孵化创新项目的研发。跟你们做同样内容的还有一个组，他们组也有3个人，但都是有5年以上工作经验的员工。公司传递的信号是你们两个组同时研发，哪个组先研发成功就由哪个组负责这项新业务，另一个组自此解散，编入其他项目中。
- 一组成员是有经验的职场老兵，另一组成员是刚迈出校门的零经验职场新人。
- 全新孵化的项目，要在短时间内学习的东西很多。

你认为你们组能取胜吗？如果能，你们依靠什么取胜呢？

时代在变化，在越来越多的公司里，"90后"跨过"70后""80后"的职场老兵，已经走上或正在走上核心岗位。是什么让这些"90后"员工能够弥补经验上的相对不足，超过有经验的"70后""80后"员工呢？

答案就是框架！

（1）框架弥补经验上的不足，加速经验积累。

相较职场老兵，职场新人经验不足是客观存在的事实。但正如咨询顾问不比客户更懂业务，却能提出有价值的建议一样，你不比职场老兵更有经验，但你完全可以通过构建解决问题的框架引入他人的经验，弥补你经验的相对不足。

例如，你可以构建个人体系化的能力框架，每参与一个项目或完成一项工作，就有目的地、系统地将学习到的经验填充到这个能力框架中。一两年后，你完全可以积累一般人5~10年才能积累的经验。

自进入职场以来，我保持的一个记录就是：无论是在WealthCraft、IBM，还是在惠普，我领导过的团队的成员年龄大多比我大。我的秘诀就是运用框架解决问题和加速经验积累。职场经验不只与年龄有关，经历也不等同于经验，只要你掌握了框架、多运用框架，经验不是你超越职场老兵的障碍。

（2）框架提高学习效率，加速知识积累。

职场新人相较职场老兵的优势之一就是思维活跃、学习能力强，因此碰到诸如孵化创新这类需要快速学习大量新知识的项目时，职场新人会有一定的比较优势。但这个假设是建立在你真正掌握优秀的学习方法的前提下。

一个优秀的学习方法至少会在两个方面帮助你的学习：一是单位学习效率的提高；二是知识积累速度的加快。如果你在第一时间构建了完整的个人知识体系框架，并在这个框架的指导下，有方向、有步骤地主动学习，你就不会再产生诸如"我知道我要学习的东西很多，但不知道应该去学什么"的困惑。一旦有了个人知识体系框架的指导，你的知识整体积累的速度就会加快。

其实知识是相关联的，不同的人即使经历同一段工作或上同一堂课，也会因为个人知识体系框架的不同，导致吸收的知识量不同。举个简单的例子，当你看到下面这句话时，你会想到什么？

人脑更加喜欢视觉化的信息，而不是抽象的信息。

如果此时你什么都没有想到，说明你还未构建个人知识体系框架。但也许你想到一些东西，如：你可能想到了海报都是图文并茂的，而不是纯文字的；你也可能想到了为何在做 PPT 时强调图表化，而非排列 Word 文字。还有吗？

我分享下当我看到这句话时，除了以上两点，我脑海中第一时间想到的内容。

- 我想到了思维导图。思维导图的优势之一不就是利用图片与文字的结合刺激大脑思考吗？
- 我想到了图解法。图解法的原理之一其实是利用人脑对视觉化的信息更易接受的特点。
- 我想到了表达技巧。既然人脑喜欢视觉化的信息，那我们在用语言描述某个东西时，就应该尽量在对方的脑海中"画图"，以加深他们的理解。

我能想到这些内容的秘诀只有一个，就是我构建了个人知识体系框架，我知道自己需要学习什么、还缺少什么，因此每当我学习新的知识、经历新的事情时，我会不由自主地将了解到的新内容填充进我的个人知识体系框架里。随着我构建的个人知识体系框架越完整、越密集，它就好像一张立体的渔网一样，能够填充的格子越来越多，知识积累的速度也就不停地加快。

掌握了框架在学习上的应用，即使另一个小组更有经验，你也完全可以赢得这个孵化创新项目。

⏮ 本章总结

本章介绍了万事万物的本质其实是系统，而掌握了系统的框架就把握了事物的本质，并据此提出了系统思维的简化应用：用框架来系统地思考与表达的思维方式。

为了避免你在学习中产生混乱，我还澄清了系统思维与发散思维、收敛思维、水平思维及结构化思维的关系。总而言之，系统思维完全包含这些思维方式。

最后，我通过框架在分析和解决问题、表达、学习上的应用演示，帮你直观地感受了这种方法的价值。

对系统思维和框架的了解之旅到此结束了。接下来，我们将进入"第二部分　用框架解决问题"，踏上用框架分析和解决问题的应用之旅。

❓ 书外求助

读书时遇到了不解之处，或者碰到了想找人交流的问题怎么办？

例如，战略思维、互联网思维、批判性思维、横向思维这些与本章提到的思维方式是什么关系？它们属于系统思维的范畴吗？

为了帮你解答这些读书时可能存在的疑问，以及能与其他读者交流，我们建立了一个读者群。

关注微信公众号 YouCore，发送"思维力"即可入群。

第二部分

用框架解决问题

导入案例——招不到普工的问题

假设你是一名咨询顾问，你所服务的一家位于深圳的手机生产公司老总向你抱怨招不到普工，现在要请你提出一个解决方案，你会怎么做呢？

（如果可以，建议你针对该案例考虑60秒后再往下阅读，甚至可以拿出一张纸尝试书面解题。）

看到这个问题后，你的脑海里是不是在想这家公司开的工资不够高？招聘方式有点问题？公司的地理环境不好，如在垃圾处理厂的旁边？可能你想到的很多，我就不一一列举了。

如果你是这么想的，那么恭喜你，你已经具备了一定的分析问题的能力，能够先考虑原因，再基于原因给出对策，而不是直接动手开干。

当然，你也可能第一时间想的是对策，如开更高的工资、给更好的福利，或者鼓励他们到自己的老家去招人等。如果你是这么想的，其实也不重要，这说明你在阅读本书后将产生更大的进步！

读到此处，想必部分先想原因而非先想对策的读者有点飘飘然了。但是，是不是你就没必要继续阅读了？从对你负责的角度出发，我强烈建议你读下去，因为接下来你会发现，其实你跟先想对策的读者相比，只不过是五十步笑百步而已。

不服气？没关系，让我们一起顺着原因推导下去。

前面提到可能的原因有工资不够高、招聘方式有问题和公司的地理环境不好，按照这个思路，是不是还有很多原因？

- 线下的招聘渠道没找对。明明是要招普工，不去人力市场，却跑到高交会[①]。
- 线上的招聘渠道没选好。招聘信息不是发布在主流招聘网站上，而是发布在其他网站上。

---

① 中国国际高新技术成果交易会的简称。

- 公司的社会口碑不好，如公司曾经出过工伤事故。
- 市场上的劳动力供应不足。一线城市成本高，行业"用工荒"。
- 竞争对手开的工资更高，应聘人员都跑去竞争对手那边了。

到目前为止，你觉得原因列全了吗？原因越列越多后，大部分人反而不敢保证原因都列全了。那么，要怎么做才能有信心地说："我认为原因都列全了！"

方法其实很简单，最好选用或构建一个框架来组织原因，而非毫无章法地罗列。只要将这个框架中的原因全部分解，你就可以自信地说"原因都列全了"。以该题为例，可以按照下面的框架分解原因（见图 2.0.1）。

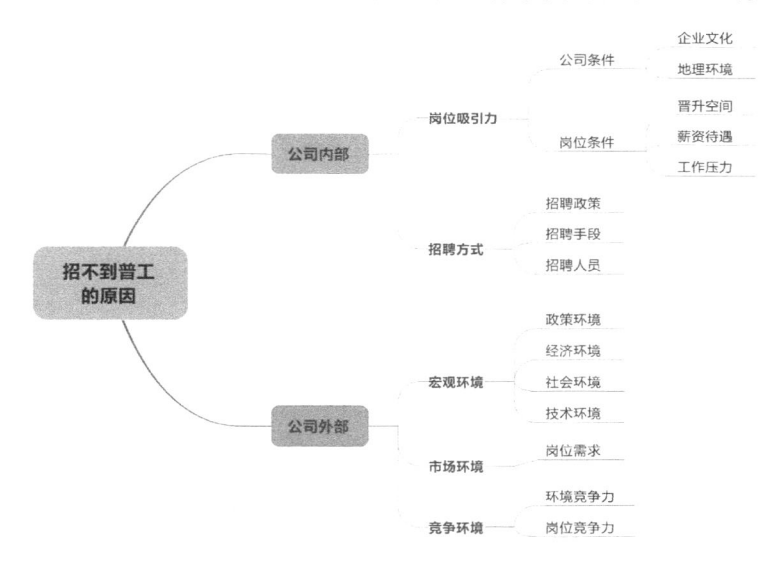

图 2.0.1 "招不到普工的原因"的初步分解

根据图 2.0.1 的框架，我们再进行原因的进一步分解。即使遗漏部分细节原因也无伤大雅，因为主要的原因类型已经考虑到了。

到目前为止，你可能觉得招不到普工的原因已经穷尽了，剩下的工作就是对原因进行分析和判断，再针对可能的原因制定对策。遗憾的是，如果你仅做到这个程度，最多只能拿到 50 分（100 分制）。

什么？这么专业怎么只能得 50 分？不要着急，我们继续往下推导。

利用构建的"招不到普工的原因"的框架，我们可以全面地分析出可能的原因，并一一加以验证。图 2.0.2 所示为"招不到普工的原因"的进一步分解（该图仅分解出部分原因）。

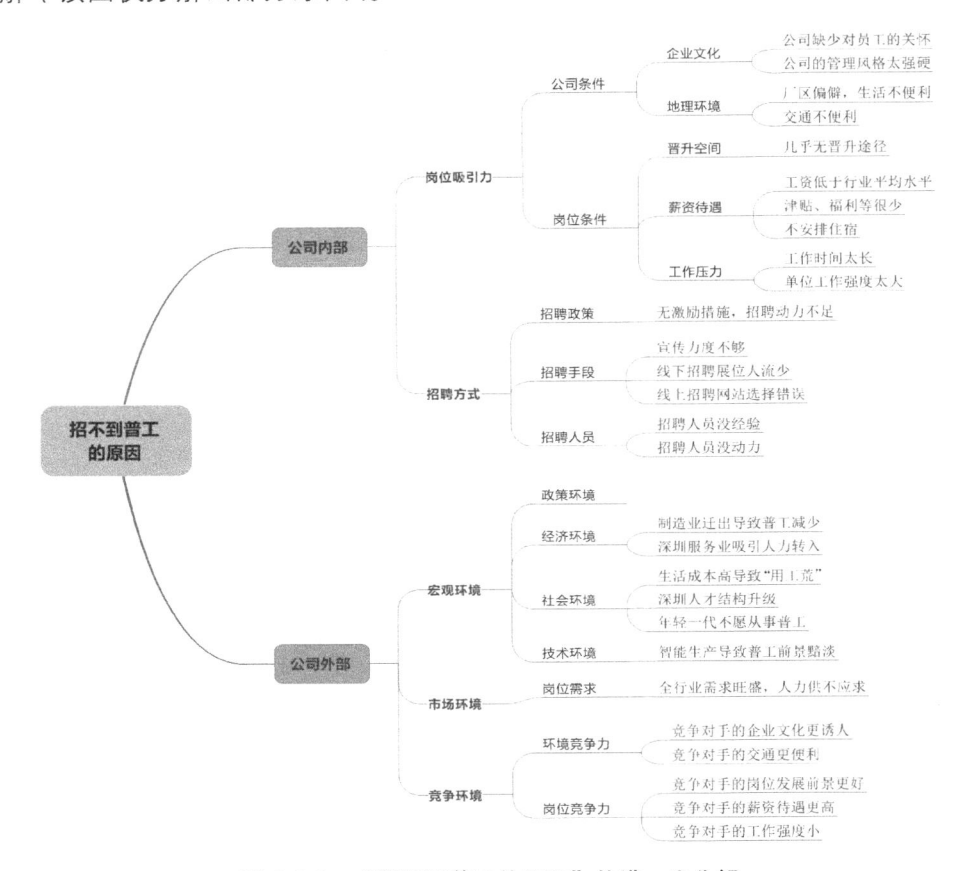

```
招不到普工的原因
├─ 公司内部
│   ├─ 岗位吸引力
│   │   ├─ 公司条件
│   │   │   ├─ 企业文化
│   │   │   │   ├─ 公司缺少对员工的关怀
│   │   │   │   └─ 公司的管理风格太强硬
│   │   │   └─ 地理环境
│   │   │       ├─ 厂区偏僻，生活不便利
│   │   │       └─ 交通不便利
│   │   └─ 岗位条件
│   │       ├─ 晋升空间 — 几乎无晋升途径
│   │       ├─ 薪资待遇
│   │       │   ├─ 工资低于行业平均水平
│   │       │   ├─ 津贴、福利等很少
│   │       │   └─ 不安排住宿
│   │       └─ 工作压力
│   │           ├─ 工作时间太长
│   │           └─ 单位工作强度太大
│   └─ 招聘方式
│       ├─ 招聘政策 — 无激励措施，招聘动力不足
│       ├─ 招聘手段
│       │   ├─ 宣传力度不够
│       │   ├─ 线下招聘展位人流少
│       │   └─ 线上招聘网站选择错误
│       └─ 招聘人员
│           ├─ 招聘人员没经验
│           └─ 招聘人员没动力
└─ 公司外部
    ├─ 宏观环境
    │   ├─ 政策环境 — 制造业迁出导致普工减少
    │   ├─ 经济环境 — 深圳服务业吸引人力转入
    │   ├─ 社会环境
    │   │   ├─ 生活成本高导致"用工荒"
    │   │   ├─ 深圳人才结构升级
    │   │   └─ 年轻一代不愿从事普工
    │   └─ 技术环境 — 智能生产导致普工前景黯淡
    ├─ 市场环境
    │   └─ 岗位需求 — 全行业需求旺盛，人力供不应求
    └─ 竞争环境
        ├─ 环境竞争力
        │   ├─ 竞争对手的企业文化更诱人
        │   └─ 竞争对手的交通更便利
        └─ 岗位竞争力
            ├─ 竞争对手的岗位发展前景更好
            ├─ 竞争对手的薪资待遇更高
            └─ 竞争对手的工作强度小
```

图 2.0.2　"招不到普工的原因"的进一步分解

原来可以有这么多原因！可能你已经在心里哀叹了。是啊，这么多原因，即使只挑选部分原因，至少需要一周的时间才能完成调研。

既然已经到这儿了，就让我们走上解决问题的征程吧。

假设你凭借过人的战斗力，在加班加点的情况下，终于用了一周的时间调研完了你认为重要的原因，并且编写了一份成熟的分析报告。虽然两个眼圈都熬黑了，但是你充满成就感。在方案汇报会上，你激情澎湃地讲解了方案，通过详细的数据对比找出了该公司招不到普工的五大原因。

- 总体工资相较竞争对手少 581 元。
- 每日的工作时长为 10 小时，相较竞争对手多 1 小时。
- 在招聘人员的激励上，每招一人的激励奖金比竞争对手少 50 元。
- 招聘人员的平均工作年限为 2.2 年，相较竞争对手少 0.5 年。
- 招聘展位的平均日人流量相较竞争对手少 18 人。

针对以上五大原因，你也给了非常贴切的应对措施。讲解完方案后，你在心里夸了自己一遍"我真是个天才"，然后压抑住内心的狂喜，波澜不惊地等着客户的赞叹和鼓掌！可是，气氛却非常不对，客户疑惑地问了一句："老师，我们上个月原计划招收 200 名普工，上半个月招到了 180 名，但是剩下的 20 人一直没招到。如果确实是如您所分析的原因，我们上半个月的 180 名普工是怎么招到的呢？"

想必此刻的你同我一样，都有了想吐血的感觉吧？是啊，客户没有说错，确实是招不到普工，只是这个"招不到"与你想的"招不到"大大不同而已。

如果客户所讲的"招不到"是指上个月计划招收 200 名普工，但只招到了 20 名普工，你的分析非常精彩，一定能得到客户的赞赏。

但如果客户所讲的"招不到"只是招不到剩下的 20 人，你是否有必要分析公司和岗位的吸引力、是否有必要分析招聘手段？因为如果这些有问题，那 180 名普工是怎么招到的？因此，对于这个"招不到"的问题，你只需要重点分析外部原因，是全行业的人力需求太旺盛导致供应不足，还是人员外流导致人力市场供应不足？你压根没有必要忍受一周的加班。

不过一切都晚了。现在陷入了一个非常尴尬的局面：如果客户责怪你，似乎有点不近人情，毕竟你充分展示了专业严谨的分析能力和敬业尽责的顾问精神；可是如果客户不责怪你，你确实没帮助客户解决问题，还浪费了客户的时间和资源。问题出在哪儿呢？

很简单，问题出在你在解决问题之前未能有效地界定问题。何谓界定问题？界定问题就是弄清楚问题到底是什么的过程和方法，也就是发现问题。

通过以上的共同解题之旅，想必你已经大致了解了用框架解决问题的主要步骤。接下来，我们从"界定问题"开始，进入用"框架解决问题"的精彩世界吧。

用框架解决问题的五步法如图 2.0.3 所示。

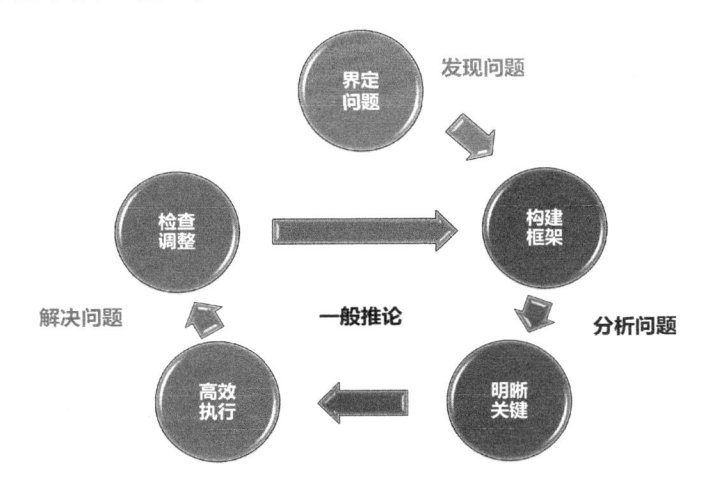

图 2.0.3　用框架解决问题的五步法

第三章

发现问题——界定问题

什么是问题？一言以蔽之，问题源于现实与目标之间的差距。因此，问题产生的原因可以是不清楚目标是什么；可以是不知道现实是什么；还可以是不知道差距产生的原因是什么，或者虽然知道差距产生的原因，但是不知道如何消除这个差距，以及不确定消除差距的方法对不对。总之，问题产生的原因非常多，若想将全宇宙的问题产生的原因列举全，绝对是一件不可能完成的事。

但是将工作、生活和学习中常见问题产生的原因做个总结归类是完全可以的。我将工作、生活和学习中常见问题产生的原因提炼成了四种类型：无法准确地描述问题、缺少梳理问题的清晰结构、被问题的表象蒙蔽和忽略问题隐含的假设。

这四种类型大约覆盖了我们所遇到问题种类的 90%。接下来，我们一起了解这四大类型，并学习对应的界定问题的方法。

第一节　准确地描述问题

语言（包括口头语言和书面语言）是我们传递信息、交流思想、表达感情的主要工具，是人类生活中极其重要的一部分。每句话中的文字都会表达一些意思，但往往这些意思并不能传达说话者内心对所说事物的全部观念和想法，正所谓"书不尽言，言不尽意"。

这种语言中有很多说不出来的意思的情况，既可能是说话者自身局限导致的，也可能是他根本就不可能说出来。但无论哪种情况，既然你现在已经知道了语言往往并不能传达说话者的全部想法，那就需要在分析问题前了解说话者的意图。

➤ 案例1——员工流动率高的问题

假设你新加入一家公司担任人力资源总监。上班第一天，老板跟你说公司员工的流动率高，请你给出一个解决方案，你会怎么做呢？

（请在此处稍停片刻，思索30秒后再往下阅读。）

哈哈，你是不是第一时间又想到了工资低、工作环境恶劣等原因？你有想过不同人对"高"的定义不一样吗？

假如你的老板是一位偏完美主义的管理者，哪怕1年内100位员工中走了5位，他也会觉得员工流动率高。也有可能你的老板是一位纯结果导向的管理者，3个月内100位员工中走了20位，他并不觉得员工流动率高。你再想想，当你第一时间看到"员工流动率高"的时候，你脑海中的情景是怎样的？如果不先进行澄清，你是不是又会同前面的"导入案例"一样，做了大部分的无用功？

"高""低"这样的形容词在大部分时候并不能精确地表达说话者的全部含义，因此你必须先用数字澄清。这就好比你对工资的看法：有两个人，一个人告诉你他工资高，另一个人告诉你他工资很低，你脑海中第一时间想到的是两个人的工资分别是多少。假如第一个人是刚毕业的大学生，月薪是6 000元；第二个人工作了10年，月薪是20 000元。情况是不是与你脑海中所想的"高""低"不一致？

↘ 案例2——投诉问题

假设你是某公司的售后服务经理。早上你刚到公司就接到客户的电话，他向你投诉员工小K的服务很差，你要怎么回复呢？

以你的聪明才智，我相信碰到这样的情况，你已经知道该怎么做了。"差"是一个主观笼统的字，并不能明确问题，因此首先要在电话中向客户了解小K到底是态度差，还是对公司的产品功能不熟悉，抑或是对业务流程不熟悉，最好让客户举例说明。

通过上面两个案例，你已经大致清楚第一类问题产生的原因及相应的解决对策。在日常的工作、生活和学习中，充斥着大量不明确的语言描述，如越快越好、人心涣散、不少人抱怨等。你需要做的就是准确地描述问题，将这些非量化、模糊化、有歧义的问题描述转化为可量化、可例证、清晰化的问题描述。

第二节　明确问题的构成要素

第一节我们一起学习了第一种界定问题的方法：准确地描述问题。本节我们一起学习第二种界定问题的方法：明确问题的构成要素。

你在平时的工作、生活和学习中，是不是经常接到各种各样的任务？工作中有领导分派的或大或小的任务，生活中有家务、旅游等事情，学习中有班级活动、学习安排等事项，你是应对自如，还是经常手忙脚乱、丢三落四？

↘ 案例——上海出差

假设你在深圳的某家顾问公司担任咨询顾问。上周六你完成了一个财务咨询项目，周一刚回到公司。上午10:00，你的电话铃声突然响了，是公司一位"大神"级的项目总监打过来的。这位项目总监是公司的名人，全公司的年轻顾问都想跟他一起做项目，你当然也不例外。现在，他在电话里让你当晚赶到上海参与某项目的实施，

41

你要怎样回复他呢？

（老规矩，此处暂停10秒，想想要怎么回复。思考的时间最好不要超过10秒，不然项目总监在电话那头可能以为电话断了，哈哈。）

思考结束，欢迎回来！你在心里会不会这么想："哇，难得有机会跟仰慕已久的资深顾问做项目，正好手头又没事，那还不赶紧答应！小心这个机会被其他人抢了。"

假如你真是这么想的，那么就让我们一起准备去上海的事宜吧。

首先是订票。是订高铁票还是订飞机票？两种方式好像都能保证当天到上海。假设订飞机票，是订到浦东机场，还是订到虹桥机场？忘了问项目的具体地址，有点蒙圈……

（赶紧打电话跟"大神"确认了项目地址是张江高新区。"大神"很亲切，除告知了地址外，还特别提醒你最好在18:00前到，这样可以一起吃晚饭并交流项目情况。）

订票问题总算解决了，接下来要准备出差所需的东西。应该带什么过去呢？是带应季的衣服，还是换季的衣服也带过去？似乎忘了问去上海做什么，以及会在上海待多久。

（赶紧再给"大神"打一个电话。虽然知道了要待3个月，但是明显感觉到"大神"在电话中的语气没有上一次亲切。）

总算打包好了，准备出发。你突然想起来，有没有人一起从深圳过去？项目上已经有哪些人了？作为新人，带点深圳特产去打个招呼也好啊。可是也忘了问！

（再打一个电话给"大神"？哎，还是算了吧。上次"大神"似乎就有点不耐烦，再打一次电话，"大神"估计要另请高明了。）

怎么样，通过准备出差事宜，是不是发现原来自己有这么多内容都忘了确认？在日常的工作、生活和学习中，经过会碰到各种任务式问题，如果你在第一时间就跟对方确认清楚，一是可以减少反复确认的时间，提高效率，二是可以给对方留下一个"思维缜密"的好印象。反之，你就可能浪费时间，并给对方留下一个"考虑问题不周"的坏印象。

那么，怎样才能在第一时间就确认清楚这类任务式问题的所有要素？非常简单，采用"5W2H"的框架明确问题的构成要素即可。

5W2H 分析法，又称"七何"分析法，是第二次世界大战时期由美国陆军兵器修理部首创的。它易于理解、使用，富有启发意义，广泛用于公司管理和技术活动，对于决策和执行性的活动非常有帮助，也有助于弥补考虑问题的疏漏。

回到项目总监让你到上海出差的问题，你可以在电话里运用 5W2H 分析法跟他一次性确认所有关键要素。

- 为什么要你去？（Why）
- 该项目的情况及你过去主要做什么？（What）
- 具体什么时间到，什么时间结束？（When）
- 项目的具体地址，去了住哪儿？（Where）
- 都有哪些人在项目上，有人一起去上海吗？（Who）
- 去上海可允许乘坐的交通工具有哪些？（How）
- 有多少预算可以用？（How Much）

第三节　探究问题的本质

上两节我们分别学习了"准确地描述问题"和"明确问题的构成要素"两种界定问题的方法。这两种界定问题的方法容易上手，但真正掌握它们的关键在于，平时要有意识地多多练习，以尽快养成习惯。

接下来，我们将进入界定问题的深水区，也是威力更大的区域：探究问题的本质。

在日常的工作、生活和学习中，我们总能碰到各种各样的问题，但是大部分时候，真正的问题并不会自动摆在你的面前，它们会以问题的表象、问题的初步解决方案，或者无关的干扰信息等形式出现。很多人会被这些偏差迷惑，从而偏离问题的真正解决之道。

"啥？你的意思就是我大部分时候都是在做错误的事呗？"你可能又不服气了。

不要着急，按照老规矩，我们一起体验"探究问题的本质"后再下结论。

⏮ 区分问题的表象与问题的根本原因

话不多说，老办法，直接上案例。

↘ 案例 1——员工上班聊 QQ 的问题

假设你是某公司的老板，某天你发现公司有一半员工上班时用 QQ 与朋友闲聊。为了彻底解决这个问题，你会怎么做呢？

（请先思考 1~3 分钟。如果条件允许，最好写在纸上辅助思考。）

好啦，欢迎回来。接下来我们一起讨论对策吧。

你认为直接安装一款 QQ 屏蔽软件？据我所知，不少知名公司都采用了这种 QQ 屏蔽措施，工作沟通改用公司内部的即时通信工具。

"这样可能不行吧？"也许你心里有些疑惑。是的，虽然不少知名公司都采用了 QQ 屏蔽措施，但不见得你的公司也适用。万一员工上班用 QQ 闲聊是因为工作量不饱和呢？QQ 被屏蔽后，他们可以用微信；微信被屏蔽后，他们可以当面聊天；当面聊天被禁止后，他们还可以看电子小说。打发时间的方式很多，绝对让你防不胜防！

既然假设原因是工作量不饱和，那是不是直接给闲聊的员工多安排工作就可以了？

"事情似乎没这么简单。"也许你在心里这么嘀咕。

对的。在考虑给员工多安排工作前，你有想过为什么他们的工作量不饱和吗？是因为经理层工作安排不合理，还是因为压根就没有这么多的工作可安排？

似乎渐入佳境了。假设你的经理们都很能干，原因出在公司根本就没有足够的任务派给用 QQ 闲聊的员工，你会怎么办呢？

"裁员！"这个悲壮而又常见的词似乎自个儿蹦入你的脑海中。

是的，裁员确实是解决公司人员冗余问题的常用方式之一。可是，你再问问自己为什么公司的人员会过剩。是因为人力资源部门根据公司扩张计划招聘的储备人员多了，还是因为某些原因导致公司的阶段性业务量减少了？

假设原因是后者，你采用了裁员措施，万一业务量回升，那岂不是刚裁完人又要花费更大的成本去招人，还要再花费额外的时间和成本等待新人成长。是不是得不偿失了？

"如果是因为业务量减少，我就不会裁员。我会安排他们去开拓新市场！"也许你会这么回复我。

但是，开拓新市场的决定真的可行吗？你在做决定之前再问问自己为什么业务量会减少吧。是因为临近春节，还是因为市场被竞争对手"蚕食"，抑或是因为产品价格偏高导致销量减少？

如果是因为产品价格偏高导致销量减少，你派人去开拓再多的新市场，恐怕都是无效的。

"那，那我就降价！"你也许有些气急败坏了。

如果你选择降价，那你应该先问一下自己为什么产品价格会偏高。聪明的你可能知道我会这么说。你兴许已经在脑海里想过各种各样的原因：可能是因为定价策略错了，也可能是因为产品过时了，竞争对手都在降价清货。如果是后者，那么你的降价举措就无效了，你更应该选择的举措是升级产品。

员工上班用 QQ 闲聊这件小事，最终可能的解决措施竟然是看似风马牛不相及的"升级产品"。这是怎么做到的？

其实很简单，这就是我要教给你的"探究问题的本质"的第一种方法——5Why 分析法。用 5Why 分析法分析上班用 QQ 闲聊的根本原因如图 2.3.1 所示。

```
┌─────────────── 用5Why分析法分析上班用QQ闲聊的根本原因 ───────────────┐
│  上班用QQ闲聊                                          → QQ屏蔽软件？  │
│      Why？  Why？ ┌─计划不合理─┐  ×                                   │
│              └─工作量不饱和                            → 多安排工作？  │
│                 Why？ └─人员冗余                       → 裁员？        │
│                        Why？ └─业务量减少              → 开拓新市场？  │
│                               Why？ └─产品价格偏高     → 降低价格？    │
│                                      Why？ └─产品过时  → 升级产品？    │
└──────────────────────────────────────────────────────────────────────┘
```

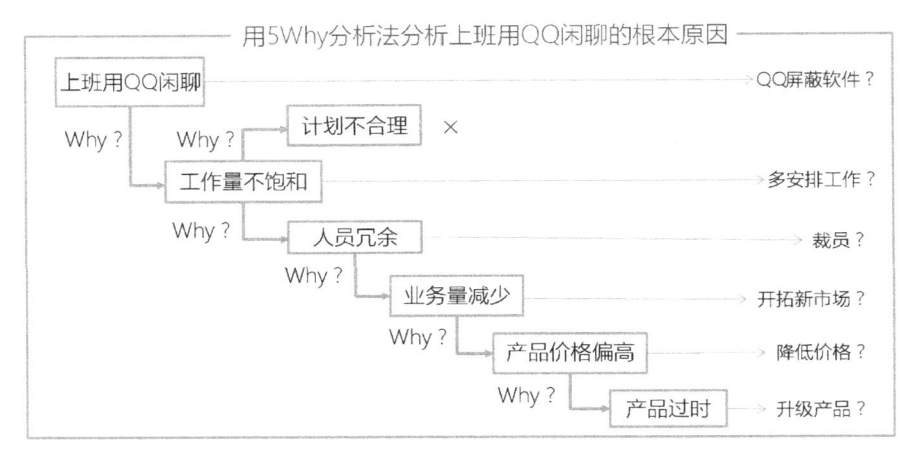

图 2.3.1　用 5Why 分析法分析上班用 QQ 闲聊的根本原因

5Why 分析法，又称五问法，即对一个问题点连续以 5 个"为什么"自问，探究问题的根本原因。在使用时，不限定只做 5 次"为什么"的探讨，有时可能只要 3 次，有时也许要 10 次，直至找到问题的根本原因。以我们刚才一起讨论的案例来说，如果你是公司的网管，那么你的解决方案可以只是安装一款 QQ 屏蔽软件，但如果你是公司的老板，你就必须找到升级产品的方案。

5Why 分析法的关键：鼓励解决问题的人努力避开主观的假设和逻辑陷阱，从结果着手，沿着因果关系链条，顺藤摸瓜，直至找出原有问题的根本原因。

这种方法是丰田佐吉提出的，后来丰田在发展和完善其制造方法学的过程中也采用了这一方法。作为丰田生产系统（TPS）的入门课程的组成部分，这种方法成为问题求解培训的一项关键内容。TPS 的设计者大野耐一曾经将"五问法"描述为"……丰田科学方法的基础……重复提问 5 次，问题的本质及解决办法随即显而易见"。目前，该方法在丰田之外已经得到了广泛的运用，并且在持续改善法、精益生产法及六西格玛法中也得到了采用。

既然 5Why 分析法起源于找出生产制造问题的根源，那接下来我们一起看看 5Why 分析法应用的经典案例"车间油渍问题"，以复习和加深对 5Why 分析法的理解。

案例2——车间油渍问题

假设你是某制造公司的总经理。某天在巡视车间时,你发现地面上有一块油,你会怎么做呢?

如果你只是车间的清洁工,我相信解决措施很简单:赶紧擦了,免得被班组长或车间主任看到扣除奖金。

但既然你是总经理,就不能只是针对问题的表象处理。否则假如是因为机器漏油,今天擦了一块油,明天可能就变成两块,后天就变成4块,10天后就变成1 024块了……那一个清洁工就远远不够了,你必须成立一个专门的擦油小组,24小时无休地轮班在全车间擦油。

当然,既然你能坐上总经理这个位置,自然不可能让以上这么荒唐的情况发生。我相信你肯定会追究机器漏油的原因,查问机器为什么漏油。假设机器漏油是因为垫圈裂化了,你会怎么做呢?

"换垫圈!难道这还有什么要考虑的吗?"你很有可能在心里这么想。

确实,垫圈绝对要换,而且应该第一时间就换了。可是,你是不是应该再问一下"为什么垫圈会裂化"?如果找不出垫圈裂化的原因,新换上的垫圈还是有可能会裂化,其他机器的垫圈也有可能会裂化,问题根本没有得到解决。

为什么垫圈会裂化呢?经过调查,你发现原因是采购的垫圈原料为次货。原因找到了!你很快安排采购人员去买更好的垫圈,并将所有机器的垫圈都换了。通过你的这个举措,车间避免了更多机器漏油事件的发生。这比只是给漏油的机器换一个垫圈的做法明显高了一个层次。

当你还沉浸在成功的喜悦中时,某天车间主任惊慌失措地跑过来找你:"总经理,不好了!有一个机器的轴承断了!"

你大惊失色,急忙奔赴车间的事故现场。车间员工都已经停工了,大家围着断了轴承的机器七言八语。你赶紧让所有员工回到各自的工作岗位,并安排人将事故现场围起来。索性无人员伤亡,这真是不幸中的万幸!

轴承断裂的原因找到了，还是因为采购人员买了次货。你蓦然惊醒，原来上次解决垫圈问题并未找到问题的根源。

假设时光倒流回你发现垫圈裂化是因为采购了次货，你会怎么做呢？是不是要再多问一个“为什么会采购次货”？

也许采购人员会回答你：“因为价格低。”

“为什么一定要采购价格低的原料？”你紧接着问了一句。

“因为公司对我们采购人员考核绩效的依据是采购价格与正常价格的差额结余。”采购人员这样回答你。

终于知道问题的根源了，原来问题出在你自己身上，是你制定的采购政策不合理。因此，为了避免车间事故的发生，你的做法应该是改变采购政策。

怎么样？通过 5Why 分析，你也可以成为一名合格的总经理！图 2.3.2 所示为用 5Why 分析法分析油渍产生的根本原因。

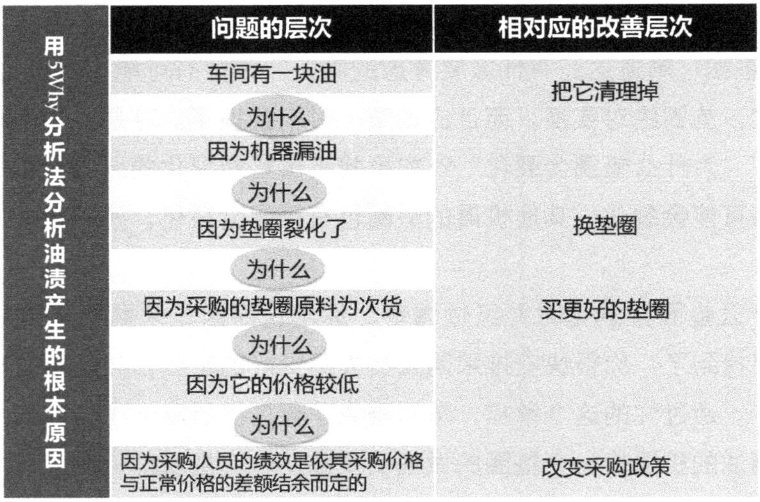
用5Why分析法分析油渍产生的根本原因
问题的层次
相对应的改善层次
车间有一块油
把它清理掉
为什么
因为机器漏油
为什么
因为垫圈裂化了
换垫圈
为什么
因为采购的垫圈原料为次货
买更好的垫圈
为什么
因为它的价格较低
为什么
因为采购人员的绩效是依其采购价格与正常价格的差额结余而定的
改变采购政策

图 2.3.2　用 5Why 分析法分析油渍产生的根本原因

两个案例分析完了，我们一起做个小结吧。在日常的工作、生活和学习中，问题更多以表象的形式呈现出来。你需要运用 5Why 分析法，多问几个“为什么”，以找到问题的根本原因，从根本上解决问题。

区分问题的初步解决方案与问题本身

我们一起了解了"探究问题的本质"的第一种类型——区分问题的表象与问题的根本原因，并掌握了 5Why 分析法。接下来，我们一起了解"探究问题的本质"的第二种类型。

案例 1——为什么太太不允许跳槽

刘小波（化名）大学毕业后去了一家房地产公司，今年是他在公司的第 8 个年头。凭借自己的努力，他现在是公司项目运营部的副总经理。刘小波十分热爱现在的工作，他的综合能力，包括沟通能力相当不错，是众人眼中的公司"明日之星"。

但刘小波现在碰到了一个大难题，就是今年年初新上任的项目运营部总经理武总很不待见他。虽然刘小波进行了各种努力，但武总还是对他各种挑刺，并且对他的成绩视而不见，甚至设置障碍屏蔽刘小波与高层的正常交流。

刘小波清楚武总的疑虑，但是尽管刘小波已经或明或暗地跟武总表过忠心，也在公开场合将所有的成绩归给武总，武总还是对他不放心，怕他抢了自己的职位。

刘小波实在无法忍受武总的无理刁难，决定跳槽。于是，他把自己的资料送到猎头公司，请他们为自己另找工作。因为出色的能力和良好的工作资历，猎头很快为刘小波推荐了好几个职位。

刘小波回到家后，对从事咨询顾问工作的太太颇有信心地说："我应该很快就能找到新工作。"结果他的太太非常不认可他跳槽的做法。

刘小波的太太为什么不认可他跳槽的做法？如果你是刘小波，你会采用什么不同的做法呢？

（请暂停 60 秒，先思考太太反对的原因。）

既然太太反对跳槽，那么我们就先找跳槽的弊端。跳槽的弊端可以分为以下几个方面。

- 工作层面上：
    ✓ 丢失了现有公司的资源积累；
    ✓ 可能对新的工作环境不适应；
    ✓ 难保不会碰到一个新"武总"。
- 生活层面上：
    ✓ 去一个新的工作环境需要全力投入，影响陪伴家人的时间；
    ✓ 万一新工作不如意，影响家庭经济收入。

根据以上分析，跳槽确实不是最佳的选项。可是不跳槽的话，与上司无论如何也相处不来呀！到底该怎么办？

下面就让我们一起分析吧。

跳槽是刘小波真正面对的问题吗？肯定不是！

他为什么要跳槽？因为与上司相处不来，跳槽只是他针对"与上司相处不来"的状况所选择的一个对策而已。那么，真正的问题就清楚了，真正的问题是"如何与上司分开"。

与上司分开的手段很多，可以归结为两大类：一是自己走，二是上司走，如图 2.3.3 所示。刘小波第一反应所选择的跳槽只不过是"自己走"的一个子项而已。

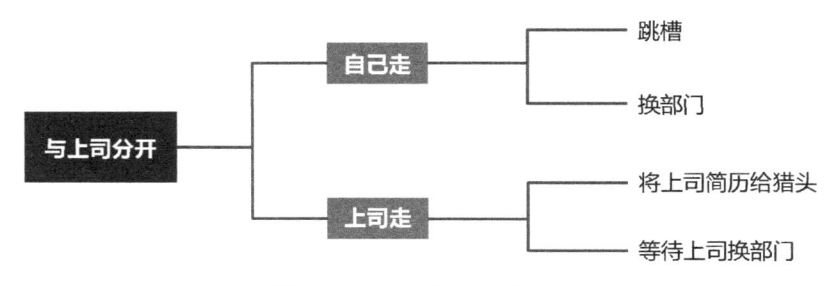

图 2.3.3　与上司分开的手段

人是智慧生物，我们的大脑在遇到问题的时候，第一反应就是找原因或应对措施。因此，我们抛给别人的问题或需求，或者别人抛给我们的问题或需求，往往都不是问题本身，而是问题的初步解决方案。因此，我们在工作、生活和学习中需要多多提醒自己区分清楚问题的初步解决方案与问题本身。

在我指导项目的过程中，曾碰到过下面这个案例。

❥ 案例2——历史数据导入问题

S公司接了某个大客户"财务+供应链"的ERP实施项目。项目金额是S公司有史以来最大的，因此公司特别重视。由于公司在顾问资源上的投入很大，因此截至今年8月系统上线前，项目的进度、实施质量都挺不错。

不过，在新旧系统切换上线时，S公司碰到了一个大问题。客户方的项目负责人李总不仅要求将今年1月至7月的所有财务、业务数据导入新系统中，还要求将前两年的财务、业务数据也都导入新系统中。李总是财务总监，是客户方的二号实权人物，这个项目的成败由她说了算，因此绝对不能得罪她。

对于李总的这个要求，S公司的项目经理孙经理有点傻眼。如果那样做，工作量太大了先不说，可行性也不高。新系统将原先的物料、科目编码都进行了优化调整，导入历史数据不是仅仅从旧系统导出数据，再导入新系统中就可以的，还需要做新旧编码的对应，以及调整所有相关历史销售订单、采购订单、出货单、生产订单和入库单等数据。

孙经理找李总沟通了好几次，反复跟她强调这个要求的风险和难度。但是李总很强势，跟孙经理强调："这是我们的核心需求，这些历史数据必须导入新系统中。如果连这么简单的事都做不到，我们还怎么使用这套系统呢？"

孙经理没有办法，只好向公司申请更多的顾问资源。结果公司所有在当地的顾问周末放弃休息，全部到该项目上帮忙整理和导入历史数据，项目组的顾问更是天天熬夜加班。可惜事与愿违，在整理和导入数据时问题重重，要修改的数据量太大了，项目组忙了一个月几乎确定这个方案不可行。

孙经理现在要面临李总的冲天怒火，公司历史上金额最大的项目看样子就要"烂尾"了。如果让你去拯救孙经理，你会怎么做呢？

经过以上训练，我相信聪明的你可能已经看到了问题的端倪。

李总为何一定要将前两年和今年1月至7月的历史数据导入新系统中？孙经理有深耕李总提这个要求的原因吗？没有，他只是跟李总强调了风险和难度。

那么，真实的原因是什么？原来李总的公司准备在下一年的年中IPO，李总从证券交易所上市的要求出发，要保证IPO前至少3年的财务和业务数据是可查询和连贯的，准备IPO也是李总选择上新系统的主要原因之一。因此，从李总的角度出发，如果新系统对公司IPO产生阻碍，这是绝对不能接受的。

那问题就无解了吗？当然不是，要求将历史的财务和业务数据导入新系统中只是李总针对真正问题的初步解决方案，而不是问题本身。从"IPO前3年的数据要可查询和连贯"这个问题本身出发，有比李总提出的解决方案简单得多的方案：在新系统中开发一个接口，直接通过接口查询旧系统的数据即可。李总本身并不懂IT，在这个问题的解决方案上，她并不能提出最有效、可行的方案。结果，一给李总提出这个新方案她就欣然接受了，再也不提导入历史数据的要求。

一个程序员仅仅花两天的时间就完成了新方案，不但拯救了整个项目，还节省了大量的顾问人力成本。这就是"探究问题的本质"的威力！

在现实的工作、生活和学习中，很多时候对方提出的问题都是经过他们初步加工后的解决方案，而非真正的问题。将问题的初步解决方案与问题本身混为一谈是最容易犯的错误之一，也是浪费大量时间和精力的根源之一。你需要找到真正的问题，而不是惯性地将问题的初步解决方案当作问题本身来应对。

第四节　显性化问题隐含的假设

前面我们一起学习了"准确地描述问题""明确问题的构成要素""探究问题的本质"三种界定问题的方法，终于来到了更高阶的界定问题阶段：显性化问题隐含的假设。

除了数学家生活的完美世界，我们在工作、生活和学习中碰到的所有问题都有一定程度的应用前提和边界。这句话似乎有点晦涩，暂时没理解没关系，继续往下看就明白了。

　　　你是南方人，还是北方人？

（请记住你第一反应给出的答案。）

也许你来自黑龙江，那么我想你的答案肯定是"北方人"。

也许你来自广西，那么我想你的答案应该是"南方人"。

如果某人来自安徽淮南或江苏扬州，那么他是南方人还是北方人呢？可能一部分人认为他是北方人，还有一部分人认为他是南方人，这就看把什么作为中国南北方的划分标准了。如果以秦岭—淮河为划分标准，那么安徽淮南人和江苏扬州人就是南方人；如果以长江为划分标准，那么他们就是北方人。

让我们再看黑龙江人和广西人，他们就一定是北方人或南方人吗？从西伯利亚人的角度来看，黑龙江人绝对是南方人；从越南人的角度来看，广西人是北得不能再北的北方人。

现在你可能大致明白"除了数学家生活的完美世界，我们在工作、生活和学习中碰到的所有问题都有一定程度的应用前提和边界"的意思了。当你看到"你是南方人，还是北方人"这个问题时，你会不自觉地将你成长的环境因素代入进去考虑，你的大脑认为这是理所当然的，这就是"隐含的假设"。

⏮ 显性化问题隐含的环境假设

"冰的熔点是 0℃"，你知道这句话中包含多少个假设吗？

一般情况下，我们可以从上面这句话中找出两个主要假设：一是冰100%不含杂质；二是在标准大气压下。

我们生活在地球上，从小到大看到的、经历的都是在地球的物理环境下产生的现象。因此，地球的物理环境成为我们在思考绝大部分问题时一个隐含的因素，可能我们自己不知道而已。

你可能会问："我知道这个有什么用呢？"

不要着急，接下来我们一起揭开隐含的环境假设的价值。

现在我们已经知道不是所有"冰"的熔点都是0℃，那有什么用呢？假如冬天高速公路结冰了，做法是派人去铲冰吗？不是，是撒盐！为什么？因为在标准大气压下，饱和的食盐水的凝固点是−20℃，所以只要温度高于−20℃，撒了盐的高速公路就会"解冻"。看，这就是用途！

↘ 案例——跳高问题

跳高现在的世界纪录是2.45米，由古巴运动员索托马约尔于1993年7月27日创造。

在除跳高设施外不允许使用其他任何设备的情况下，如果要求你跳过3米高的横杆，你有多少办法可以做到呢？

不知道你第一反应想到了什么办法？办法其实很多。例如，可以将横杆拿下来，再跨过去；可以顺着横杆两侧的立柱爬上去，再跳过横杆。这两种办法，一种是从横杆（跳高设施）的角度考虑，另一种是从人（你）的角度考虑。

但千万别忘了还有隐含的环境因素。可能你想当然地认为这次跳高就是在地球上重力加速度为 $1m/s^2$ 的平地上，因为这是你日常生活的环境。在考虑问题的时候，虽然你没有考虑到它，但其实你已经不自觉地将其作为一个假设代入进来了。

因此，如果显性化问题隐含的环境假设，你至少还有3种办法跳过3米高的横杆：一是在月球上；二是在地球上某个重力加速度只有 $0.5m/s^2$ 的实验室中；三是在山地或丘陵地带，你站在一个高度2米以上的石块上。

显性化问题隐含的时间假设

我们暂且将"性格内向的人不适合做销售"这句话作为一条真理（事实上肯定是不对的）。如果你正好是一位性格内向的人，你认为下面这个论断是否正确："性格内向的人不适合做销售，我是一位性格内向的人，因此我不适合做销售。"

这个论断从字面上看，逻辑很严谨，几乎无懈可击。因此，你因性格不够外向而放弃一份销售工作似乎是理所应当之举。可是如果这个论断的陈述成立，我是否可以追问你一个逻辑类似的问题："跑步需要能够迈动的双腿，我在刚生下来的时候不会迈动双腿，因此我这辈子都不会跑步。"我想你绝对会认为这是你听过的最滑稽的论断。

相信聪明的你已经看出了问题所在。"性格内向的人不适合做销售，我是一位性格内向的人，因此我不适合做销售"这句话里隐含了一个时间假设，即"我这辈子都性格内向"。找出了这个时间假设后，这个论断就可以改成："性格内向的人不适合做销售，目前我是一位性格内向的人，我正好可以借助销售工作的锻炼来弥补我性格内向的不足。"看，你得出了一个截然相反的结论，世界上可能将多一位卓越的销售人员。

隐含的时间假设广泛存在于我们的工作、生活和学习中，相信你听过很多隐含时间假设的论断，也可能因未能显性化问题隐含的时间假设而错过了不少机会。例如，当领导给你布置一个相当有挑战性的任务时，你的第一反应是"这个工作需要很强的沟通能力，我的沟通能力不行，因此我不能接受这个任务"，还是"这个工作需要很强的沟通能力，目前我的沟通能力不行，正好可以借这个机会锻炼"呢？若是前者，你不仅辜负了领导的信任，还丧失了一次提升沟通能力的机会。而后者既可以提升沟通能力，又能得到领导的青睐，即使没圆满完成任务，你得到的也绝对比你不接受这个任务要多得多。

显性化理论/工具的应用前提和边界

迈克尔·波特是哈佛商学院的大学教授[1]。迈克尔·波特在世界管理思想界可以说是"活着的传奇",他是当今全球的战略权威,是商业管理界公认的"竞争战略之父"。他在20世纪80年代初提出的波特五力竞争模型,可以说是当时企业设计竞争战略的不二选择。但是,该理论在中国企业中实践时却缺陷很多,几乎没有成功的实践案例。是什么出问题了呢?是迈克尔·波特的能力不够,还是波特五力竞争模型压根就没有用?其实都不是,问题是任何的理论或工具都有其应用前提和边界。在不同的背景下使用时,我们需要对理论或工具进行必要的裁剪,有些时候甚至需要重新创造。波特五力竞争模型是迈克尔·波特在大规模工业化生产的背景下提出来的,而且提炼的是西方企业的管理经验,将其应用到互联网时代的中国企业中,随着时代和应用环境的不同,必然会出现水土不服的现象。

同样的现象还有丰田的TPS。TPS可以说是丰田管理的基石,促进丰田保持几十年的辉煌,但是学习TPS的企业鲜有成功的案例,日本之外的企业更是几乎没有应用成功的,即使在日本也仅有20%的企业成功学习了TPS。原因何在?因为TPS有其严苛的应用前提和边界:一是产品的需求波动不能太大;二是企业有很强的执行力。这两个应用前提和边界丰田完全具备,因此TPS在丰田发挥的作用非常大,但是其他企业很难同时具备这两个应用前提和边界,照搬TPS的结果就是失败多而成功少。

通过学习三种显性化问题隐含的假设的方法——显性化问题隐含的环境假设、显性化问题隐含的时间假设、显性化理论/工具的应用前提和边界,相信你已经意识到了显性化问题隐含的假设是一种威力巨大的界定问题的方法,特别有助于你发现问题不缜密的部分、拓宽分析问题的思路。

---

[1] 大学教授(University Professor)是哈佛大学的最高荣誉,迈克尔·波特是该校历史上第4位获得此项殊荣的教授。

第五节　综合界定问题

准确地描述问题、明确问题的构成要素、探究问题的本质、显性化问题隐含的假设是四种行之有效的界定问题的方法。

这四种方法可以灵活搭配成各种界定问题的方法组合，就好像积木的基本模块一样，可以无限组合成各式各样的飞机、轮船、城堡，应用非常灵活。

但这种灵活在带来更广泛的适用性和创造性的同时，也让我们有点无所适从。例如，当遇到一个具体问题的时候，你可能一下子很难知道是用5Why分析法，还是用5W2H分析法，或者两者结合使用效果才更好。

举个例子。假如你有一位朋友向你咨询这个问题："我觉得继续待在公司没有发展前途了，应该怎么办呢？"

我相信，经过前面的学习，你肯定会说："要先界定问题呀。"

但问题来了，你会怎么界定呢？是用"准确地描述问题"的方法呢，还是用5Why分析法追问"为什么"呢？

你可能会说："我首先要问他为什么觉得没有发展前途了。"

如果他回答你说："我在公司的工作时间很长，而且干的都是杂事，感觉没什么进步。"

你接下来会怎么问呢？是继续问他为什么会工作时间很长，还是问他为什么干的都是杂事，抑或是问他干杂事的具体表现是什么？

是不是问题一下子就蔓延开了，变得越来越不好解决？

因此，知道了界定问题的四种基本方法之后，你还要掌握一种综合运用它们的方法，也就是界定问题六问法，这样才能更高效地解决实际问题。

对界定问题六问法，你既可以用于自我提问，又可以用于提问他人。

下面让我们尝试用界定问题六问法，来重新解决"我觉得继续待在公司没有发展前途了，应该怎么办呢"这个问题。

第1问：目标是什么

你可以先用"准确地描述问题"的方法，确定朋友的目标是什么。

例如，你可以这么问："你觉得怎么样才算有发展前途呢？是一年后收入达到多少，还是一年后达到什么职位，抑或是一年后你的某项能力达到什么水平？"

朋友可能会回复你说："我希望一年后月薪能达到3万元。"

经过对目标的分解和量化，你和朋友关于目标的认知就大体一致了。否则可能你认为的"有前途"是年薪百万元，而朋友认为的"有前途"是身无分文但受人敬重，你们看似聊的都是"有前途"，但南辕北辙，根本不是一回事。

界定问题六问法过程1如表2.3.1所示。

表2.3.1 界定问题六问法过程1

提问顺序	问 题	回 答
第1问	目标是什么	我希望一年后月薪能达到3万元
第2问		
第3问		
第4问		
第5问		
第6问		

第2问：现状是什么

目标一致之后，你就可以继续用"准确地描述问题"的方法，问朋友第2个问题，了解现状是什么。

例如，你可以这么问："那你现在的月薪是多少呢？"

朋友可能会回复你说："目前的月薪是1.4万元。"

你看，这样对现状的了解就简洁明了。

聊到这里你可能有一个疑问：为什么不先了解朋友的现状，再了解他的目标呢？

你想一想，如果让朋友先描述现状，会是什么情况。可能他讲了几个小时，都没能将现状说清楚，反而漫无边际地谈了很多无关紧要的内容。这样的话，解决问题的效率就低很多了。

因此，如果能先确定目标，再根据目标的维度来分析现状，则会更有针对性，提问的效率也会更高。

界定问题六问法过程 2 如表 2.3.2 所示。

表 2.3.2　界定问题六问法过程 2

提问顺序	问　　题	回　　答
第 1 问	目标是什么	我希望一年后月薪能达到 3 万元
第 2 问	现状是什么	目前的月薪是 1.4 万元
第 3 问		
第 4 问		
第 5 问		
第 6 问		

第 3 问：差距是什么

完成前 2 问后，就到第 3 问了。

问题来源于差距，目标有了，现状也有了，差距就出来了，问题也就有了。

如果没有差距，那么就不存在任何问题。例如，解决贫穷的问题，可能你认为年收入不足 10 万元的人是贫穷的，有一个人的年收入只有 6 万元，那么他就有贫穷的问题要去解决。但如果他的期望只是一年 5 万元，那么他就没有所谓贫穷的问题要去解决，因为根本就没有差距。

还是回到朋友觉得没有发展前途的问题上来。他的目标是月薪 3 万元，现状是月薪 1.4 万元，差距很明显就是每月 1.6 万元。

界定问题六问法过程 3 如表 2.3.3 所示。

表 2.3.3　界定问题六问法过程 3

提问顺序	问　　题	回　　答
第 1 问	目标是什么	我希望一年后月薪能达到 3 万元
第 2 问	现状是什么	目前的月薪是 1.4 万元
第 3 问	差距是什么	差距是每月 1.6 万元
第 4 问		
第 5 问		
第 6 问		

第 4 问：目标背后的目的是什么

通过第 3 问，确定差距后，你在想是不是直接帮朋友想各种方法，弥补每月 1.6 万元的收入差距就可以了呢？

还不行！

在真正动手解决这个每月 1.6 万元的差距之前，你还要再问几个问题，以确定这个差距是否是真正的问题。

第 4 问，你要用"探究问题的本质"的方法，用 5Why 分析法追问朋友为什么要达到月薪 3 万元。你可以这么问："你为什么想要达到月薪 3 万元呢？"

他可能会说："因为我准备买房，每月要还房贷 2 万元。要想不影响现在的生活质量，月薪起码要到 3 万元。"

根据他的这个回答，你可以接着问："为什么一定要通过加薪，而不是其他方式来弥补收入呢？"

不断地问"为什么"，直至你认为已经触及问题的本质。

问第 4 问的目的是确定朋友这个"月薪 3 万元"的目标是否合理。假如他之所以设立这个目标，是因为他有个同事最近加薪到 2.5 万元了，他认为自己的水平比同事高，至少应该是月薪 3 万元。如果背后是这个原因，那这个目标可能就不合理了。

界定问题六问法过程 4 如表 2.3.4 所示。

表 2.3.4　界定问题六问法过程 4

提问顺序	问　　题	回　　答
第 1 问	目标是什么	我希望一年后月薪能达到 3 万元
第 2 问	现状是什么	目前的月薪是 1.4 万元
第 3 问	差距是什么	差距是每月 1.6 万元
第 4 问	目标背后的目的是什么	每月要还房贷 2 万元
第 5 问		
第 6 问		

第 5 问：造成现状的原因是什么

通过第 4 问确定了目标背后的目的后，还要继续用 5Why 分析法问第 5 问，以确定造成现状的原因是什么，也就是为什么朋友目前的月薪是 1.4 万元。

例如，你可以这么问："你目前的月薪是 1.4 万元，跟你条件相似的同事，也差不多是这个薪资，还是比这个薪资高呢？"

这么问的目的是验证朋友目前的薪资状况是由公司整体的薪资水平决定的，还是因为他个人的原因导致未达预期。

如果他回答同事的薪资差不多都能达到 3 万元，就说明主要原因在他个人身上，你就可以进一步了解他的工作态度、工作能力、工作绩效等。

如果他回答同事的薪资跟他差不多，就说明他目前的薪资可能是由公司的客观原因决定的。

假设朋友回答："公司整体的薪资水平就是这么高。"

通过第 5 问，分析造成现状的原因，你就能评估到底能不能改变这个现状了。

界定问题六问法过程 5 如表 2.3.5 所示。

表 2.3.5　界定问题六问法过程 5

提问顺序	问　　题	回　　答
第 1 问	目标是什么	我希望一年后月薪能达到 3 万元
第 2 问	现状是什么	目前的月薪是 1.4 万元
第 3 问	差距是什么	差距是每月 1.6 万元
第 4 问	目标背后的目的是什么	每月要还房贷 2 万元
第 5 问	造成现状的原因是什么	公司整体的薪资水平就是这么高
第 6 问		

◀◀ 第 6 问：导致差距的真正原因是什么

经过前 5 问，你已经明确了朋友的差距，也了解了目标背后的目的，以及造成现状的原因。

接下来，你就可以基于前 5 问得到的信息，向朋友提问第 6 问："这个 1.6 万元的月薪差距，有多少是因为目标不合理导致的，有多少是因为现状可改变但未去改变导致的？"

以第 4 问得到的信息为例，因为朋友每月马上要还 2 万元的房贷，所以他想加薪到每月 3 万元，这个收入目的无可厚非，但不一定仅限为薪资收入。

以第 5 问得到的信息为例，朋友 1.4 万元的月薪是因为全公司乃至整个行业都是如此，并不是他一个人薪资低。这就属于难以改变甚至是不可能改变的现状了。

综合前 5 问的信息，可得出第 6 问的回答是："每月 3 万元的收入目标是合理的，但薪资现状难以改变。"

界定问题六问法过程 6 如表 2.3.6 所示。

表 2.3.6　界定问题六问法过程 6

提问顺序	问　　题	回　　答
第 1 问	目标是什么	我希望一年后月薪能达到 3 万元
第 2 问	现状是什么	目前的月薪是 1.4 万元
第 3 问	差距是什么	差距是每月 1.6 万元

续表

提问顺序	问　　题	回　　答
第 4 问	目标背后的目的是什么	每月要还房贷 2 万元
第 5 问	造成现状的原因是什么	公司整体的薪资水平就是这么高
第 6 问	导致差距的真正原因是什么	月薪 3 万元的目标是合理的 月薪 1.4 万元的现状难以改变

到这里，真正要解决的问题就呼之欲出了：如何在本职工作加薪困难的情况下，每月增加 1.6 万元的收入。

这样，问题就算被界定清楚了。接下来就可以针对这个问题，给朋友出各种主意了。

你有没有发现，通过界定问题六问法，分别确定目标、现状、差距、目标背后的目的、造成现状的原因、导致差距的真正原因之后，是不是更快、更清晰地完成了问题的界定？而且，这时你要给朋友出的主意不再是要不要离开公司，而是如何在薪资外每月增加 1.6 万元的收入，这样的建议对朋友而言才更有价值。

本章总结

本章主要从界定问题的四大类型出发，针对每个类型分别提出了方法工具，如图 2.3.4 所示。

界定问题的四大类型及方法工具

- 无法准确地描述问题 → 1. 准确地描述问题（量化、举例说明）
- 缺少梳理问题的清晰结构 → 2. 明确问题的构成要素（5W2H、站在对方的角度考虑、弄清背景）
- 被问题的表象蒙蔽 → 3. 探究问题的本质（5Why、去除干扰）
- 忽略问题隐含的假设 → 4. 显性化问题隐含的假设（挖掘并分析假设）

图 2.3.4　界定问题的四大类型及方法工具

之后，我们又学习了一种综合运用这四种方法的界定问题六问法。

界定问题是用框架解决问题的第一个关键点。没界定清楚问题之前就急忙分析问题的做法，就好像你从深圳去北京，为了赶时间匆匆跳上第一辆过来的火车，结果发现这是去海南的火车。美国著名思想家杜威说过："一个界定良好的问题，已经解决了一半！"让我们重视界定问题的环节吧！

> **书外求助**
>
> 读书时遇到了不解之处，或者碰到了想找人交流的问题怎么办？
>
> 例如，在应用 5Why 分析法时，如果多个原因都成立，如何往下追问呢？界定问题六问法还有更高级的应用技巧吗？
>
> 为了帮你解答这些读书时可能存在的疑问，以及能与其他读者交流，我们建立了一个读者群。
>
> 关注微信公众号 YouCore，发送"思维力"即可入群。

第四章

分析问题——构建框架及明晰关键

界定问题后,我们正式进入用框架解决问题的第二阶段——分析问题。在分析问题阶段,我们将一起学习如何快速、有效地构建一个高质量的框架,以及如何淘汰非关键的问题、抓住解决问题的重点。

第一节 必备的基础思考工具

构建框架是用框架解决问题的第二个关键点。在构建框架的过程中,我们将系统地使用部分久经锤炼的分析工具和方法(如逻辑树、MECE),以及部分经我独家改造的工具和方法(如基于思维导图改进的逻辑思维导图)。下面就让我们先简单了解这些工具和方法吧。

逻辑思维导图

思维导图是一种将发散思维可视化的工具,又称心智图。标准的思维导图呈现由中心向四周发散的形状,看起来像一只八爪章鱼。由于思维导图的放射状结构与人类大脑中神经网络的记忆构造十分相似,因此它可以加快阅读者对图中信息的理解速度和加深记忆程度。

思维导图由英国人托尼·博赞于 1974 年开发。托尼·博赞在 1942 年出生于英国伦敦,是英国大脑基金会的总裁,世界著名心理学、教育学家。他因发明思维导图这一简单便捷的思维工具,而以"大脑先生"(Mr. Brain)闻名世界。

目前流行最广的思维导图类型是博赞思维导图,这种思维导图主要强调发散思考,其价值在于以下几点。

- 由中心向四周发散的结构有利于激发联想,通过一个节点上的关键词引出更多的关键词。
- 形象的图示和丰富的色彩可刺激人的大脑,起到发散思维的作用。
- 通过将知识以放射状结构和可视化形式呈现,可大幅提升个人的感受力、理解力和记忆力。

典型的博赞思维导图如图 2.4.1 所示。

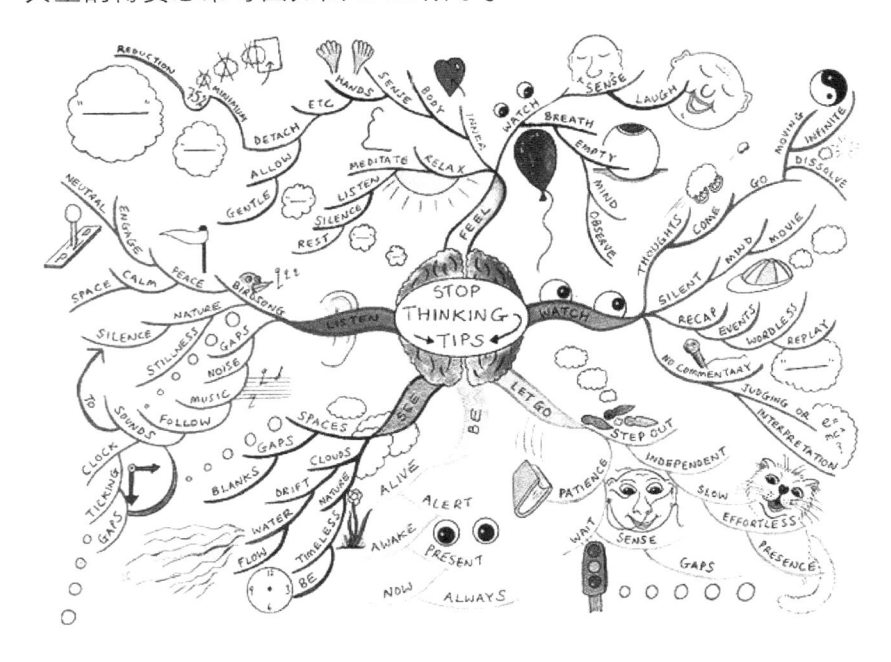

图 2.4.1 典型的博赞思维导图

不过，博赞思维导图的发散思考主张自由发散联想，即围绕一个思维起点想到什么就画什么，不要求节点与节点之间具备逻辑关系，想到即合理，因此也有其使用局限。

- 不利于对逻辑关系要求高的思考或知识框架的构建。
- 不利于逻辑清晰地对外呈现。

本书提出的逻辑思维导图是在博赞思维导图的基础上改进的一种思考工具。它既保留了博赞思维导图的放射状结构、形象的图示及丰富的色彩，以帮助思维发散，又引入了严谨的收敛思考，将发散的思维结果进行逻辑性的归纳，以满足思维导图在高效思考上的需要（见图 2.4.2）。

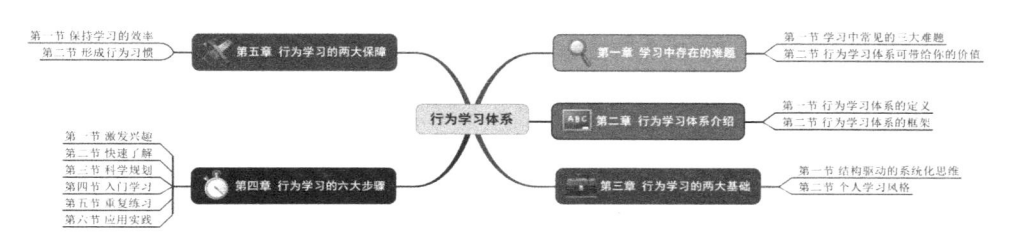

图 2.4.2　逻辑思维导图

思维导图已被广泛应用于各个领域的不同层面。例如，在商业上，可以用于规划工作、构思 PPT；在学习上，可以用于记录笔记、写作文章。市面上有很多绘制思维导图的软件，比较流行的有 **MindManager**、**XMind** 和 **FreeMind** 等。

逻辑树

逻辑树是美国知名的管理咨询公司麦肯锡推广的思考问题的工具。在形式上，逻辑树就像一棵平躺着的大树，最左边是"树根"（目标/问题的起点），朝右后方开枝散叶，用逻辑结构排列项目，使所有的项目（枝干）呈扇形展开，并以线条连接每个项目，直至抵达最右方的终点——树叶。

逻辑树是一种非常有效的分解问题/议题的方法，其价值主要有以下三点。

（1）将问题/议题层层有序分解，有助于厘清思路，不做重复和无效的思考。

（2）可有效分解复杂问题/议题，从而简化问题/议题的处理流程。

（3）通过将问题/议题分解为更细的问题/议题，有助于团队的协作和分工。

逻辑树是用框架解决问题的主要工具，接下来的章节中会广泛地应用它。逻辑树与上文介绍的逻辑思维导图在内在的逻辑上有相同之处，但也有不同之处。二者的不同点在于以下两个方面。

- 在形式上：逻辑思维导图呈现出由中心向四周发散的形状；而逻辑树呈现出由左往右的一棵侧倒的树状。
- 在内容上：逻辑思维导图侧重激发大脑进行发散思考，常用于个人拓展思路及团队的头脑风暴，是一个刺激思考过程的工具；而逻辑树侧重基于逻辑的层层分解，常用于个人组织思路、简化问题及团队工作的分派，是一个更突出思考结果的工具。

在进行某些类型的思考时，需要综合运用逻辑思维导图和逻辑树。以上介绍的绘制思维导图的软件 MindManager、XMind 等也可以用来绘制逻辑树（事实上，就绘制图形的便利性和标准性来看，这两款软件在绘制逻辑树上的表现较绘制思维导图的表现更出色）。逻辑树示例可参考图 2.0.1。

⏮ MECE

MECE（发音为 me-see）是 "Mutually Exclusive, Collectively Exhaustive"（相互独立、完全穷尽）的英文首字母缩写，同样来自麦肯锡。MECE 是麦肯锡顾问在解决问题时运用的非常重要的原则。

在对复杂的现象分类归纳时，首先要考虑如何让各种分类不会相互重叠或包含，这就是"相互独立"，也可简称为"不重"。"不重"可以避免分类相互重叠，防止重复分析或工作。

而全面地考虑问题，确保所提出的分类足够完整，便是"完全穷尽"，也可简称为"不漏"。"不漏"可以确保没有遗漏任何项目，涵盖问题的每个方面。

只有将问题划分为"不重不漏"的几个部分，才可以在一开始就避免挂一漏万、以偏概全。MECE 是在构建或分解逻辑树时必须满足的原则（见图 2.4.3）。

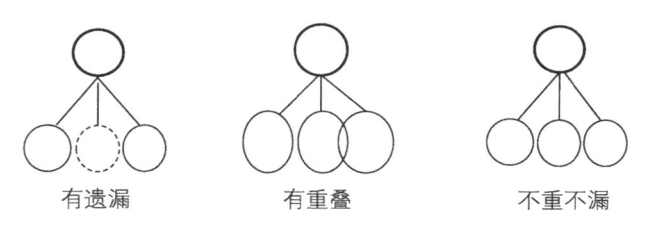

图 2.4.3　MECE

经过上面的工具储备，我们终于又回到了脑力激荡之旅的第二步——构建框架。为了更有效地显性化分析问题的思维，接下来将从"自下而上提炼框架"和"自上而下选用框架"两个方面分别介绍构建框架的方法（见图 2.4.4）。但你需要记住，在实际应用中，这两种方法交织在一起，并不能完全分开。

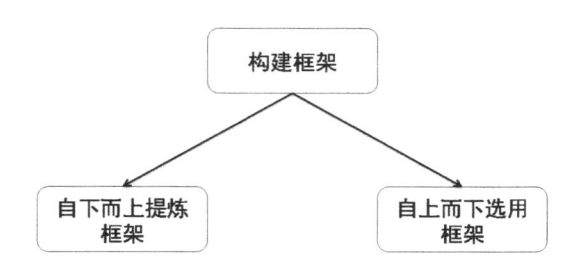

图 2.4.4　构建框架的两种方法

第二节　构建框架之一：自下而上提炼框架

你是否碰到过这样的情形：遇到一个问题，隐隐约约有一些想法，但是非常零散，虽然知道肯定还有很多方面没有考虑到，但是不知道如何组织和完善。于是，你的大脑开始"原地打转"，目光开始涣散，像表情木然的樱木花道一样（见图 2.4.5）。

图 2.4.5　表情木然的樱木花道

哈哈！不管你是不是这样，接下来的思维之旅将让你彻底摆脱这种"呆"样，重新做一个聪明伶俐的你。

↘ 思考案例——如何在两年内赚 100 万元

假设将环境设定在中国国内，时间限定为从你阅读本书的这个时刻起，你如何让自己在两年内赚到 100 万元？

［如果你已经是年薪 50 万元以上的职场人士（我相信不少阅读本书的咨询顾问都有这个工资收入，毕竟这只是有 8 年工作经验的咨询顾问的平均工资水平），那么请你自行将题目修改为"如何在两年内赚到工资之外的 100 万元"。］

假如你是在校大学生，或是刚进入职场的人士，你是否觉得那不可能？如果运用框架分析这个问题，你会发现这个目标其实还是蛮好实现的。

"啥？那还等什么，赶紧开始啊！"你心里可能已经在这么催我了。

我相信此刻你的大脑中已经冒出一些赚钱之道，如工资收入、彩票中奖等。不过相信我，能让你在两年内赚 100 万元的方法绝对不止这些。请按捺住你即将赚到 100 万元的骚动，先拿出两张 A4 纸，跟我一起用简单的四步来启动"100 万元赚取之旅"吧！

⏮ 步骤一：罗列要点

在这个步骤里，我独创的逻辑思维导图（若忘了什么是逻辑思维导图，请简单回顾本章第一节）闪亮登场了。

首先，将其中一张 A4 纸横放，在纸的中间画一个大圈，圈内写上"两年赚 100 万元"（见图 2.4.6）。

图 2.4.6　在横放的 A4 纸上写上"两年赚 100 万元"

然后，围绕中间的目标，在 A4 纸的四周写上所有你能想到的赚钱点子，尽量将你认为是同一类的写在同一个区域（如与工资有关的收入写在右上角）。若你认为点子间有层级关系，还可以通过线条将它们连接起来（见图 2.4.7）。

图 2.4.7　在 A4 纸的四周写上赚钱点子

（请离开本书 5~10 分钟，在纸上写上所有你能想到的赚钱点子。切记这是一个发散思考的过程，天马行空，想到什么就写什么，不要给自己套上任何枷锁。）

欢迎回来！相信你已经画了一张属于你自己的赚钱大法手绘图。怎么样？是不是在绘制的过程中想到了一些一开始没想到的点子？逻辑思维导图的主要价值之一就在于降低思考的难度，并在思维发散的过程中帮你想得更多。言归正传，图 2.4.8 是一个处于由中心向四周发散状态的半成品逻辑思维导图。

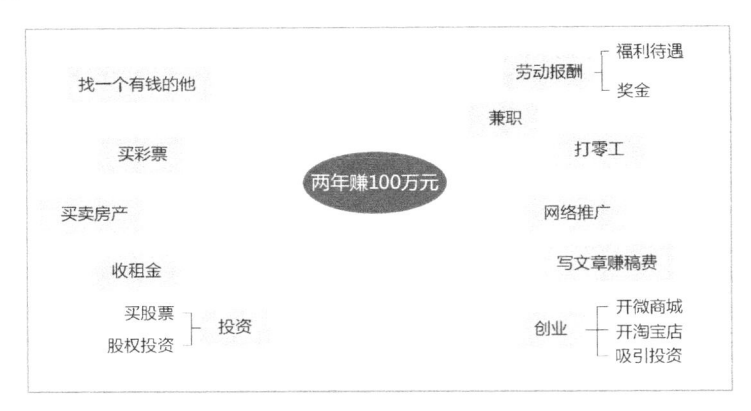

图 2.4.8　"两年赚 100 万元"的半成品逻辑思维导图

你的逻辑思维导图可能比图 2.4.8 的内容、分的层次、连接起来的线条多或者少，这都没有关系，因为这只是我们中间发散思考的一个过程。通过接下来的步骤二，我们将进行逻辑思维导图的收敛与发散的双向过程，形成终稿，那时我们的内容就会相当一致了。

步骤二：连线归类

第一步是借助逻辑思维导图的发散过程激发你的思维，以尽可能多地列出要点。第二步就要利用逻辑思维导图的收敛过程，将发散的要点根据一定的逻辑关系归类，并在此过程中修正和补充第一步的思考结果。

你需要将 A4 纸上所有尚未连线的要点做好归类。在这个过程中，你可能需要新增一些分类要点以归纳零散的要点，并与中心点连接起来，呈现为由中心向四周发散的形状（见图 2.4.9）。

（请先尝试自行归纳，全部归纳完后再与参考图比对。）

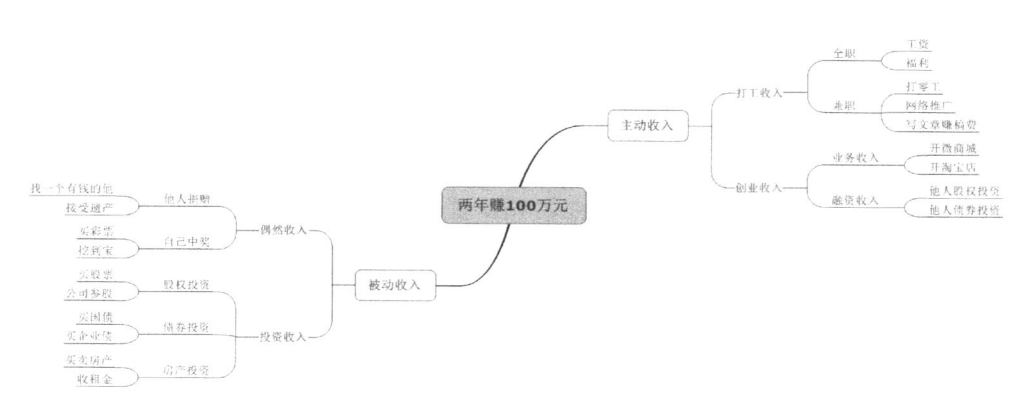

图 2.4.9 "两年赚 100 万元"的逻辑思维导图

欢迎回来,请比对你的逻辑思维导图与图 2.4.9 的异同。

怎么样,是不是发现你遗漏了某些赚钱的点子?或者你的分类不够清晰、完整?是的话也没关系,因为等你学习了收敛思考的方法后,你就能很容易画出分类清晰、内容完整的逻辑思维导图。

收敛思考之归纳推理

归纳推理是一种由特殊推导出一般的思考方式。截至目前的研究,人脑能够进行的归纳推理活动有且只有三种形式:按照"时间先后"的逻辑关系归纳、按照"整体与部分"的逻辑关系归纳和按照"同类事物归为一类"的逻辑关系归纳。《金字塔原理》将这三种归纳的逻辑关系分别称为时间的逻辑顺序、结构的逻辑顺序和重要性的逻辑顺序。尽管这三种术语的表述不太好理解而且容易被人曲解,但因为其流传已较为广泛,为了便于你将来与他人交流学习,本书将沿用这三种术语的表述,不过会对这三种术语的含义进行一定的调整,以更好地匹配三种逻辑关系。

(1)时间的逻辑顺序,简称时间顺序,表示"时间先后"的逻辑关系。所谓时间顺序,就是按照事件发生的时间先后所排列的顺序。例如,早晨起床的时间顺序为睁眼、起身、穿衣、刷牙、洗脸等。

常见的时间顺序有:过去、现在、未来;开始、执行、收尾;前期、中期、后期;童年、青少年、中老年;等等。

不少耳熟能详的工具都是按照时间顺序来组织的，如 PDCA 就是按照计划、执行、检查、调整四个步骤组织的。

（2）结构的逻辑顺序，简称结构顺序，表示"整体与部分"的逻辑关系。所谓结构顺序，就是构成顺序，即按照构成顺序组织各个部分，这些部分拼起来就是一个整体。

结构顺序主要可以分为三类。

- 具体实物的构成：杯盖、杯身、杯胆（杯子的构成）；头、四肢、身子（人的构成）；天花板、墙壁、地板（房间的构成）；等等。
- 地理位置的构成：西北、华北、东北、华中、华东、华南、西南（中国区域的构成）；一环路、二环路、三环路、四环路、五环路、六环路、七环路（截至 2021 年北京环路的构成）；等等。
- 抽象概念的构成：春、夏、秋、冬（一年四季的构成）；Strengths——优势、Weaknesses——劣势、Opportunities——机会、Threats——威胁（SWOT 模型的构成）；等等。

按照结构顺序组织要点时需要遵照一定的顺序，如顺时针或逆时针的顺序、自上而下的顺序、从东往西的顺序等。

（3）重要性的逻辑顺序，简称重要性顺序，表示"同类事物归为一类"的逻辑关系。所谓重要性顺序，就是找到一类事物的共性特点，再按照共性特点体现的强弱组织要点的顺序。

举个例子。我在桌子上放上 5 件物品：一支圆珠笔、一张 A4 纸、一支激光笔、一个遥控器、一支白板笔。现在请你分类，你会怎么分？我估计你的第一反应很可能将这 5 件物品分为三类（见图 2.4.10）。

你为什么将圆珠笔、激光笔、白板笔归在一起？

"因为它们都是笔。"你可能会这么回答我。

将圆珠笔、激光笔和白板笔提炼出"笔"这个共性，再将它们按照"笔"归在一起的这个逻辑就是重要性顺序的第一层含义：按共性归类。

重要性顺序还有第二层含义：按共性归在一起的要点或物品需要按重要程度排序，或者由强至弱，或者由弱至强。

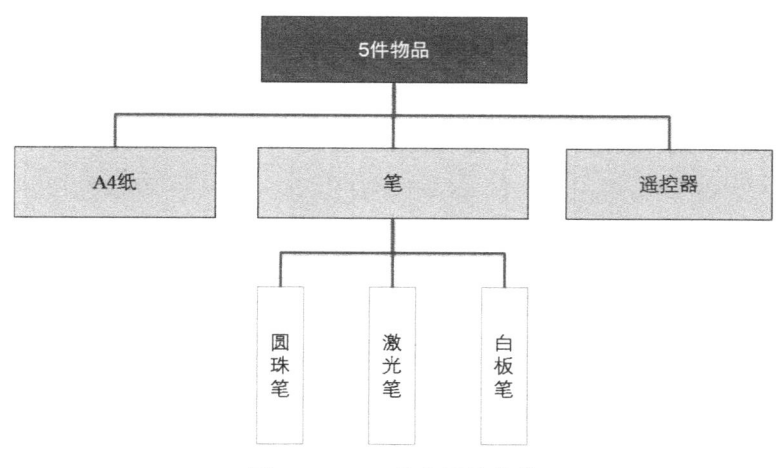

```
                    ┌─────────────┐
                    │  5件物品    │
                    └──────┬──────┘
          ┌────────────────┼────────────────┐
     ┌────┴────┐      ┌────┴────┐      ┌────┴────┐
     │  A4纸   │      │   笔    │      │ 遥控器  │
     └─────────┘      └────┬────┘      └─────────┘
                    ┌──────┼──────┐
                 ┌──┴─┐ ┌──┴─┐ ┌──┴─┐
                 │圆珠│ │激光│ │白板│
                 │笔  │ │笔  │ │笔  │
                 └────┘ └────┘ └────┘
```

图 2.4.10　5 件物品的分类

那么问题来了，你如何排列圆珠笔、激光笔和白板笔的顺序呢？

聪明的你可能已经发现问题了，将圆珠笔、激光笔和白板笔归在一起似乎并不正确，因为找不出背后可以排序的逻辑顺序。因此，我们需要找到这 5 件物品背后真正的逻辑关系，再重新分类。

那么，这 5 件物品之间到底有什么逻辑关系呢？我只要告诉你这 5 件物品放在一起的场景，你就很容易明白了：这是我在做培训前准备的 5 件物品。激光笔和遥控器用来投影演示，白板笔在教学过程中用来板书，圆珠笔和 A4 纸用来记录课堂反馈。

根据以上说明，我们可以将 5 件物品按照重要性顺序重新分类，结果如图 2.4.11 所示。

图 2.4.11 的分类首先满足了重要性顺序的第一个要求——按共性归类，然后满足了重要性顺序的第二个要求——按重要程度排序（由强至弱，或由弱至强）。从我上课的角度出发，我认为演示工具最重要（没有板书工具，我可以用 PPT 的画笔功能代替；没有记录工具，我可以用电子笔记代替）。同样，我认为板书工具对上课效果的重要性高过记录工具，因此我将板书工具排在记录工具前面。在演示工具下面，我将遥控器排在了激光笔前面，因为我认为遥控器对演示更重要。没有激光笔，我可以用其他教具代替，但没有遥控器，我就开不了投影仪。

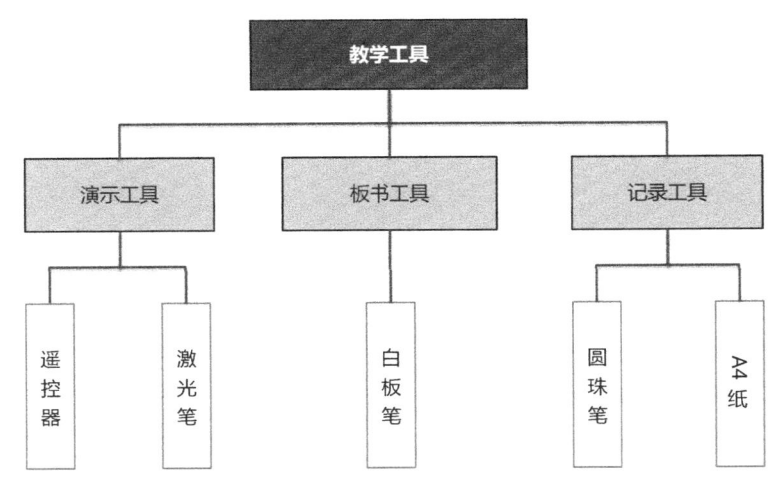

```
                    ┌──────────┐
                    │ 教学工具 │
                    └────┬─────┘
         ┌───────────────┼───────────────┐
    ┌────┴────┐     ┌────┴────┐     ┌────┴────┐
    │ 演示工具│     │ 板书工具│     │ 记录工具│
    └────┬────┘     └────┬────┘     └────┬────┘
      ┌──┴──┐            │            ┌──┴──┐
   ┌──┴─┐ ┌─┴──┐      ┌──┴──┐      ┌──┴─┐ ┌┴──┐
   │遥控│ │激光│      │白板 │      │圆珠│ │A4 │
   │器  │ │笔  │      │笔   │      │笔  │ │纸 │
   └────┘ └────┘      └─────┘      └────┘ └───┘
```

图 2.4.11　5 件物品重新分类的结果

现在你理解重要性顺序了吧。

初学者在刚开始练习逻辑顺序时，因为还不能熟练地将要点按照时间顺序和结构顺序进行组织，所以很容易将重要性顺序与简单罗列混为一谈。重要性顺序其实是一种比时间顺序和结构顺序更难应用，也相对用得少些的逻辑顺序，因为：一是相比时间顺序和结构顺序，重要性顺序需要你更深入地思考要点或物品背后真正的逻辑关系，否则就会犯将"圆珠笔、激光笔和白板笔"简单归纳为"笔"的错误；二是一旦你找到了要点或物品背后真正的逻辑关系，大多数情况下就可以按照时间顺序和结构顺序进行组织（如以上案例中的教学工具，就可以按照教学的先后顺序进行组织：先用遥控器开投影仪，再用激光笔进行投影演示，之后用白板笔进行补充，最后用圆珠笔在A4 纸上记录课堂反馈）。

收敛思考之演绎推理

收敛思考除了归纳推理，还有演绎推理。何谓演绎推理？我给你举四个逻辑学中关于演绎的经典案例，你就明白了。

第一个是逻辑学经典案例（见图 2.4.12）。

↘ 逻辑学经典案例——苏格拉底会死

```
                    苏格拉底会死
                         ↑
┌─────────┐    ┌─────────┐    ┌─────────────┐
│ 人都会死 │ →  │苏格拉底是人│ →  │因此苏格拉底会死│
└─────────┘    └─────────┘    └─────────────┘
  大前提          小前提           结论
```

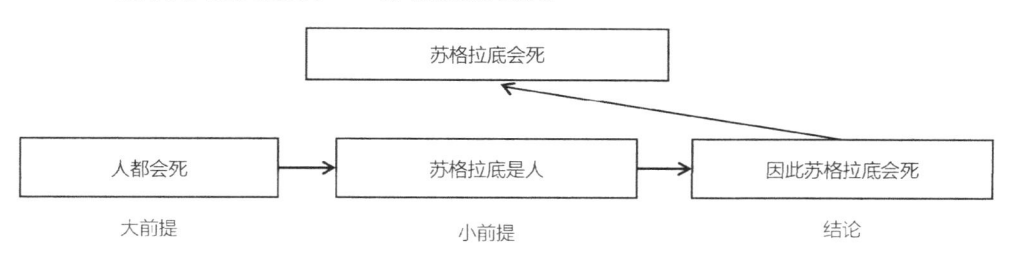

图 2.4.12 "苏格拉底会死"的演绎推理

演绎是一个由普遍到特殊的过程，即基于已知的普遍规律（大前提），代入一个特殊前提（小前提），从而得出一个具体结论的过程。

演绎推理的正确性建立在三个基础上：一是大前提所代表的普遍规律绝对正确；二是小前提是大前提主语或宾语的特殊情况；三是导出结论的判断符合充分条件。

演绎推理相比归纳推理更容易犯逻辑错误，结论也更容易被挑战。例如，下面这种情况，在大前提不严谨的情况下，就得出了"鸵鸟会飞"的结论（见图 2.4.13）。

↘ 大前提错误示例——鸵鸟会飞

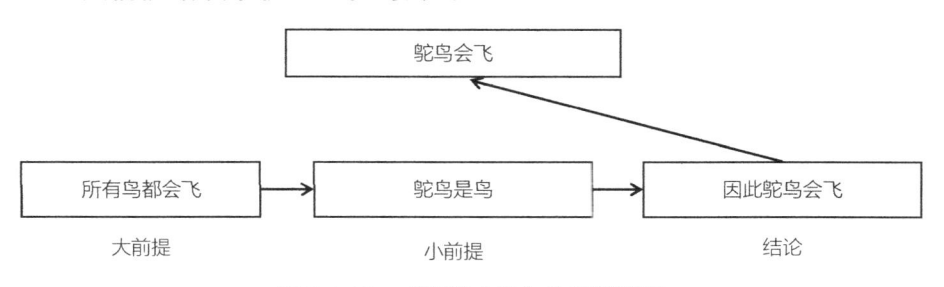

```
                     鸵鸟会飞
                        ↑
┌──────────┐   ┌────────┐   ┌──────────┐
│所有鸟都会飞│ → │ 鸵鸟是鸟│ → │因此鸵鸟会飞│
└──────────┘   └────────┘   └──────────┘
   大前提         小前提          结论
```

图 2.4.13 "鸵鸟会飞"的演绎推理

网络上或朋友圈里广泛流传的一些段子，一般都是利用小前提的错误推导出抓人眼球的结论的（见图 2.4.14）。

77

↘ 小前提错误示例——一切权利都属于我

```
                                    一切权利都属于我
                                          ↑
  一切权利都属于人民   →   我是人民   →   因此一切权利都属于我
      大前提                 小前提              结论
```

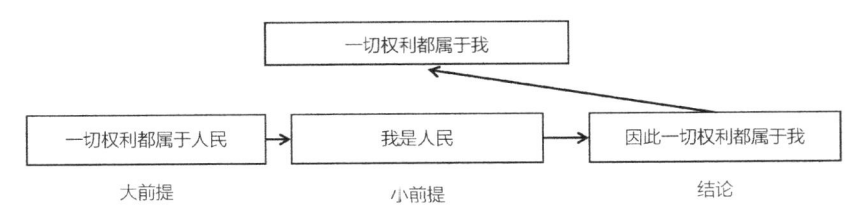

图 2.4.14 "一切权利都属于我"的演绎推理

也有大前提和小前提都没问题，但是结论推导不满足充分条件的，如"痞子蔡"写的网络流行小说《第一次的亲密接触》中的经典例子（见图 2.4.15）。

↘ 结论推导不满足充分条件示例——我不爱你

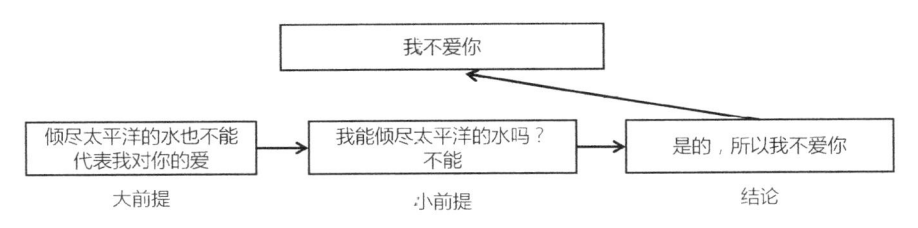

```
                                         我不爱你
                                             ↑
  倾尽太平洋的水也不能     我能倾尽太平洋的水吗？
    代表我对你的爱    →         不能          →   是的，所以我不爱你
        大前提                 小前提                    结论
```

图 2.4.15 "我不爱你"的演绎推理

相信通过上面四个例子，你对演绎推理已经有了基本认知。不过，我们在日常的工作、生活和学习中遇到的问题远远比这些例子复杂，一般需要多重演绎推理才能解决。我们在解决问题时最常用的一个多重演绎推理就是"问题/现状—原因—对策"。多重演绎推理示例如图 2.4.16 所示（该案例中仅以"问题"为例）。

```
                          公司需要成立战略项目管理
                                  办公室
                                     ↑
  众多项目的目标与      公司没有关注战略      需要成立一个战略型
    公司战略不一致   →   目标与项目目标的   →   的公司级组织负责这
                              关联                  件事
       问题                   原因                   对策
```

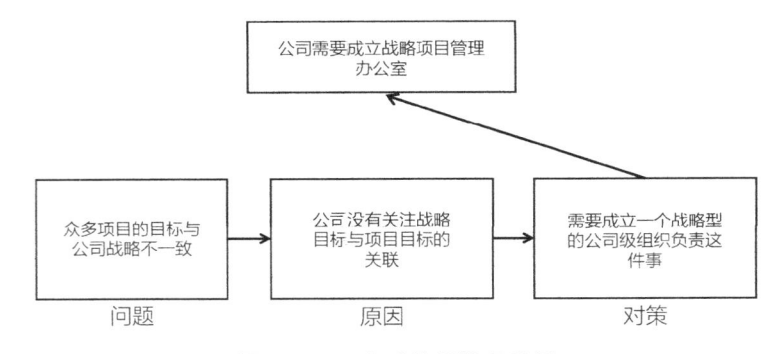

图 2.4.16 多重演绎推理示例

在图 2.4.16 的示例中，包含着多重演绎推理。

- 从问题到原因的演绎推理。
    - ✓ 隐藏的大前提：所有问题都是由一定的原因引起的。
    - ✓ 小前提：现在的问题是"众多项目的目标与公司战略不一致"。
    - ✓ 结论："众多项目的目标与公司战略不一致"的问题是由"公司没有关注战略目标与项目目标的关联"的原因引起的。
- 从原因到对策的演绎推理。
    - ✓ 隐藏的大前提：问题的解决对策必须针对原因。
    - ✓ 小前提：现在原因是"公司没有关注战略目标与项目目标的关联"。
    - ✓ 结论："需要成立一个战略型的公司级组织负责这件事"的对策是针对"公司没有关注战略目标与项目目标的关联"的原因而提出的。

同样，为了你学习交流的便利，我将采用《金字塔原理》中的术语，将演绎推理称为"演绎的逻辑顺序"（以下简称"演绎顺序"）。

好啦，花了这么多时间了解了收敛思考——归纳推理（时间顺序、结构顺序、重要性顺序）和演绎推理（演绎顺序），我们终于回到案例主线，继续我们的"100 万元赚取之旅"。下面就请你运用以上刚学的收敛思考方法，将你的逻辑思维导图中的要点重新进行连线归类吧。

你在连线归类时一定要不断地问自己："这几个要点是依据什么逻辑顺序归为一类的？"如果你找不到归类的逻辑顺序依据，那就证明这几个要点不应该归为一类。你需要将它们重新与其他要点进行归类，甚至需要将现有的要点重新分解、升级或修改。

例如，你可能将"福利待遇""奖金""兼职"三个要点连线在了"打工收入"这个要点下（见图 2.4.17）。

这时你就要问自己："'福利待遇''奖金''兼职'这三个要点是依据什么逻辑顺序归为一类的？"

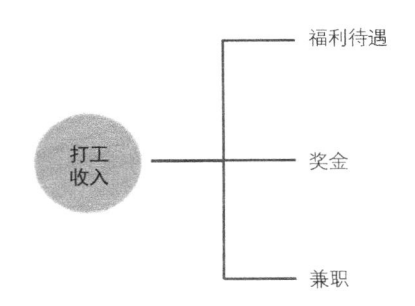

图 2.4.17　某个要点的连线示例

是演绎顺序吗？显然不是！那就只能考虑归纳推理下的三个逻辑顺序了。

是时间顺序吗？三个收入间没有时间先后关系，也不是。

是结构顺序吗？三个部分不能组成一个结构完整的整体（"福利待遇"包含"奖金"；"兼职"与"奖金"不在同一概念层级上），所以也不是。

是重要性顺序吗？好像是。这三个都是收入，有共同特性，满足了重要性顺序的第一个要求。我们继续验证是否满足重要性顺序的第二个要求：按重要程度排序。那么，你如何排列"福利待遇""奖金""兼职"的先后顺序呢？是按照收入的多少，还是按照收入实现的难易程度呢？

在进行先后顺序的排列时，相信你可能已经发现了将这三个要点归为一类的问题。

"福利待遇""奖金"是正式工作的收入，"兼职"是非正式工作的收入。因此，需要在"福利待遇""奖金"之上补充一个要点——"全职"，这样就可以按照收入实现的难易程度进行分类了（见图 2.4.18）。

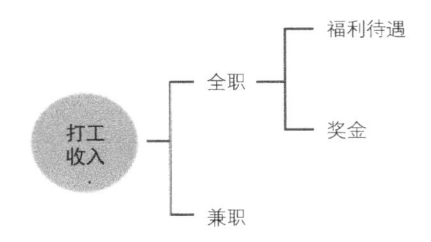

图 2.4.18　"打工收入"的连线

这样分类后，你是不是发现"全职""兼职"不是重要性顺序，而是结构顺序了？因为这两部分已经完整地构成了"打工收入"这个整体。

将"福利待遇""奖金"归到"全职"后，之前与"兼职"的排序关系就解决了。接下来又要分析如何排列"福利待遇"和"奖金"。深入思考后，你会发现福利待遇主要包含工资和福利两部分，而工资根据国家相关法律条例规定又由基本工资、奖金、津贴、补贴等构成。从符合逻辑顺序的角度出发，是不是将"福利待遇"改成"工资"、将"奖金"改成"福利"更好（见图 2.4.19）？

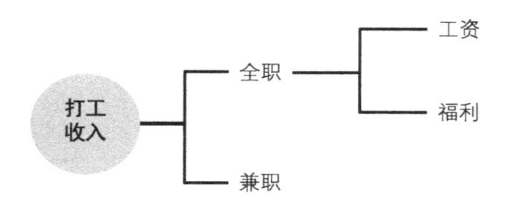

图 2.4.19　"打工收入"的连线调整

既然将"全职"进行了下一层的分解，是不是也可以将"兼职"进行下一层的分解？基于这个思路，重新分解要点并连线归类（见图 2.4.20）。

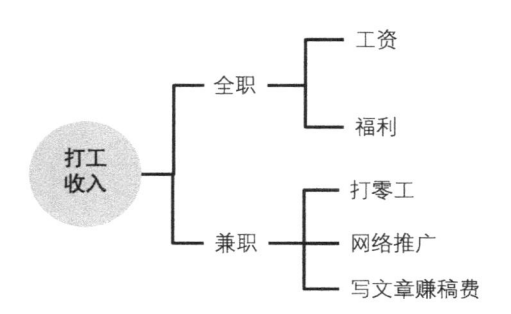

图 2.4.20　"打工收入"的连线再调整

请重复以上的思考和检查步骤，直至画出和图 2.4.9 一样的逻辑思维导图！

步骤三：形成框架

经历"罗列要点"和"连线归类"后，我们终于来到了第三步：形成框架。你也许会奇怪："我们不是已经构建出逻辑思维导图了吗，为什么还要再构建框架？"

这是因为思维导图虽然是一个很不错的发散思考工具，我独创的逻辑思维导图更是综合了发散思考和收敛思考的优势，但逻辑思维导图更善于完善思考过程的效果，而不善于向团队和他人展现思考结果。这时我们需要将逻辑思维导图转化为更有效地展现思考结果的框架形式。例如，我们可以将"连线归类"中的逻辑思维导图转化为二维矩阵，二维矩阵的两个维度分别是"主动/被动"和"自身/他人"，如图 2.4.21 所示。

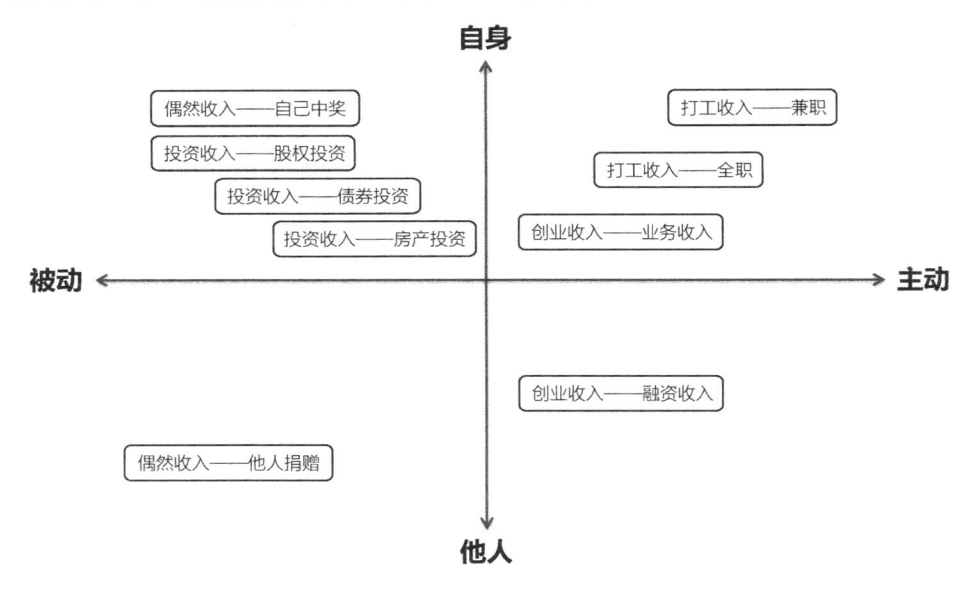

图 2.4.21　将逻辑思维导图转化为二维矩阵

将逻辑思维导图框架转化为二维矩阵框架后，我们不仅能更清晰地看出不同收入类型的分类，而且还能看到不同收入类型在"主动性/被动性""依靠自己/依靠他人"两个维度上的程度。从展现思考结果的效果来看，在"两年赚 100 万元"这个问题上，二维矩阵框架明显优于逻辑思维导图框架。

同理，如果逻辑思维导图的第一层是按照时间顺序组织的，那么分阶段采取价值链（见图 2.4.22）框架可能会取得更好的效果。

步骤一　　　步骤二　　　步骤三　　　步骤四

罗列要点　连线归类　形成框架　检查框架

图 2.4.22　价值链

当然，除了二维矩阵、价值链等框架，还有无数的框架可供选择，不过在工作、生活和学习中使用最多的还是逻辑树。（如果你不清楚或记不清逻辑树这种思考工具，可以参考本章第一节中关于逻辑树的介绍。）

图 2.4.23 所示为"两年赚 100 万元"的逻辑树。

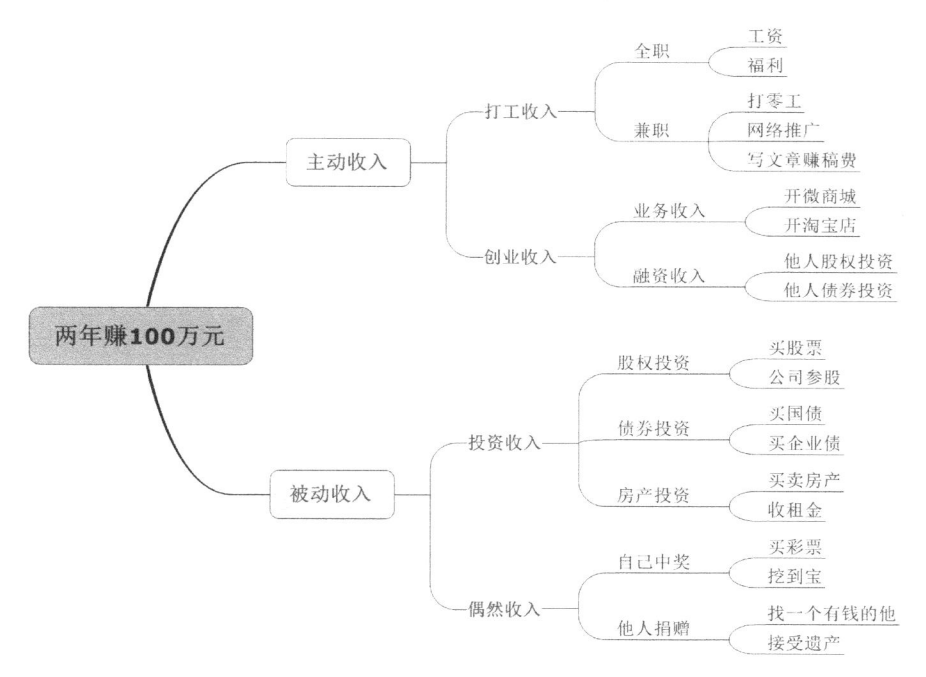

```
                            全职 ─ 工资
                                   福利
              打工收入
                            兼职 ─ 打零工
                                   网络推广
       主动收入                      写文章赚稿费

                            业务收入 ─ 开微商城
              创业收入                 开淘宝店
                            融资收入 ─ 他人股权投资
两年赚100万元                          他人债券投资

                            股权投资 ─ 买股票
                                     公司参股
              投资收入       债券投资 ─ 买国债
                                     买企业债
                            房产投资 ─ 买卖房产
       被动收入                        收租金

                            自己中奖 ─ 买彩票
                                     挖到宝
              偶然收入       他人捐赠 ─ 找一个有钱的他
                                     接受遗产
```

图 2.4.23　"两年赚 100 万元"的逻辑树

⏮ 步骤四：检查框架

将自下而上提炼的框架以逻辑树的形式展示后，我们就进入最后一步，对逻辑树进行是否符合 MECE 的检查。（如果你不清楚或记不清 MECE，可以参考本章第一节中关于 MECE 的介绍。）

在进行 MECE 检查时，需要对逻辑树的每一层、每一组分别进行检查。

83

以图 2.4.23 的逻辑树为例，MECE 检查结果如图 2.4.24 所示。

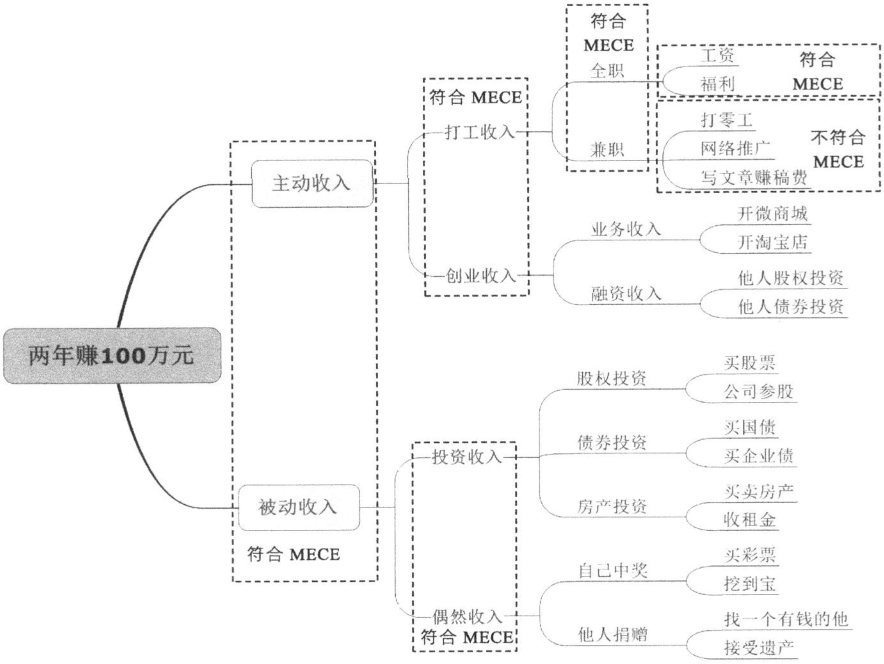

图 2.4.24　MECE 检查结果

- 第一层的分类符合 MECE。主动收入和被动收入两部分构成了个人收入的全部，没有遗漏，而且相互之间没有任何重叠。
- 第二层"主动收入"的分类符合 MECE。个人的主动收入分为打工收入（为他人工作）和创业收入（为自己工作），既全面又没有重叠。
- 第三层"打工收入"分为全职和兼职，符合 MECE。全职是正常工作时间内的工作，兼职是正常工作时间外的工作，两者构成一个人打工工作的全部，而且相互之间没有重叠。
- 第四层"全职"分为工资和福利，符合 MECE。一份全职工作的主动收入（股权激励属于被动收入）只有工资和福利，而且工资和福利之间没有重叠。
- 第四层"兼职"分为打零工、网络推广和写文章赚稿费，不符合 MECE。

✓ 首先，打零工和网络推广之间存在包含关系，网络推广可以是打零工的形式之一（见图 2.4.25）。

图 2.4.25　打零工包含网络推广

✓ 其次，写文章赚稿费与网络推广之间存在交叉关系，网络推广的工作中可能有写文章的环节，而写文章赚稿费也可能与网络推广没有任何关系（见图 2.4.26）。

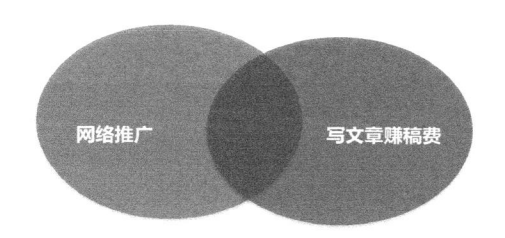

图 2.4.26　网络推广和写文章赚稿费有交集

既然有不符合 MECE 的地方，那应该怎么修改呢？其实，"兼职"有很多分类维度。例如，可以分为"线上""线下""线上线下融合"，这样就可以把"网络推广"归到"线上"，把"打零工"改为"现场打零工"，然后将其归到"线下"；可以分为"体力型""脑力型""体力脑力结合型"，这样就可以把"写文章赚稿费"归到"脑力型"，把"现场打零工"归到"体力型"；可以按时间先后分为"上班前""上班休息期间""下班后"，然后分别找适合的兼职工作；等等。

MECE 的原理很简单，但在实践中做到 MECE 的难度很大，需要较长时间的持续练习。要做到 MECE，必须做到要点之间按照一定的逻辑顺序组织，包括时间顺序、结构顺序、重要性顺序和演绎顺序。确定好逻辑顺序首先能保证要点之间不重叠，其次可以判断步骤是否有遗漏（针对时间顺序）、结构的某部分是否有缺失（针对结构顺序）或推理的环节是否有跳跃（针对演绎顺序）。

此处需要特别注意的一点是，针对重要性顺序，MECE仅检查要点是否重叠，不检查是否遗漏。因为重要性顺序本身就只突出几个要点，如果所有要点都包括了，那就是时间顺序或结构顺序。

好啦，到此为止，我们"两年赚100万元"的旅途就告一段落了，希望你已经找到了帮自己在两年内赚到100万元的途径！

接下来我们一起做个小结吧！

自下而上提炼框架是一个先发散再收敛的思考过程，目的是提炼出一个结构完整、逻辑清晰的框架，以帮助下一步系统地解决问题。自下而上提炼框架具体分为四步，每个步骤的内容和工具方法如图2.4.27所示。

	步骤一 罗列要点	步骤二 连线归类	步骤三 形成框架	步骤四 检查框架
步骤内容	■ 列出所有想到的要点 ■ 能连线归类的要点可先连线归类	■ 分别选择归纳或演绎的逻辑顺序归类要点 ■ 重复及必要调整	■ 根据分层分组的结果，构建合适的框架	■ 检查框架各层的分组是否符合MECE ■ 不符合MECE的则进行调整
工具方法	➢ 逻辑思维导图 ➢ 头脑风暴	➢ 逻辑思维导图 ➢ 归纳推理（时间、结构、重要性） ➢ 演绎推理	➢ 逻辑树 ➢ 其他框架（如二维矩阵、价值链等）	➢ MECE

图2.4.27 自下而上提炼框架四步法

- "步骤一：罗列要点"是一个发散思考的步骤，输出结果为一张半成品逻辑思维导图。该步骤的关键是不要只在头脑里空想，最好在一张纸或计算机上罗列自己第一时间想到的要点。在罗列要点时建议使用思维导图工具，因为逻辑思维导图由中心向四周发散的形态及图文结合的形式有助于刺激大脑发散思考，能帮你想到一开始你可能认为自己根本想不到的要点。逻辑思维导图除了可以个人使用，也可以在团队头脑风暴时使用。

- "步骤二：连线归类"是一个将发散思考的结果进行收敛归类的步骤，输出结果为一张完整的逻辑思维导图。该步骤的关键是掌握归纳推理的三个逻辑顺序（时间顺序、结构顺序、重要性顺序），以及演绎顺序。在归类要点时必须符合这四个逻辑顺序的其中一个，否则你需要考虑对要点重新归类，甚至需要对部分要点重新分解、升级或修改。
- "步骤三：形成框架"是一个将逻辑思维导图转化为问题解决框架的步骤，输出结果主要是逻辑树，有时也可能是二维矩阵、价值链或其他问题解决框架。该步骤的关键是根据问题的类型，选择合适的问题解决框架。万一你想不到更合适的框架，逻辑树至少是一个合格的选择。
- "步骤四：检查框架"是一个检查形成的框架是否符合 MECE 的步骤。该步骤的关键是要对框架中的每一层、每一组进行 MECE 检查。MECE 是一个理解起来非常简单的理论，但是真正做到 MECE 有一定的难度，需要多多练习。

第三节　构建框架之二：自上而下选用框架

通过对自下而上提炼框架四个步骤的学习，想必你已经能够经过深入思考、分析，从而构建一个结构完整、逻辑清晰的框架。这种自下而上提炼框架的方法对初学者而言有一定的难度，主要体现在要点质量低、框架完整难、思考速度慢三个方面。

（1）要点质量低。

在运用自下而上提炼框架的方法时，第一步是罗列要点。大部分时候受限于经验不够或当前的能力不足，有些初学者罗列的要点并不是解决问题的有效对策，甚至有可能是错误的对策。

（2）框架完整难。

一个合格的框架不仅要符合一定的逻辑顺序（时间顺序、结构顺序、重要性顺序和演绎顺序），还要满足 MECE 原则。这对初学者而言有一定的挑战性，需要进行一定量的练习后方可较为轻松地做到。

（3）思考速度慢。

分析问题前需要框架，但是构建一个合格的框架并不是一件容易的事，从罗列要点到形成逻辑树少则 10 分钟，多则可能超过 1 小时。如果在要求你快速反应的场合，这个思考速度就完全满足不了要求。

"自下而上提炼框架原来这么难啊！那我还能掌握这个方法吗？"也许你已经在心里这么担忧了。

不用担心，接下来我们就要学习另一种构建框架的方法：自上而下选用框架。自上而下选用框架是一种你将来更频繁使用的构建框架的方法，也是我推荐初学者优先学习、掌握的方法。自上而下选用框架可有效解决在自下而上提炼框架时碰到的三个难点，其比较优点如表 2.4.1 所示。

表 2.4.1 自上而下选用框架的比较优点

自下而上提炼框架	自上而下选用框架
要点质量低	要点质量高
框架完整难	框架完整易
思考速度慢	思考速度快

接下来，我们通过一个案例了解自上而下选用框架是如何实现"要点质量高""框架完整易""思考速度快"的吧。

➥ 思考案例——如何提高手机销售额

假设你在应聘某手机公司的销售总监时，面试官请你就他们公司手机销售额不理想的现状（去年年度目标销售额是 10 亿元，但实际销售额只有 1 亿元）提出改进措施，你会怎么回答呢？

在面试这种时间和信息都受限的情况下，你怎么给面试官一个有效的回答呢？

如果你跟面试官说,由于自己对公司状况和手机的具体销售情况尚不了解,因此要调研分析后方能给出建议,那么我相信你已经被"果断"地从候选人名单中排除了。

当然,你也不能拍脑袋、碰运气,直接给出一个或几个你猜测的改进措施,因为你给出的建议有可能公司已经尝试过,并且证明效果不佳。例如,你跟面试官说"我们可以考虑请明星代言,通过品牌的宣传以提高产品销量和销售单价",但如果公司去年已经请过某一线明星代言,而且实践证明效果不佳,在这种情况下我相信你依然会被"果断"地从候选人名单中排除。

这也不行、那也不行,到底该怎么办?其实通过自下而上提炼框架的学习,我相信你已知道在回答这个问题前,需要先构建一个提高销售额的方案框架,再借助该框架与面试官讨论确认,以筛选出可能的改进措施。

框架问题解决后,新问题又来了:"如何在不到 30 秒的时间里(超过 30 秒可能面试官会认为你的反应速度有问题),构建一个质量还不错的解决方案框架?"

你总不能跟面试官说:"请给我 20 分钟,我拿张 A4 纸画张逻辑思维导图。"在绝大部分情况下,应该没有面试官会给你这个机会。

其实很简单,这时你需要采用自上而下选用框架的方法来构建框架。你可以站在巨人的肩膀上,直接选用已有的框架而不是采用自下而上的方法重新提炼一个框架(要在 30 秒内构建一个框架,需要非常熟练的构建框架的技巧、深厚的专业背景和丰富的经验)。

以该案例为例,既然是与营销相关的问题,那我们可以选用经典的 4P 营销理论(当然,你也可以选用 4C 或 4R 营销理论)作为框架展开分析。因此,你可以这样跟面试官说:"虽然我尚不了解公司状况和手机的具体销售情况,但我们可以利用 4P 营销理论框架,从产品、价格、渠道、促销四个维度分析可能的改进措施。首先,从产品来看,我们这款手机的外观、功能相较竞争对手分别有什么优势或劣势吗?"

在这种讨论形式下,面试官必然会将他的知识和经验按照你构建的框架条理分明地输入进来,以帮助你验证措施是否可行。如果面试官反馈相应的措施他们之前尝试过但效果不及预期,那你基本可以排除这些措施了;如果面试官对某些措施的反馈是肯定的或没尝试过,那你可以将其作为可能的举措之一先保留下来,作为下一步的可能工作项。

同理,你可就价格、渠道、促销三个方面分别与面试官讨论确认,筛选出可能的措施组合。"运用 4P 营销理论提高手机销售额"的讨论如图 2.4.28 所示。

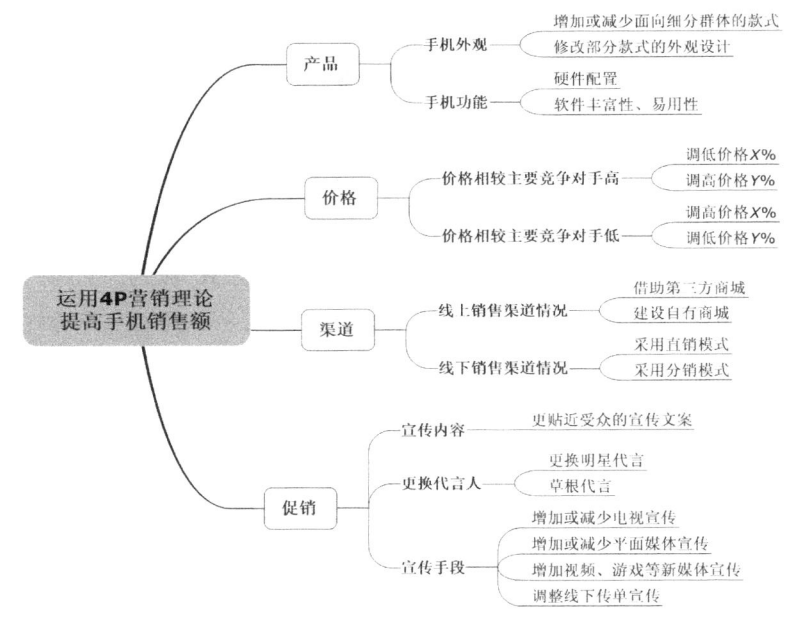

图 2.4.28 "运用 4P 营销理论提高手机销售额"的讨论

通过以上案例的分析,我相信你可以感觉到,通过运用 4P 营销理论,你可以在较短的时间内相对轻松地找出提高手机销售额的可能措施,而且你的考虑更全面、措施的质量更高。

自上而下选用框架的优点举例如表 2.4.2 所示。

表 2.4.2 自上而下选用框架的优点举例

自上而下选用框架	优点举例
要点质量高	相较随意罗列,根据产品、价格、渠道、促销四个维度提出的措施能更有效地提高手机销售额

续表

自上而下选用框架	优点举例
框架完整易	比起你自己临时提炼框架，"站在巨人的肩膀上"运用4P营销理论构建的框架显然更专业、完整，而且构建起来更容易
思考速度快	根据已有的4P营销理论框架直接分解措施，省去了形成框架的大量时间，思考速度明显快得多

与自下而上提炼框架四步法相似，自上而下选用框架也是四步，如图2.4.29所示。

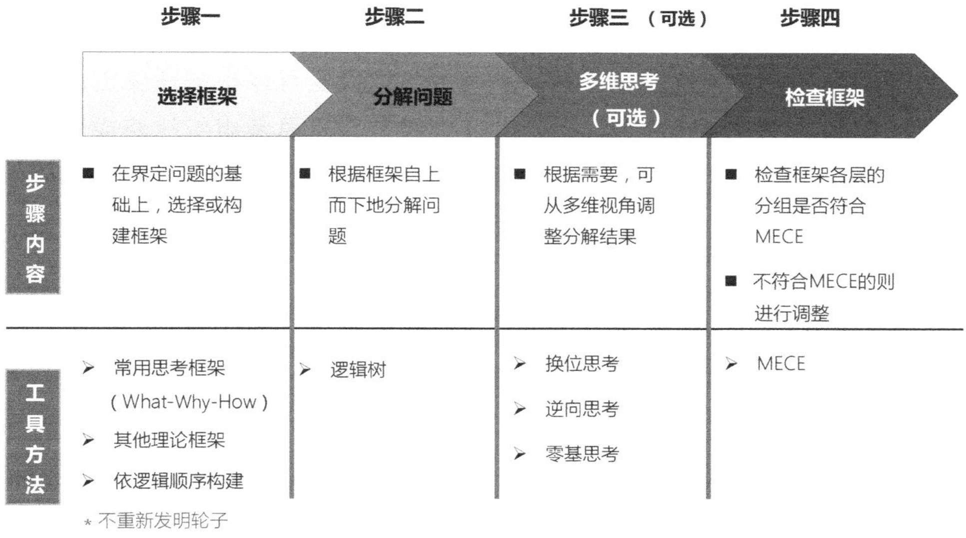

	步骤一 选择框架	步骤二 分解问题	步骤三（可选）多维思考（可选）	步骤四 检查框架
步骤内容	■ 在界定问题的基础上，选择或构建框架	■ 根据框架自上而下地分解问题	■ 根据需要，可从多维视角调整分解结果	■ 检查框架各层的分组是否符合MECE ■ 不符合MECE的则进行调整
工具方法	➢ 常用思考框架（What-Why-How） ➢ 其他理论框架 ➢ 依逻辑顺序构建 * 不重新发明轮子	➢ 逻辑树	➢ 换位思考 ➢ 逆向思考 ➢ 零基思考	➢ MECE

图2.4.29 自上而下选用框架四步法

步骤一：选择框架

快速选择一个合适的框架，是自上而下选用框架的第一步，也是最重要的一步。掌握步骤一的关键就是平时多积累常用的框架，并熟悉每种框架的应用场景，一旦需要时就可以快速调出合适的框架。一些常用的框架及其适用的场景如下。

91

What–Why–How

"What-Why-How"是一种应用相当广泛的思考框架。例如，在谈对某个社会现象（以通货膨胀为例）的看法时，你可以按照"What-Why-How"的顺序，即通货膨胀是什么（通货膨胀的定义和表现）、为什么会有通货膨胀（通货膨胀产生的根源）、怎么做（从政府、企业、消费者三个角度分别讲怎么做），进行分析和阐述。

大家常用的问题解决三步曲"问题/现状—原因—对策"也是"What-Why-How"的思考框架：先分析问题/现状，再分析导致问题/现状的原因，最后针对原因提出对策。

在使用"What-Why-How"思考框架时，你完全可以根据需要自由调整顺序。例如，"Why-What-How"的顺序就经常用于思考组织战略或个人目标的实施：先分析为什么（组织战略/个人目标的愿景或动机），再说明做什么（组织/个人应该或准备做什么），最后说明怎么做（实施路线图或行动步骤）。

有人提及的"黄金圈法则"（见图 2.4.30），就是"Why-How-What"的顺序，分别代表"目的/理念—具体措施—成果"，经常用于创业企业商业模式或产品的思考和说明。

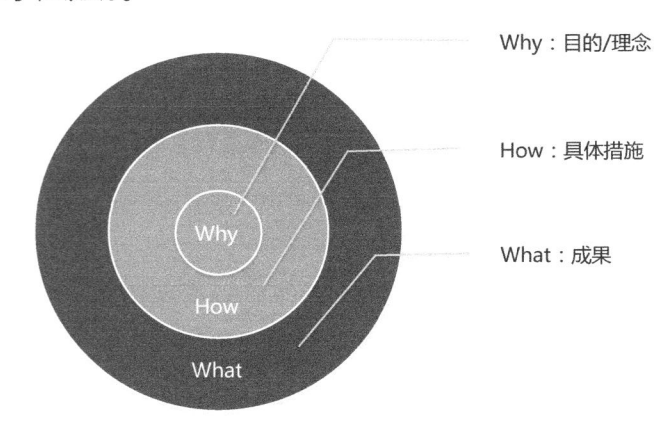

图 2.4.30 黄金圈法则

二维矩阵

二维矩阵中有一个很出名的框架——波士顿矩阵（BCG Matrix），几乎所有的咨询顾问和中高层管理者都用过。波士顿矩阵认为决定产品结构的基本因素有两个：市场引力与企业实力。市场引力最主要的指标是销售增长率，企业实力最直接的反映是市场占有率。这两个因素相互作用，会出现四种不同性质的产品类型，形成不同的产品发展前景：①销售增长率和市场占有率"双高"的产品群（明星业务）；②销售增长率和市场占有率"双低"的产品群（瘦狗业务）；③销售增长率高、市场占有率低的产品群（问题业务）；④销售增长率低、市场占有率高的产品群（现金牛业务）（见图 2.4.31）。

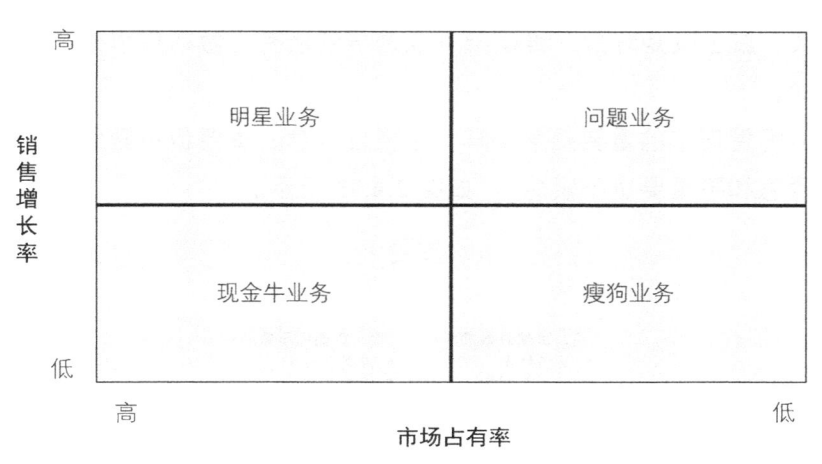

图 2.4.31　波士顿矩阵

根据波士顿矩阵的原理，产品市场占有率越高，创造利润的能力越大；销售增长率越高，为了维持其增长及扩大市场占有率所需的资金越多。这样可以使企业的产品结构实现产品互相支持、资金良性循环的局面。按照产品在象限内的位置及移动趋势划分，形成了波士顿矩阵的基本应用法则（见图 2.4.32）。

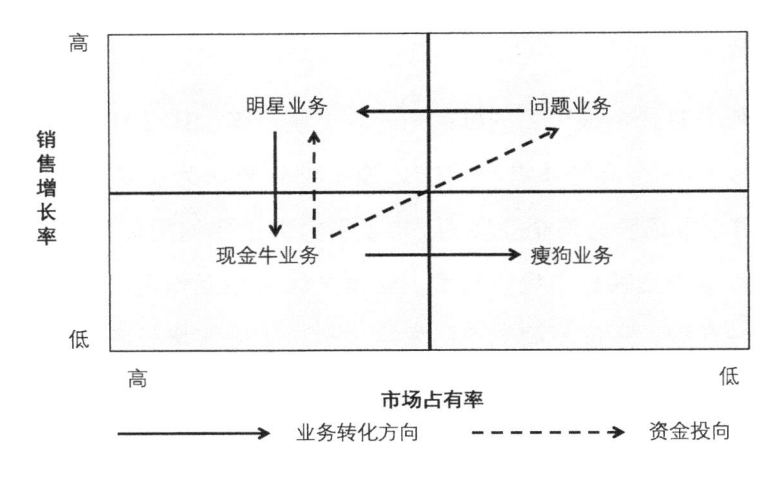

图 2.4.32 波士顿矩阵的基本应用法则

其实,波士顿矩阵的二维框架可以推导到所有可做四象限分类的应用领域。例如:

- 时间管理中的重要紧急矩阵(重要且紧急、重要但不紧急、不重要但紧急和不重要也不紧急),如图 2.4.33 所示。

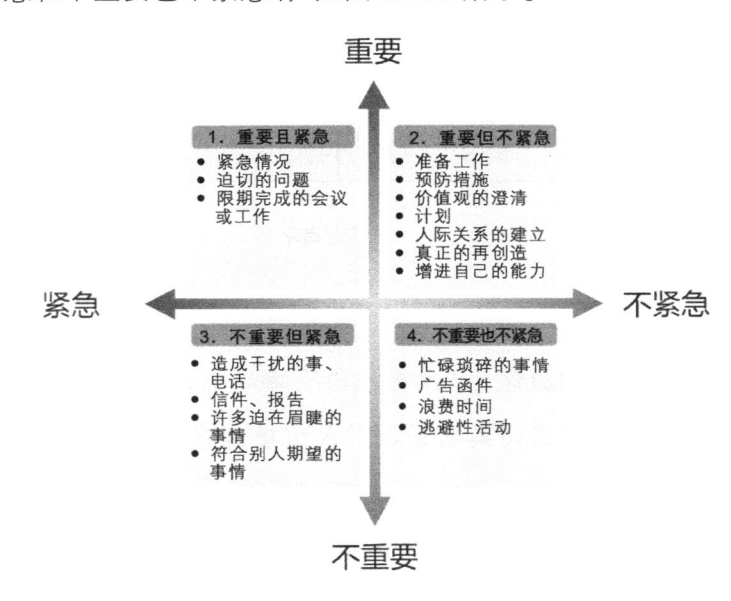

图 2.4.33 重要紧急矩阵

- 人才选择的德才矩阵［德才兼备（优选）、有德无才（培养）、无德有才（慎用）和无德无才（淘汰）］，如图 2.4.34 所示。

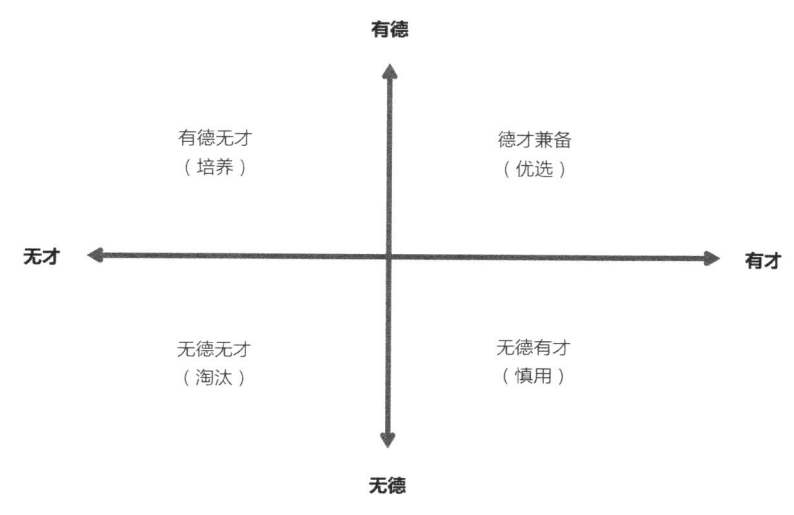

图 2.4.34　德才矩阵

- 人际沟通风格矩阵（分析型、干劲型、表达型和亲切型），如图 2.4.35 所示。

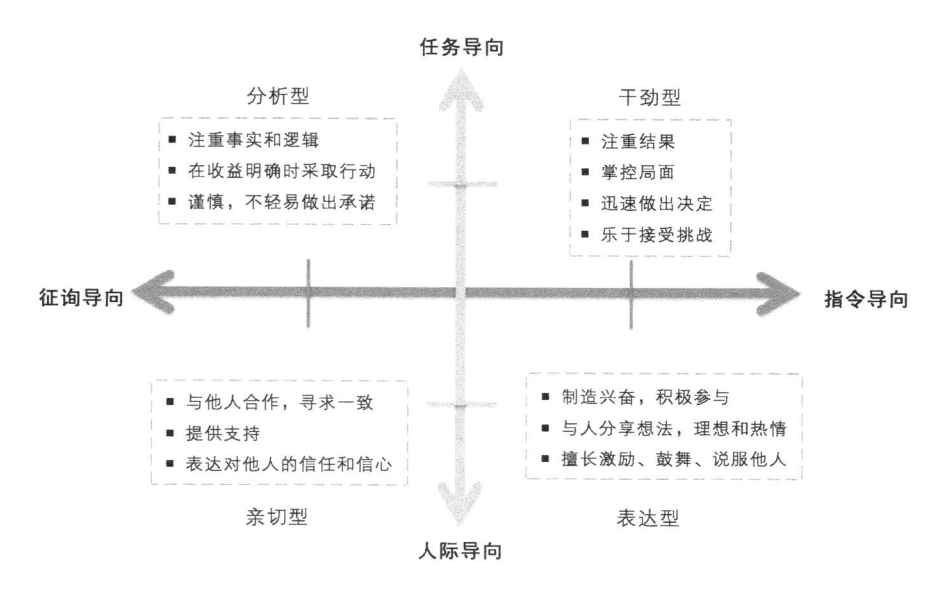

图 2.4.35　人际沟通风格矩阵

PDCA

PDCA 由英语单词 Plan（计划）、Do（执行）、Check（检查）和 Action（纠正）的第一个字母组合而成，是管理学中的一个通用模型，如图 2.4.36 所示。PDCA 最早由休哈特于 1930 年构想，后来被美国质量管理专家戴明博士于 1950 年再度挖掘出来，并加以广泛宣传，现在被广泛应用在方案或计划的实施、监控和改进工作中。

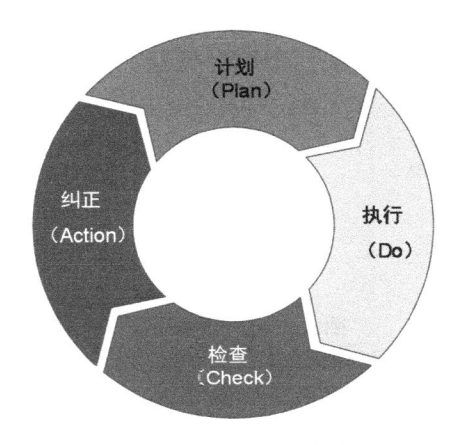

图 2.4.36　PDCA 框架

PEST

PEST 分析是外部环境分析的基本工具。它从政治（Politics）、经济（Economy）、社会（Society）和技术（Technology）四个因素出发，全面分析宏观环境，并定性和定量分析外部宏观环境对企业战略目标制定和执行的影响。

SWOT

SWOT 分析法是一种战略分析方法。其中，S 代表相较竞争对手的优势方面（Strengths）、W 代表相较竞争对手的劣势方面（Weaknesses）、O 代表外部环境中的机会（Opportunities）、T 代表外部环境中的不利因素和挑战（Threats）。

SWOT 分析法是有效评估自身内部能力、外部威胁和机遇的主流分析方法之一。它通过对内部优势和劣势、外部机会和威胁等因素的系统分析，并根据四象限矩阵排列，系统地对各种因素综合分析，分别制定 SO、WO、ST、WT 对策，从而得出战略性决策和举措（见图 2.4.37）。

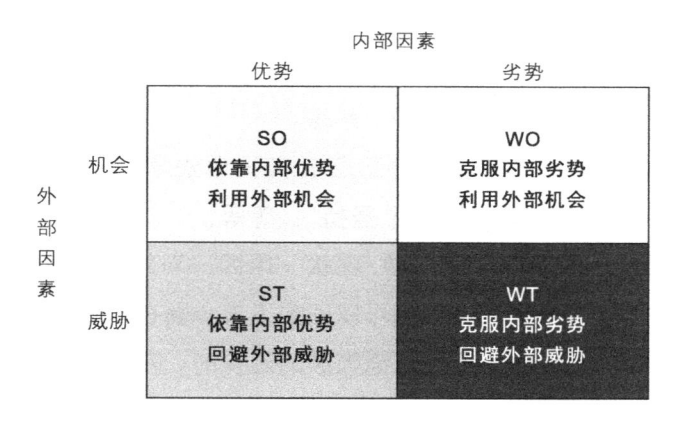

图 2.4.37　SWOT 框架示例

与专业相关的理论框架

除了以上通用的一些思考框架，你还需要有目的地积累与专业相关的理论框架（其实理论知识的学习就是对专业框架的积累）。例如，与营销专业相关的 4P 营销理论模型、与财务专业相关的杜邦财务分析模型、与教学专业相关的自然学习设计模型、与战略制定相关的波特五力竞争模型等。

其实，所谓某个领域的"专家"，就是能够识别出本专业有意义的模型或框架，理解它们的应用前提和优劣，并知道何时何地用什么模型或框架的人。因此，只要你在学习专业知识时有目的地积累模型或框架，你会更容易成为本专业的专家。

依据四大逻辑顺序构建的框架

万一你所界定的问题没有合适的专业理论框架，或者你一时没有找到，那么你可以平时多积累一些符合归纳推理（时间顺序、结构顺序、重要性顺序）和演绎推理（演绎顺序）的常用框架。

在上文介绍逻辑顺序时，针对四大逻辑顺序已经分别介绍了一些常用的框架。

- 常见的时间顺序框架：过去、现在、未来；开始、执行、收尾；前期、中期、后期；童年、青少年、中老年；等等。
- 常见的结构顺序框架：具体实物的构成（杯盖、杯身、杯胆）；地理位置的构成（西北、华北、东北、华中、华东、华南、西南）；抽象概念的构成（春、夏、秋、冬）；等等。
- 常见的重要性顺序框架（讲三点）：英语语法学习三点法（单词、词组、句型）；"三个务必"；"三个坚持"；等等。
- 常见的演绎顺序框架：问题/现状—原因—对策。

了解了如何选择框架后，我们可以回想下该步骤在思考案例中是如何应用的：在面试官要求你给出提高手机销售额的建议时，你界定这是一个与营销有关的话题，因此赶紧从脑海中调出与营销相关的理论框架——4P营销理论。

⏮ 步骤二：分解问题

选择合适的框架后，第二步就是依据逻辑树的架构从左往右进行分解。在自上而下选用框架的四个步骤中，这是非常轻松的一个步骤，你只要掌握逻辑树的架构，按照从左往右、自上而下的顺序逐层分解框架就可以了。

我们看看该步骤是如何在思考案例中应用的，具体图示请参照图2.4.28。在确定选择 4P 营销理论后，你先按照从左往右的顺序向面试官介绍框架第一层的要点："虽然我尚不了解公司状况和手机的具体销售情况，但我们可以利用 4P 营销理论框架，从产品、价格、渠道、促销四个维度分析可能的改进措施。"（注意，第一层框架的四点内容一定要按照自上而下的顺序全部介绍一遍，以便面试官更好地理解你的整体框架。）

将第一层框架介绍给面试官后，你应该继续按照从左往右的顺序思考第二层的要点，并按照自上而下的顺序讨论最上面的一组要点（产品部分）："首先，从产品来看，我们这款手机的外观、功能相较竞争对手分别有什么优势或劣势吗？"

如果有需要（如面试官当时无法结构化地分别介绍外观和功能的要点），你可以继续将最上面的第二层要点"手机外观"从左往右分解到逻辑树的第三层，并对面试官进行思路引导，如："您认为我们现有的手机款式是太少，不足以覆盖所有的细分客户群体呢；还是过多，已经对细分客户群体造成了困扰呢？"

从左往右讨论完与产品相关的所有要点后，回到第一层，往下进入"价格部分"，再从左往右讨论完与价格相关的所有要点；之后继续回到第一层，往下进入"渠道部分"；最后往下进入"促销部分"，完成所有要点的讨论。

步骤三：多维思考

（建议初学者第一次学习时跳过该步骤，已有一定思维基础者可继续阅读。）

在思考案例中，为了让你容易理解，我们仅进行了自上而下选用框架的前两个步骤。其实，为了让选用的框架能更有效地解决问题，我们还需要进行后两个步骤（当然，从思考案例的分析中你应该也知道了，这两个步骤有时并不是必需的）。

我在第三章第四节"显性化问题隐含的假设"中强调过任何理论模型和框架都有局限性，具体而言就是有其应用前提和边界。因此，想真正运用好框架分析和解决问题，你必须清楚你所选择框架的优劣，并针对你所面临的问题进行必要的改善。

举个例子。阿米巴经营模式是"日本经营之圣"稻盛和夫独创的经营模式。京瓷和第二电信通过推行阿米巴经营模式，成为"世界500强"企业。日航破产后，稻盛和夫应日本政府邀请于2010年出任日航董事长。通过引入阿米巴经营模式，日航在短短10个月内就起死回生，创造了日航历史上空前的1 580亿日元的巨额利润。可见稻盛和夫的阿米巴经营模式经得起严峻考验，确实是一个"企业经营利器"。鉴于阿米巴经营模式的辉煌战绩，在以海尔为代表的部分企业的带动下，近年来中国国内也掀起了"阿米巴学习热"。但如更早之前的"KPI和平衡计分卡热"一样，应用者众多，成功者却寥寥。

是阿米巴经营模式有问题吗？显然不是！如果阿米巴经营模式有问题，那稻盛和夫无法靠它创办两家"世界500强"企业，也无法在短短10个月内让日航起死回生。那么问题出在哪里？问题就出在众多阿米巴经营模式的追逐者没有弄清楚阿米巴经营模式所要求的应用前提和具体条件。

阿米巴经营模式成功落地有四个前提：一是企业家必须有"敬天爱人"的利他胸怀；二是企业有"以人为本"的经营理念，愿意给员工提供足够的物质基础回报和个人成长条件；三是企业有"量化分权"的机制，即合理分权，既鼓励内部竞争，又要局部服从整体利益；四是企业有一套"透明核算"的经营会计。

试问有多少企业家真正怀着"敬天爱人"的利他胸怀，有多少企业能真正做到"以人为本"？如果这两个理论前提做不到，即使企业具备"量化分权"和"透明核算"这两个管理条件，也无法成功推行阿米巴经营模式，更何况大量企业连"量化分权"和"透明核算"这两个门槛都跨不过去。所以，阿米巴经营模式的应用者众多、成功者寥寥也就不足为奇了。

好了，通过推行阿米巴经营模式的案例，相信你又加深了对"任何理论模型和框架都有其应用前提和边界"的理解。既然你已经知道任何框架都有局限性，因此一旦你所面临问题的前提条件与你选择的框架不能匹配时，就需要对所选择的框架进行改善。

那么，具体要如何改善框架呢？我提炼了三种行之有效的思考方法——换位思考、逆向思考、零基思考，并将之统一命名为"多维思考"。下面我们一起学习这三种思考方法吧。

换位思考

换位思考是站在他人的角度思考问题的一种思考方法。销售时强调的"要站在客户的角度考虑问题"就是一种换位思考。

换位思考是一种很有效的思考方法，但是大多数人并不具备。日常生活中最缺乏换位思考的案例应该是父母对待子女的方式。我们都知道父母对子女的爱可以说是最无私的，但是在付出爱的同时，大多数父母忽略了换位思考，他们只考虑给予子女自己的所有，却忘了站在子女的角度思考子女到底要什么。这就是大多数父母与子女矛盾的来源。

举个例子。你喜欢音乐，立志做个音乐人，哪怕只能在酒吧驻唱或在街头卖唱你也愿意。但是你的父母坚决不同意，他们发动自己的一切人际关系帮你找了一份稳定、体面的工作，哪怕自己再苦再累，也不愿意你受一丁点儿委屈。因此，一个怪现象出现了，父母可以忍受自己凌晨出门、深夜回家的工作，但是不能接受你找一份压力稍微大些、出差稍微多些的工作。当你表示不满时，父母常挂在嘴边的话就是："这都是为了你好！"

缺少换位思考，哪怕就是父爱和母爱这种最无私的付出，其结果往往也是事与愿违。

逆向思考

某些时候顺着做逻辑推理往往陷入死胡同，倒过来想一下却有意想不到的答案出现。这种倒过来想一件事情或看待一个事物的方式就是逆向思考。

假设价格是影响某品牌服装销量的唯一原因，现在该品牌服装的销售情况不理想，如果你是该品牌服装的老板，你会怎么做呢？我想此刻大多数人脑海中的第一想法就是"降价促销"，但是有人会反其道而行之："加价！"

这是发生在奢侈品牌香奈儿身上的真实故事。在销量不好的那段时间，香奈儿选择的措施就是加价300%，结果一举深化了大众对其"顶级奢侈品牌"的印象，销量逆势上涨。

零基思考

自上而下选用框架如果使用得不当，可能会让你陷入思维定式——拿着一个"万能"框架到处套用，而零基思考就是打破这个思维定式的最好工具。零基思考是抛开已有的任何限制或已知结论，从原点出发，从零开始的一种思考方法。这意味着在零基思考时，你要跳出第一步中找到的框架的限制，从问题本身出发思考是否有框架外的答案。

介绍完了多维思考的三种方法——换位思考、逆向思考、零基思考，下面依然以"如何提高手机销售额"为例说明如何应用多维思考。

请你思考，我们所选择的 4P 营销理论一定能实现手机销售额的提高吗？显然不行，如果提高销售额如此简单，营销就不会成为绝大多数企业的痛点。4P 营销理论产生于大规模工业化时代，其思考的出发点是销售者而非消费者，在目前"以消费者为中心"的时代，它有很大的局限性。因此，在思考的过程中，你可以把 4P 营销理论框架作为快速、全面思考的基础，但是一定要运用多维思考对其改善。

- 换位思考：4P 营销理论是站在销售者的角度思考的，你可以换个角度，站在消费者的角度思考。这就是 4C 营销理论［消费者（Customer）、成本（Cost）、便利（Convenience）和沟通（Communication）］的来源。
- 逆向思考：以 4P 营销理论中的第二个 P（价格）为例，如果发现销售价格相较主要竞争对手的价格高 5%，你的策略不一定是降价，可以反过来提价 50% 以拉大与竞争对手的价格差距，营造高端品牌形象。
- 零基思考：完全抛开 4P 营销理论的框架，从零开始思考提高销售额的办法，如是否可以使用现有的手机技术、生产监控设备等。

步骤四：检查框架

该步骤主要进行是否符合 MECE 的检查。相较自下而上提炼框架，自上而下选用框架的 MECE 检查轻松很多。如果你没有经历"多维思考"的步骤，那你选用的框架应该都符合 MECE。当然，为了保险起见，你最好对选用的框架进行一次是否符合 MECE 的检查。

到此为止，自上而下选用框架的四个步骤我们也学习完了。接下来，让我们综合运用自下而上提炼框架和自上而下选用框架的方法来构建框架吧。

第四节　综合运用两种构建框架方法

两种构建框架方法的优劣比较

通过本章第二节和第三节的学习，想必你对自下而上提炼框架和自上而下选用框架都有所了解了。自下而上提炼框架的方法上手简单，但是构建一个完整、高质量框架的难度高、时间长；自上而下选用框架的方法也很简单，构建一个完整、高质量框架相对简单、速度也快，但是需要构建者有足够的知识和经验积累。两种构建框架方法的优劣比较如表 2.4.3 所示。

表 2.4.3 两种构建框架方法的优劣比较

构建框架方法	优 势	劣 势	应用关键
自下而上 提炼框架	• 应用简单 • 见效快 • 不受固有框架的限制	• 要点质量低 • 框架完整难 • 思考速度慢	• 多思考、勤练习
自上而下 选用框架	• 要点质量高 • 框架完整易 • 思考速度快	• 依赖于知识/经验的长期积累 • 可能受到固有框架的限制	• 平时多积累框架 • 熟悉框架的应用场景

⏮ 两种构建框架方法的综合运用

如上文所讲，这两种构建框架的方法在实际应用中交织在一起，并不能完全分开（但是针对初学者，我还是强烈建议先多多练习自上而下选用框架的方法）。下面我们根据一个案例一起学习如何综合运用这两种构建框架的方法。

↘ 演练案例——"过危桥"的问题

假设你驾驶一辆载满 40 人的长途大巴从深圳去上海，途中要经过一座桥。因为前两天地震导致桥墩松动，目前该桥被列为危桥，只能容纳载重 8 吨的车辆通过，而长途大巴自重（扣除所载人员和行李的重量）为 8.01 吨。你会怎么做呢？

看到这个题目时，你可能把注意力放在几个数字上面，"40 人""8 吨""8.01 吨"。你可能会说："我知道了，这和电梯超重是一样的，下去几个人就可以了。"假设乘客的平均体重是 60 千克，算着算着，不对啊，危桥只能容纳载重 8 吨的车辆通过，即使 40 人全下车，再把大家的行李都扔下车，无人驾驶，长途大巴自重也有 8.01 吨，还是超过了危桥的承重极限。

"过不了桥，看样子我们只能打道回府了。"也许你在心里如此哀叹。

别急，用框架解决问题的第一步是什么？先别急着出谋划策，第一步是界定问题。本题要解决的问题到底是什么？你可能会说"过危桥"。但"过危桥"真的是要解决的问题吗？你问问这 40 人，大家千里迢迢过来，就是为了过这个危桥吗？

好了，让我们一起回顾界定问题的四大类型，看能否找出真正要解决的问题。

- 准确地描述问题。在本题中，过不了桥已经用"40 人""8 吨""8.01 吨"量化说明清楚了。
- 明确问题的构成要素。在本题中，背景也比较清楚。
- 探究问题的本质。如果要解决的问题是"过危桥"，你可以问一下自己为什么要过危桥。你肯定会说："当然是为了去上海啊。"所以"过危桥"不是你的目的，"送乘客去上海"才是你真正要解决的问题。
- 显性化问题隐含的假设。在本题中未隐含环境或时间假设。

好了，通过对界定问题四大类型的回顾，现在我们已经清楚地界定问题是"送乘客去上海"。下面我们可以进入分析问题阶段。

分析问题的第一步是什么？构建框架。构建框架可以自上而下选用框架，也可以自下而上提炼框架。你可能首先会想到用自上而下选用框架的方法，因为它具有要点质量高、框架完整易及思考速度快的优势。

既然是自上而下选用框架，第一步就是选择框架。用什么样的框架呢？你的脑中可能飞逝过一堆自己积累的框架——"What-Why-How""二维矩阵""PDCA""PEST""SWOT"等，侄发现都用不上。别忘了，万一你界定的问题没有合适的专业理论框架，你也可以使用一些符合归纳推理（时间顺序、结构顺序、重要性顺序）和演绎推理（演绎顺序）的常用框架。针对"送乘客去上海"这个问题，我们可以用两分法，把解决方法分为"过桥"和"不过桥"两种情况（见图 2.4.38）。

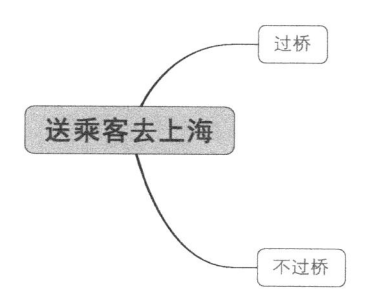

图 2.4.38 "送乘客去上海"——自上而下选用框架

选择了合适的框架后，第二步就是依据逻辑树从左往右进行分解。但问题又来了：过桥？怎么过？不过桥？走其他的公路？

别说合适的专业理论框架，这次连符合归纳推理（时间顺序、结构顺序、重要性顺序）和演绎推理（演绎顺序）的常用框架都没有。这时候如果没有清晰的思路，构建框架的另一种方法——"自下而上提炼框架"，就可以出来大显身手了。

步骤一：罗列要点

首先，将一张 A4 纸横放，在纸的中间画一个大圈，圈内写上"送乘客去上海"，再写上刚刚自上而下构建的框架（见图 2.4.39）。

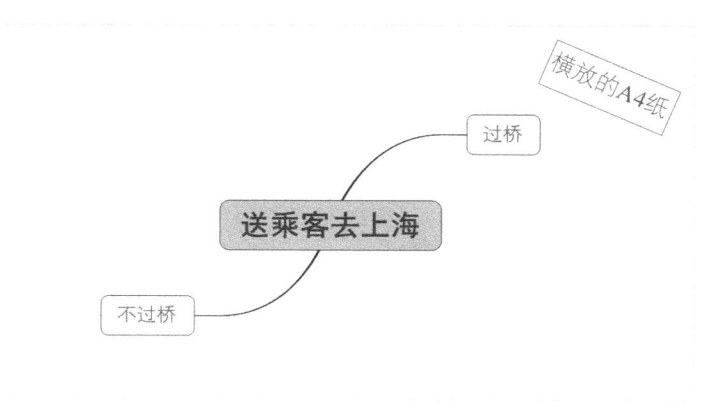

图 2.4.39 在横放的 A4 纸上写上初步框架

105

然后，围绕中间的目标，在 A4 纸的四周写上所有你能想到的点子。尽量将你认为是同一类的写在同一个区域，把与过桥相关的点子写在右边，把与不过桥相关的点子写在左边。若你认为点子间有层级关系，还可以通过线条将它们连接起来（见图 2.4.40）。

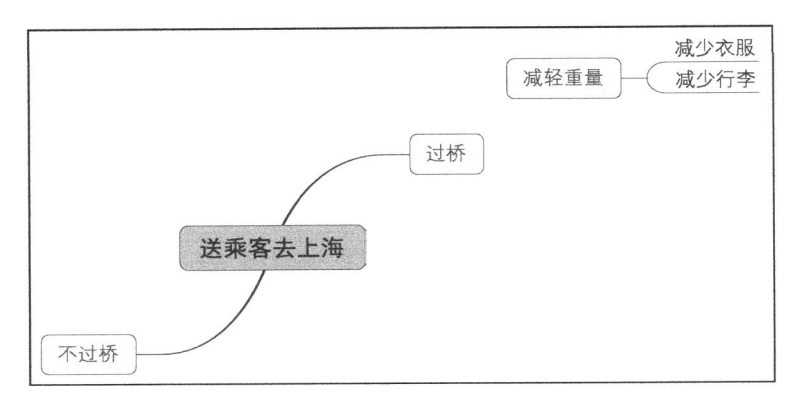

图 2.4.40　在 A4 纸的四周写上点子

（请离开本书片刻，在纸上写上所有你能想到的点子。切记这是一个发散思考的过程，天马行空，想到什么就写什么，不要给自己设限。）

这时你应该已经有了一张属于你自己的手绘图，在纸上有许多一开始没有想到的奇思妙想。图 2.4.41 是一个处于由中心向四周发散状态的半成品逻辑思维导图。

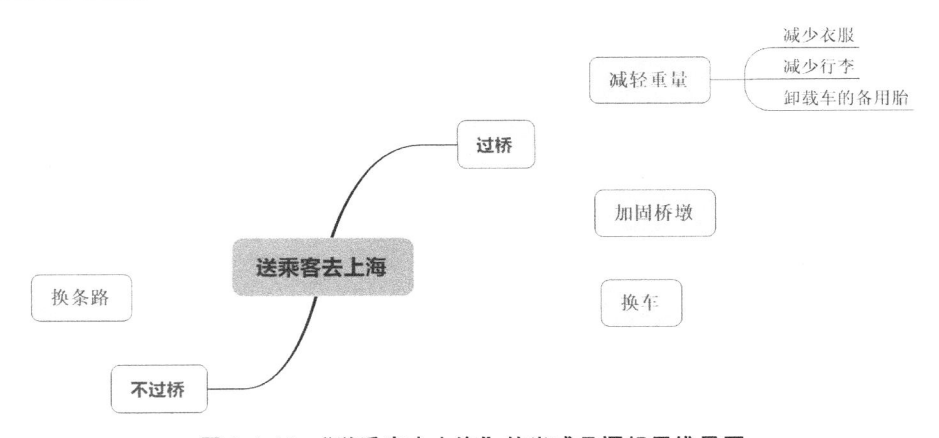

图 2.4.41　"送乘客去上海"的半成品逻辑思维导图

你的逻辑思维导图可能比图 2.4.41 的内容、分的层次、连接起来的线条多或者少，这都没有关系，因为这只是我们中间发散思考的一个过程。通过接下来的步骤二，我们将进行逻辑思维导图的收敛与发散的双向过程，形成终稿。

步骤二：连线归类

第一步是借助逻辑思维导图的发散过程激发你的思维，以尽可能多地列出要点。第二步就要利用逻辑思维导图的收敛过程，将发散的要点根据一定的逻辑关系归类，并在此过程中修正和补充第一步的思考结果。

你需要将 A4 纸上所有尚未连线的要点做好归类。在这个过程中，你可能需要新增一些分类要点以归纳零散的要点，并与中心点连接起来，呈现为由中心向四周发散的形状。还记得我们之前学的收敛思考的方法吧。

- 收敛思考之归纳推理：
  - ✓ 时间的逻辑顺序（简称时间顺序，表示"时间先后"的逻辑关系）；
  - ✓ 结构的逻辑顺序（简称结构顺序，表示"整体与部分"的逻辑关系）；
  - ✓ 重要性的逻辑顺序（简称重要性顺序，表示"同类事物归为一类"的逻辑关系）。
- 收敛思考之演绎推理：
  - ✓ 演绎顺序（大前提、小前提、结论；问题/现状、原因、对策；等等）。

下面你可以运用归纳和演绎的收敛思考方法，将你的逻辑思维导图中的要点重新进行连线归类。你在连线归类时一定要不断地问自己："这几个要点是依据什么逻辑顺序归为一类的？"如果你找不到归类的逻辑顺序依据，那就证明这几个要点不应该归为一类。你需要将它们重新与其他要点进行归类，甚至需要将现有的要点重新分解、升级或修改。

例如，你可能将"减少衣服""减少行李""卸载车的备用胎"三个要点连线在了"减轻重量"这个要点下（见图 2.4.42）。

```
                减少衣服
    减轻重量  ─ 减少行李
                卸载车的备用胎
```

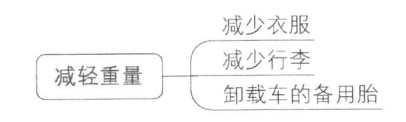

图 2.4.42　"减轻重量"的连线

这时你就要问自己："'减少衣服''减少行李''卸载车的备用胎'这三个要点是依据什么逻辑顺序归为一类的？"

是演绎顺序吗？显然不是！那就只能考虑归纳推理下的三个逻辑顺序了。

是时间顺序吗？三个动作间没有时间先后关系，也不是。

是结构顺序吗？三个部分不能组成一个结构完整的整体，减轻重量的方法有很多，应该不止这三种，所以也不是。

是重要性顺序吗？好像是。这三个都是减轻重量的方法，有共同特性，满足了重要性顺序的第一个要求。我们继续验证是否满足重要性顺序的第二个要求：按重要程度排序。那么，你如何排列"减少衣服""减少行李""卸载车的备用胎"的先后顺序呢？你可能会说按照重量的大小，衣服最轻，行李重一些，车的备用胎更重。那么问题来了，既然这些是重要的，那些不重要的是什么？你可能会说少吃饭可以减轻重量。这是一个影响要素，但基本可以忽略不计，所以不重要。还有吗？40人不穿鞋子也可以减轻重量，但基本也可以归为不重要。我们刚刚都在看人的身上有什么，车方面呢？除了备用胎，车还有其他东西吗？车的座位可以调节，有的座位可以拆卸。座位的重量不轻吧，忽略了就不太合适了。这样看来，我们又增添了一个办法：卸载车的座位（见图 2.4.43）。

```
                减少衣服
    减轻重量  ─ 减少行李
                卸载车的备用胎
                卸载车的座位
```

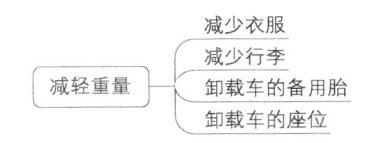

图 2.4.43　"减轻重量"的连线调整

是不是这样（见图 2.4.44），"过桥"的连线就完成了？

```
                    减少衣服
          减轻重量   减少行李
                    卸载车的备用胎
   过桥             卸载车的座位
          加固桥墩
          换车
```

图 2.4.44　"过桥"的连线

看了图 2.4.44 你有什么感觉？是不是怎么看都不太对劲？哪里不对呢？我们还是用老方法——收敛思考来检查。先看第一层框架，"减轻重量""加固桥墩""换车"，这是依据什么逻辑顺序归为一类的？

是演绎顺序吗？显然不是！那就只能考虑归纳推理下的三个逻辑顺序了。

是时间顺序吗？三个动作间没有时间先后关系，也不是。

是结构顺序吗？三个部分不能组成一个结构完整的整体，过桥的方法有很多，应该不止这三种，所以也不是。

是重要性顺序吗？好像是。但换车也是在减轻重量，难不成应该把"换车"也放到"减轻重量"下（见图 2.4.45）？

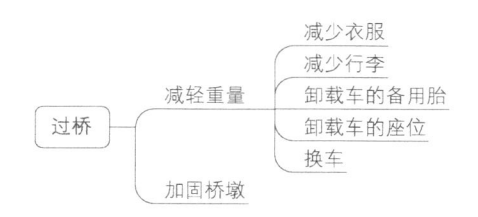

```
                    减少衣服
                    减少行李
          减轻重量   卸载车的备用胎
   过桥             卸载车的座位
                    换车
          加固桥墩
```

图 2.4.45　"过桥"的连线调整

这时再看第一层框架，演绎顺序？不是。时间顺序？也不是。结构顺序？有点像。加固桥墩可以加大承重。再仔细想想，有没有更好的框架。减轻重量，是减轻什么东西的重量？"减少衣服""减少行李"都是在说人，"卸载车的备用胎""卸载车的座位""换车"都是在说车。"加固桥墩"说的是什么？说的是桥。说到这里，你应该恍然大悟了吧，影响过桥的三个要素在发散与收敛的过程中找到了。我们重新画出第一层框架（见图 2.4.46）。

```
         ┌── 人 ──┬── 减少衣服
         │        └── 减少行李
         │        ┌── 卸载车的备用胎
过桥 ────┼── 车 ──┼── 卸载车的座位
         │        └── 换车
         └── 桥 ──── 加固桥墩
```

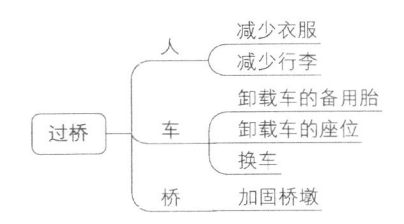

图 2.4.46 "过桥"的连线再调整

这时的第一层框架是不是清晰了很多？这里依据的是什么逻辑顺序呢？演绎顺序？不是。时间顺序？也不是。结构顺序？是的。人、车、桥构成了过桥影响要素的完整整体。

这时我们可以移步第二层框架了，先看"人"这个层次（见图 2.4.47）。

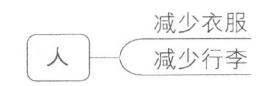

```
人 ──┬── 减少衣服
     └── 减少行李
```

图 2.4.47 "人"的连线

这里依据的是什么逻辑顺序呢？四大顺序轮番"轰炸"一遍。比较像重要性顺序，因为解决方法就是减轻重量。之前提到了"少吃饭"影响不大，归为不重要，忽略。你可能还会想到类似"剃头发"，这影响也不大，也忽略。如果你具有牺牲精神，可能还会想到壮士断臂，这伤害太大，也忽略。看似最重要的影响人的重量的要素已经列全了。

有没有其他框架呢？我们这时候是不是可以想一想自上而下的框架呢？开局的时候我们用到了"过桥"与"不过桥"正反两面。现在可以用什么常用框架呢？是不是可以考虑用"个体"与"整体"（见图 2.4.48）？

```
人 ──┬── 减轻个体重量 ──┬── 减少衣服
     │                   └── 减少行李
     └── 减轻整体重量
```

图 2.4.48 "人"的连线调整

这样一看，"整体"那里明显少了一块。应该加什么呢？可以考虑分批次过桥（见图 2.4.49）。

```
           减轻个体重量 ┬ 减少衣服
      ┌────────────────┴ 减少行李
人 ───┤
      └ 减轻整体重量 ── 分批次过桥
```

图 2.4.49 "人"的连线再调整

"人"这个影响要素，我们处理完了，再来看看"车"。目前"车"的连线如图 2.4.50 所示。

```
       ┌ 卸载车的备用胎
车 ────┼ 卸载车的座位
       └ 换车
```

图 2.4.50 "车"的连线

还是进行收敛思考，这里依据的是什么逻辑顺序呢？在四大顺序中，比较像重要性顺序，因为都是在减轻车的重量。但将"卸载车的备用胎""卸载车的座位""换车"归为一类又不太合适，因为说的不是一辆车的事情。这里我们再次找自上而下的框架来帮忙。把"换车"变为"其他车"，重构框架（见图 2.4.51）。

```
       ┌ 大巴车 ┬ 卸载车的备用胎
车 ────┤        └ 卸载车的座位
       └ 其他车
```

图 2.4.51 "车"的连线调整

"其他车"这里明显又缺了什么东西。是不是可以进一步细分为一辆车和多辆车（见图 2.4.52）？

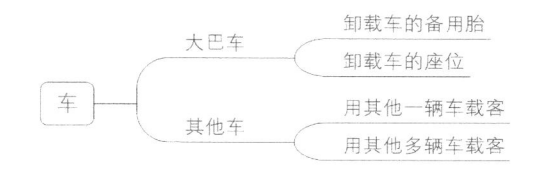

```
       ┌ 大巴车 ┬ 卸载车的备用胎
车 ────┤        └ 卸载车的座位
       └ 其他车 ┬ 用其他一辆车载客
                └ 用其他多辆车载客
```

图 2.4.52 "车"的连线再调整

"过桥"这里还有最后一个影响要素——"桥"。目前"桥"的连线如图 2.4.53 所示。

桥 —— 加固桥墩

图 2.4.53　"桥"的连线

这里依据的是什么逻辑顺序呢？在四大顺序中，可能你想说重要性顺序。加大承重可以"加固桥墩"。但是"桥面"也是一座桥中一个很重要的要素，加大承重也可以通过"加固桥面"实现。可见重要性顺序并不成立，更不用说是结构顺序了。修改后，"桥"的连线调整如图 2.4.54 所示。

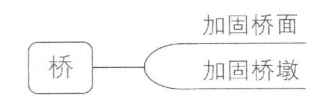

桥 —— 加固桥面 / 加固桥墩

图 2.4.54　"桥"的连线调整

这样应该是结构顺序了吧，桥墩、桥面我们都进行了加固。

因此，"过桥"的连线我们已经都处理过了（见图 2.4.55）。

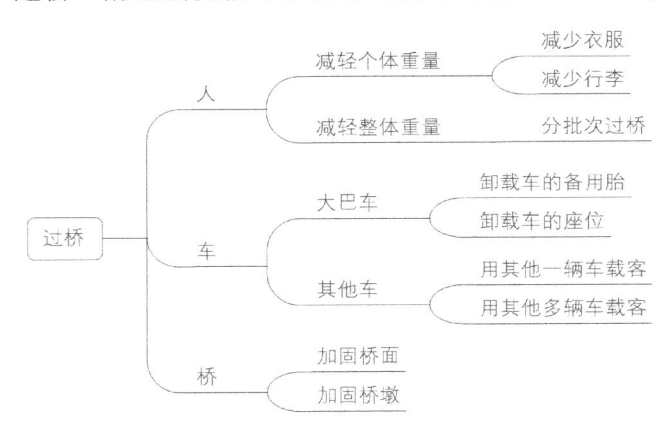

过桥
- 人
  - 减轻个体重量
    - 减少衣服
    - 减少行李
  - 减轻整体重量
    - 分批次过桥
- 车
  - 大巴车
    - 卸载车的备用胎
    - 卸载车的座位
  - 其他车
    - 用其他一辆车载客
    - 用其他多辆车载客
- 桥
  - 加固桥面
  - 加固桥墩

图 2.4.55　"过桥"的完整连线

我们接下来看"不过桥"的这一边，其连线如图 2.4.56 所示。

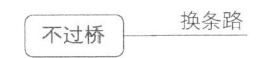

不过桥 —— 换条路

图 2.4.56　"不过桥"的连线

这里只写了"换条路"，换条什么路呢？你可能会说："很简单啊，找一条其他的比较近的路去上海，只要没有危桥就可以。"你说的是公路吗？如果是，那应该对图 2.4.56 进行调整（见图 2.4.57）。

图 2.4.57 "不过桥"的连线调整

是不是只能是公路？你可能会说："大巴车只能在公路上行驶。"这时候你已经给自己设限了。我们在发散思考时，切忌给自己设限。不知道你有没有看过《速度与激情7》，电影的火爆程度自不用说，而里面让很多观众印象最深的一幕就是从飞机上空降跑车。说到这里，你应该知道怎么做了吧。不过桥，我们可以坐大巴车从其他道路绕过去，也可以从空中飞过去——用直升机把车吊过去。"不过桥"的连线再调整如图 2.4.58 所示。

图 2.4.58 "不过桥"的连线再调整

这里依据的是什么逻辑顺序？你可能想说结构顺序。但明显少了一块。水陆空三栖，我们还差"水"。三次调整连线，如图 2.4.59 所示。

图 2.4.59 "不过桥"的连线三次调整

请重复上面的思考和检查步骤，直至画出完整的逻辑思维导图（见图 2.4.60）。

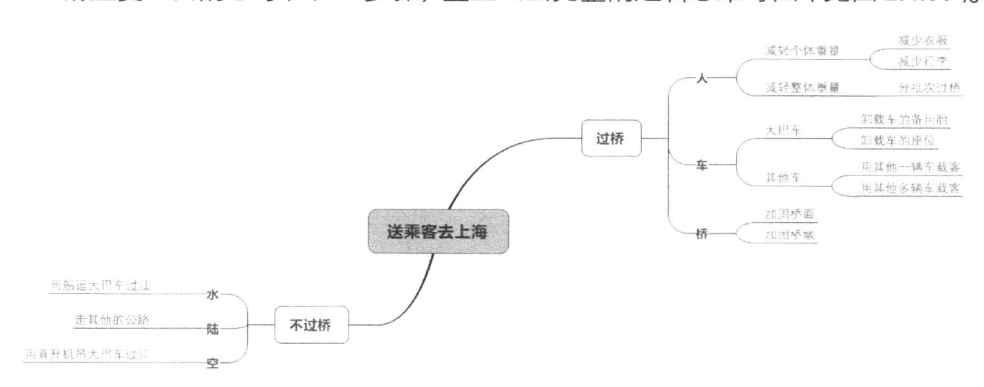

图 2.4.60 "送乘客去上海"的逻辑思维导图

步骤三：形成框架

经历"罗列要点"和"连线归类"后，我们终于来到了第三步：形成框架。我们将逻辑思维导图转化为更有效地展现思考结果的框架形式。这里以常用的逻辑树的形式展示，如图 2.4.61 所示。

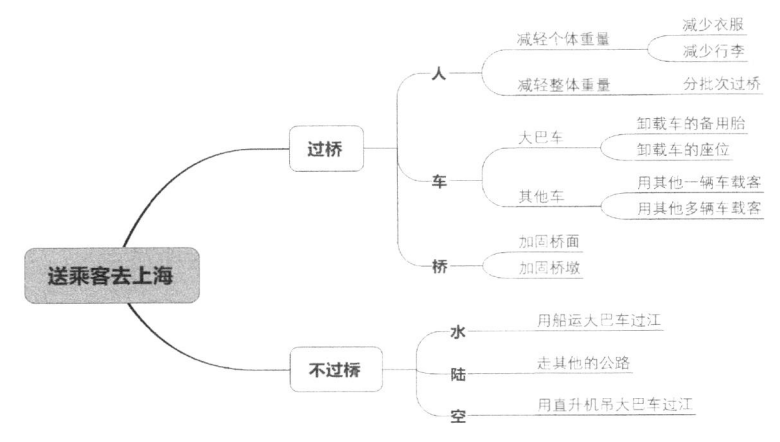

图 2.4.61　"送乘客去上海"的逻辑树

步骤四：检查框架

将提炼的框架以逻辑树的形式展示后，我们就进入最后一步，对逻辑树进行是否符合 MECE 的检查。

针对重要性顺序，MECE 仅检查要点是否重叠，不检查是否遗漏。例如，"减轻个体重量"中的"减少衣服""减少行李"是重要性顺序，只检查"ME"，不检查"CE"。

其他逻辑顺序都要符合 MECE。例如，第一层的"过桥""不过桥"符合 MECE；第二层的"人""车""桥"符合 MECE，"水""陆""空"也符合 MECE。

只有这样全部都符合 MECE 的方案，才能考虑周全，又不会重复劳动。

自下而上提炼框架与自上而下选用框架各有优劣，在实际思考的时候两者一般很难区分，大多数时候都需要综合运用。本节通过一个"过危桥"的案例进行了综合运用的演示。其实，这个案例可以更多地使用自上而下的方式构建框架，如在"过桥"的要点下面，我们可以直接自上而下地分解出题目所含的要素"人""车""桥"。但为了让你更多地了解综合运用自下而上提炼框架和自上而下选用框架的方法，也为了让你复习一遍四大逻辑顺序，因此这里采用了自下而上提炼框架的方法进行演示，希望能对你加深理解有所帮助。

第五节 明晰关键

构建完框架后，你是否就能按照框架中所列的所有要点去执行？大多数情况下不行！因为需求无限性和资源有限性这对广泛存在的矛盾，导致绝大部分时候你没有足够的时间、精力和资金资源实现所有的需求。

正是因为一个国家没有足够的时间、人力和资金来解决面对的所有问题，所以才需要制定规划，明确各项计划的优先级，引导有限的资源投入关键的领域和事项。

也正是因为一个企业同样没有足够的资源来解决企业经营、发展中遇到的所有问题，所以才体现出企业家的难得和可贵。因为他们能够敏锐地抓住企业的主要矛盾，并将企业有限的人力和资金资源投入主要矛盾的解决中。

一个人同样如此，你永远没有足够的时间、精力和资金资源来同时实现你所有的需求，因此才有了工作优先级排序、精力管理等时间管理工具。

既然需求无限性和资源有限性的矛盾广泛存在，那么我们应该如何解决这个矛盾？接下来，我们将学习著名的"80/20 法则"。

⏮ 80/20 法则

80/20 法则是什么

80/20 法则，又称"帕累托法则""二八定律"，是 20 世纪初意大利统计学家、经济学家维尔弗雷多·帕累托提出的。他指出：在任何特定群体中，重要的因子通常只占少数，而不重要的因子则占多数，因此只要能控制具有重要性的少数因子即能控制全局。这个原理经过多年的演化，已变成当今大家耳熟能详的 80/20 法则——80%的企业利润来自 20%的重要客户，其余 20%的利润则来自 80%的普通客户；20%的人口与 20%的疾病，会消耗一个国家医疗体系 80%的医疗资源。

当然，80：20 只是帕累托分布函数在特定常数时的一个特定值。其他的特定值还有 64：4（64%的财富属于 4%的人）、78：22（犹太人的 78/22 宇宙法则。犹太人认为，存在一条 78/22 宇宙法则，世界上许多事物都是按 78：22 这样的比例存在的。例如，空气中的氮气占 78%，氧气及其他气体占 22%；人体中的水分占 78%，其他为 22%；等等）。因此，80/20 法则中的 80%和 20%只是一个比喻和约数，真正的比例未必正好是 80：20。

80/20 法则的本质是原因和结果、投入和产出、努力和报酬之间存在无法解释的不平衡。一般来说，原因、投入和努力可以分为两种不同的类型。

- 多数，但只能造成少许的影响。
- 少数，但造成主要的、重大的影响。

80/20 法则的作用

80/20 法则已被大量的实践证实可以广泛应用在经济学、管理学和个人管理等众多领域。例如，80/20 法则可以解决大量的经济学和管理学问题：财富分配问题、资源分配问题、核心利润问题、重点客户问题、核心产品问题和关键人才问题等。

除了在经济学、管理学领域的广泛应用，80/20 法则对个人的管理也有重要的现实意义。例如，学会抓主要矛盾，避免将时间和精力花费在琐事上。一个人的时间和精力都是非常有限的，"做好每一件事情"几乎不可能，因此必须学会合理分配时间和精力。面面俱到不如重点突破，把 80%的资源用在能出关键效益的 20%的方面，这 20%的方面又能带动其余 80%的发展。

如何运用 80/20 法则

（1）充分运用 80/20 思想。

你知道了需求无限性和资源有限性的矛盾必然存在，又了解了关键的少数可以产生主要的影响和结果，那么在日常工作和生活中就要注意多运用 80/20 思想，改变你的行为并把注意力集中到最重要的 20%的事情上，这样行动的结果就是能以少获多。运用 80/20 思想，你必须不断自问：20%凭借什么因素能产生 80%的影响力？不要想当然地认为这个答案是你知道的答案，要多用时间好好领悟、多用实践体验和验证。

（2）多多采用 80/20 分析方法。

既然没有任何一种活动不受 80/20 法则的影响，那么在日常工作和生活中可以多多采用 80/20 分析方法，找出造成某种状况或导致 80%产出的关键的 20%原因或投入，并针对这 20%加以改善或提升。

假如 20%喝啤酒的人喝掉了 80%的啤酒，那么这部分人是啤酒制造商应该关注的对象。啤酒制造商应尽可能争取到这 20%的人购买啤酒，最好能进一步增加他们的啤酒消费。

同样地，如果你发现企业 80%的利润来自 20%的产品，那么你应该尽全力来销售这 20%高利润的产品。假如你发现企业的业绩是由 20%的员工创造的，那么你应该识别出这关键的 20%的员工，并进一步提升他们的绩效和他们对企业的满意度。

淘汰非关键的部分

通过对 80/20 法则的了解，想必你已经知道在你构建的框架中，其实只有关键的 20%的因素或对策会对你要解决的问题产生主要影响。既然资源有限，那么你应该先淘汰框架中的非关键的问题，将有限的精力和资源投入关键的问题的验证或解决中。

进行优先级排序，筛选出 20%关键因素的方法很多，如优劣比较模型、加权打分模型、TCR 模型、必要优先模型等。

有没有发现，这些模型本质上都是一个个框架，其应用也很广泛，你在网上稍微搜索下就能看到丰富的应用案例。

接下来，我用 TCR 模型给你做一个应用演示。

以第四节的"过危桥"为例，在列出所有可能去上海的方案后，你能够花费同等的精力和成本去验证每种方案吗？显然不能。这时，你可以构建一个时间（Time）、成本（Cost）、风险（Risk）评估表（见表 2.4.4），对方案进行优先级选择，再根据 80/20 法则排除优先级低的解决方案。

表 2.4.4 "送乘客去上海"方案的时间、成本、风险评估表

			具体方案	时间	成本	风险
送乘客去上海	过桥	人	减少衣服	×	×	×
			减少行李	×	×	×
			分批次过桥	××	××	×
		车	卸载车的备用胎	×	×	×
			卸载车的座位	×	×	×
			用其他一辆车载客	×××	××	×
			用其他多辆车载客	××	××	××
		桥	加固桥面	××××	×××××	××××
			加固桥墩	××××	×××××	××××
	不过桥	水	用船运大巴车过江	××	××	×
		陆	走其他的公路	×××	×	×
		空	用直升机吊大巴车过江	×××	××××	×

依据表 2.4.4，我们可以看出各个方案的时间、成本和风险。

（1）"过桥"方面。

"加固桥面"和"加固桥墩"两个方案，时间、成本、风险都很高，可以忽略。其他方案可以综合采用。

"用其他一辆车载客"和"用其他多辆车载客"都是 6 个×。考虑到车越多，通过危桥的风险越高，所以"用其他多辆车载客"比"用其他一辆车载客"的风险指数高。

（2）"不过桥"方面。

"用直升机吊大巴车过江"由于时间和成本都很高，所以可以忽略。

假设乘客们基于时间、成本和风险的重要排序是风险>时间>成本，则得

出的备选方案排序如下。

- 用船运大巴车过江。
- 走其他的公路。
- 大巴车卸载座位和备用胎之后过桥,用其他一辆车载客,并且运输衣服、行李、大巴车备用胎和座位。
- 大巴车卸载座位和备用胎之后过桥,用其他多辆车载客,并且运输衣服、行李、大巴车备用胎和座位。

⏮ 本章总结

好了,到此为止我们已经完成了"分析问题"部分的学习。"分析问题"主要包括"构建框架"和"明晰关键"两个环节,其中,"构建框架"部分我们又分别学习了自下而上提炼框架和自上而下选用框架两种方法。接下来,我们进入"解决问题"部分的学习。

❓ 书外求助

读书时遇到了不解之处,或者碰到了想找人交流的问题怎么办?

例如,在构建框架时,应该主要用"自上而下选用框架"还是"自下而上提炼框架"呢?在明晰关键时还有更多可选择的方法吗?

为了帮你解答这些读书时可能存在的疑问,以及能与其他读者交流,我们建立了一个读者群。

关注微信公众号 YouCore,发送"思维力"即可入群。

第五章
解决问题——高效执行及检查调整

经过第三章和第四章的学习，你已经了解和练习了"发现问题"（界定问题）、"分析问题"（构建框架、明晰关键）的步骤、方法，梳理了解决问题的措施清单。接下来到了"解决问题"的最后两个环节：如何高效地执行解决措施（简称"高效执行"），以及如何检查执行效果并进行必要的调整（简称"检查调整"）。

第一节 高效执行

高效执行根据类型不同可分为个人执行、项目执行和团队执行等。

个人执行

影响个人执行力的最大障碍之一就是计划。我听过一个关于计划的经典语录是：我的2021年计划是完成我的2020年计划，这本来应该在2019年完成，因为我在2018年就说要做到，其实这是我在2017年就计划了的。

现实就是这么无奈，没有计划好像不行，有了计划却又不执行！一谈到计划，你的脑海中也许就浮现出这样一张表：密密麻麻的日程安排，每小时要做什么，甚至精确到每分钟要做什么都排好了。

这种计划你能完成吗？如果你回答"不能"，那恭喜你，你与大多数人一样，心理很正常，因为这种计划本身就是灭绝人性的。如果你回答"能"，那倒要注意了，因为长期这样压抑人性，你可能会"变态的"！

这种把人当机器的时间管理方法，就是所谓"成功学"所提倡的时间管理方法。而今天，你要学习的是，如何从机器做回人，即不要做时间管理，而是做个人管理。举个例子。假如你这一周没状态，与其排满了5天的活，结果一件事都没干好，还不如就挑状态最好的两小时，只做最关键的一件事，效果反而更好。

这种个人管理方法的基本原则只有两个：要事第一和保持弹性。

先看第一个原则：要事第一。这就要求你在前一天晚上或第二天早上找出最关键的一件事，优先完成它。

那怎样的事，才算是最关键的事呢？可能在一般人的认知里，重要且紧急的事才算是要事，这也是传统的时间管理所提倡的。时间管理四象限矩阵如图2.5.1所示。

时间管理四象限矩阵

	紧急	不紧急
重要	Ⅰ 危机 迫切的问题 在限定时间内必须完成的任务	Ⅱ 预防措施 建立关系 明确新的发展机会 制订计划和休闲
不重要	Ⅲ 接待访客 电话 某些会议 其他某些迫切要解决的事务	Ⅳ 琐碎忙碌的工作 某些信件 令人愉快的活动 消磨时间的活动

图 2.5.1　时间管理四象限矩阵

但是，个人管理则提倡将重要但不紧急的事当作第一的要事。为什么会这么安排呢？你想下，重要且紧急的事为什么会变得紧急呢？是不是因为没有安排好重要但不紧急的事，才使它变得紧急呢？

因此，如果能优先完成重要但不紧急的事，那是不是重要且紧急的事就会变得越来越少？你也就不需要在那么大的压力下，草草完成更重要的事，而是可以更淡定、更从容地做好眼前的事。

为了帮你更好地理解为何要将重要但不紧急的事当作第一的要事，我们来看一个工作中的例子。

➥ 案例——没有坚持"要事第一"原则的后果

李倩（化名）刚毕业不久，进入一家深圳的民营公司做总经理助理。每次总经理布置工作，她都认真记录，但最后的执行情况总是不太理想。

有一次，总经理让她准备一份重要的发言稿，并告诉她一周后的会议上会用到。

李倩认为时间还很充裕，可以慢慢准备，于是继续忙于其他的日常事务性工作，直到第6天才想到明天就要交稿了，可自己还没有动笔呢。

不巧的是，这一天她还有各种会议要参加，还要见客户。等忙完了，已经到了下班时间，她只好连夜加班写发言稿。在写的过程中才发现，需要一些业务数据，还要业务部门的同事协助，可别人早已下班，她只好打电话给同事，再三请求，让同事回到公司帮忙处理。最后，她熬夜奋战，终于在第二天一早把发言稿放在了总经理的办公桌上。

总经理看了发言稿，连连摇头，把李倩狠狠地批评了一顿："你这几天都干嘛去了，这么重要的发言稿，留了这么长时间给你写，还写成这样，错别字这么多。"

李倩的问题出在哪里？出在她没有坚持"要事第一"的原则。

第二个原则：保持弹性。在安排计划时，应以周为单位，同时保证每天至少 40%的时间段是空白的。弹性充分的周计划模板如图 2.5.2 所示。

角色	一级事项	二级事项（目标）	周计划					
			周一	周二	周三	周四	周五	周六	周日
个体	思维训练	每天一次思维激荡	在"框架的力量"群里回答一个问题	提交思维力课程作业	在"框架的力量"群里回答一个问题	提交思维力课程作业	在"框架的力量"群里回答一个问题		
		阅读《思维力：高效的系统思维》	第一章	第二章	第三章	第四章	第五章	第六章	第七章
	沟通表达	找陌生人聊天		在微信群找一个人私聊		在公司楼下主动搭讪		约一个兴趣相同的朋友见面	
	锻炼身体	跑步	跑步30分钟		跑步30分钟		跑步30分钟		
ERP 实施顾问	业务	会计基础学习						阅读《从零开始学会计》	阅读《从零开始学会计》
		供应链学习	学习采购及仓库管理业务课件			学习销售业务课件			
	产品	产品模块演练		采购模块演练	仓储模块演练		销售模块演练		
执行情况			因下雨未能跑步 其他按计划完成						

图 2.5.2 弹性充分的周计划模板

在微信公众号 YouCore 中回复"周计划"，就可以领到这种弹性充分的周计划模板了。

不做时间管理，改做个人管理，你的个人执行力立马就能上升一个台阶。

⏮ 项目执行

关于项目执行，我将以上文的"过危桥"为例，演示如何制订可高效执行的项目计划。

在分析问题阶段，我们构建了逻辑树框架，并在明晰关键环节运用 80/20

法则排除了非关键的工作内容（见图 2.5.3）。

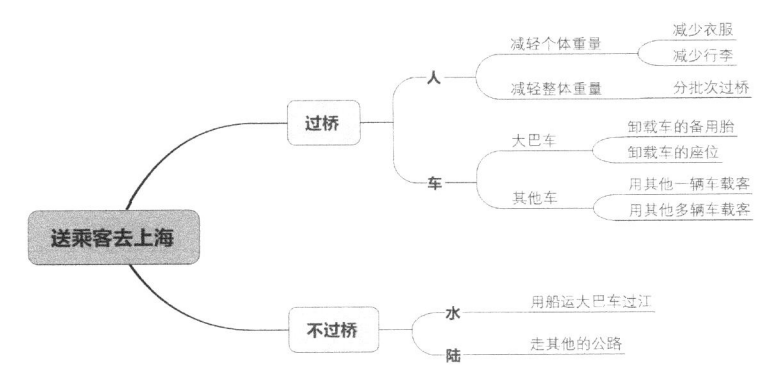

图 2.5.3 "送乘客去上海"经过 80/20 法则筛选后剩下的工作项

接下来要做的事就是给剩下的工作项编制合理可行的计划。那么，一份合理可行的计划的标准是什么？

在分析问题阶段，我反复强调框架先行，在解决问题阶段同样是框架先行。要制订一份合理可行的计划，首先要找出或设计出一个编制计划的框架。

英国作家约瑟夫·鲁德亚德·吉卜林说过一段话："我有 6 个诚实的仆人，他们的名字分别叫 What、Why、When、How、Where 和 Who。我所知道的一切都是他们教给我的。"他的这段话道出了制订一份合理可行的计划的精髓。

- What（做什么）。
- Why（为什么）。
- When（要用多少时间，何时开始、何时结束）。
- How（怎么做，需要什么资源）。
- Where（在哪做）。
- Who（谁来做）。

简而言之，针对"送乘客去上海"的方案，我们需要分解出可执行的具体活动（What），明确各项活动的开始和结束时间（When）、在哪儿做（Where），并指定活动的负责人（Who）。当然，最好在做之前明确为什么做（Why），还要列出活动执行所需的工具/方法（How）。为了简单起见，本案例中我们暂不考虑后两项内容。

首先，我们需要分解出可执行的具体活动，如图 2.5.4 所示。

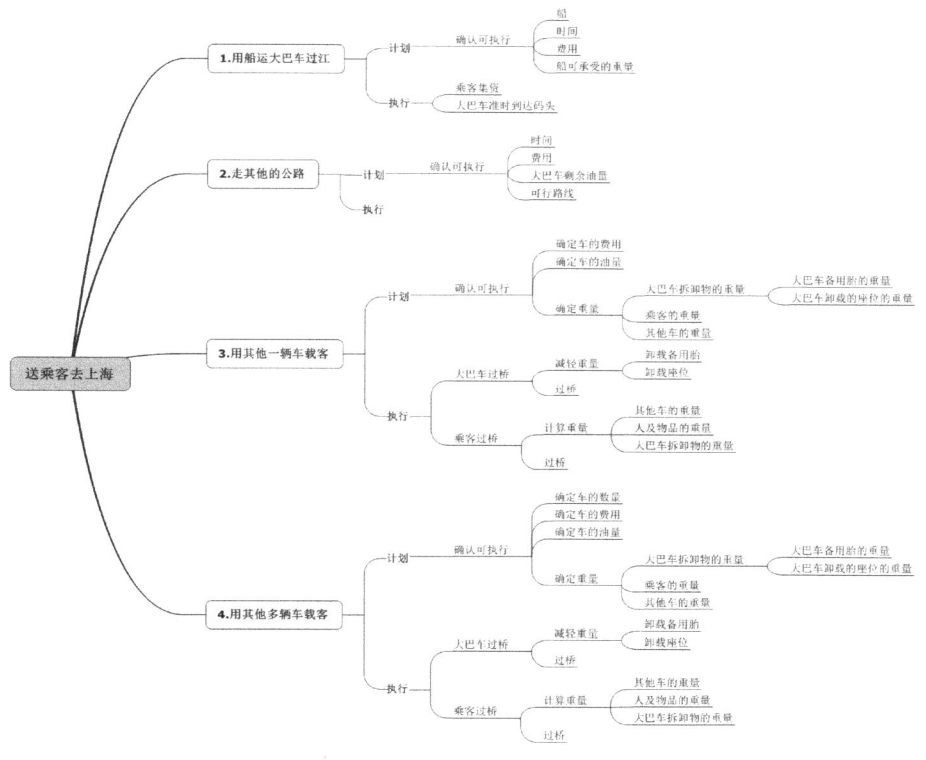

图 2.5.4 "送乘客去上海"的具体活动分解

然后，列出各项活动的开始时间、结束时间和责任人。工作计划示例如图 2.5.5 所示。

图 2.5.5 工作计划示例

125

项目的高效执行除了有进度计划，还要求有良好的相关人管理、沟通管理、风险管理等。

因为篇幅的限制，我就不一一为你展开了。有兴趣的话，你可以阅读专门的项目管理书籍。

⏮ 团队执行

关于团队执行，我依然选用一个团队管理框架展开叙述。（是不是发现框架的应用贯穿了解决问题五步法的所有步骤呢？）

这个框架就是团队执行力提升的七大法门，如图 2.5.6 所示。

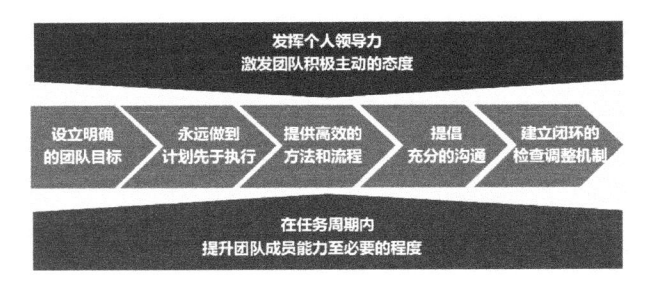

图 2.5.6　团队执行力提升的七大法门

（1）第一个法门：发挥个人领导力，激发团队积极主动的态度。

组织层面的限制，主要影响团队成员的态度，这是任何管理者都避免不了的。但在同一组织环境限制下，团队成员的态度主要受个人领导力的影响。因此，如果你想成为一名优秀的团队管理人员，就要具备以下四个技能。

- 领导者的才能：会合理授权，能起模范示范作用。
- 推动者的激情：会激励人，能激发团队成员的热情。
- 沟通者的技巧：善于沟通，能协调处理团队成员间的各种矛盾和问题。
- 决策者的果断：当团队处于两难困境时，能果断决策并坚定执行。

第二到第六个法门，是对团队管理各环节的要求。

（2）第二个法门：设立明确的团队目标。

目标永远是执行力的第一动力，因此即使在组织目标不明确的情况下，你也需要给团队设立一个明确的阶段性目标。

（3）第三个法门：永远做到计划先于执行。

哪怕任务再急，你也要抽出做计划的时间。做计划不代表工作就一定能按计划进行，但是它给团队成员指出了行动方向和时间基准，这是执行力的基础。

（4）第四个法门：提供高效的方法和流程。

一定要给团队成员提供经过验证的工作方法和流程，这既能降低对团队成员的能力要求，又能保证所有人的输出质量。

（5）第五个法门：提倡充分的沟通。

这就要求你既要建立必要的固定沟通机制，如例会、周报等，又要鼓励团队成员间相互交流和相互帮助。

（6）第六个法门：建立闭环的检查调整机制。

所有的任务一定要设置检查和反馈节点，在团队成员出现执行偏差后，要及时提出调整措施。

（7）第七个法门：在任务周期内，提升团队成员能力至必要的程度。

这里包含三个意思。

- 第一个意思：根据任务需要，只提升团队成员能力至必要的程度；千万不要超出任务需要，对团队成员的能力提出不切实际的要求，否则既做不到，又会打击团队信心。
- 第二个意思：必须配合任务要求，在任务周期内实现提升。这就需要你选择合适的人、采用合适的方法，以确保培训的效果。
- 第三个意思：必须做好自己与团队成员的能力搭配。因为大多数时候，你都很难有合适的人选，因此需要在这个限制下，知人善用，合理搭配。

这七个法门，分别从团队领导者、团队管理的完整流程、团队成员三个层面出发，给出了一个团队执行力提升的完整框架，希望能对你有所帮助。

第二节　检查调整

提升执行力的关键，除了执行本身，更重要的还在于对执行的检查调整。为什么呢？有两个原因。

第一，人都是有惰性的，没有监督检查，很多人都会偷懒。

第二，不及时对执行偏差进行调整，就会做无效的努力，甚至适得其反。

因此，要保证问题被高效地解决，必须有一个有效的检查调整机制。检查调整的价值到底有多重要呢？我们还是看一个工作中的例子。

↘ 案例——检查调整的重要性

林枫（化名）在一家互联网公司工作，他总觉得自己在打杂，有些大材小用了。有一次，他所在的部门头脑风暴想出了一个大家都觉得不错的用户活动，林枫终于抢到了这个活动的负责工作。他对此非常重视，列了活动计划，在执行过程中也非常努力，发现活动效果不理想之后，他熬夜加班了好几天，但可惜最后活动效果还是没有达到预期。于是，他向领导反映，说这个活动不可行，要想想其他活动。

同部门的另一个同事王云（化名），觉得这个活动的点子不错，就这么放弃有点可惜，自告奋勇地表示还想试试。

王云也列了活动计划，并且对活动中的每个节点都进行了数据的监控，如参加的人有多少、活跃的人有多少。活动结束后，他还与用户进行了沟通，询问用户觉得自己做得好的地方有哪些、有待改进的地方有哪些。

就这样，王云成功举办了第一次活动，虽然活动效果也没有达到预期，但是他找到了改进的方向。经过了第二次、第三次改进，原本略显粗糙的活动变得有声有色，深受用户欢迎。

同样一项活动，大家都做了计划，但林枫只有执行没有检查调整，而王云在执行的过程中注意监控过程数据，并根据执行反馈及时进行调整，从而不断地改进，因此最后两人呈现的效果就有了天壤之别。

这就是有和没有检查调整的区别，有了检查调整，你的执行力才能不断得到提升。

检查调整最常用、最有效的框架就是 PDCA 循环,也就是计划、执行、检查、纠正(可参照图 2.4.36)。

PDCA 说起来比较简单,但估计 90%以上的人从来没能真正用好过它,因为它只是一个通用的管理模型,你还需要根据不同的应用场景对它进行进一步的细化。

例如,PDCA 中的 Plan(计划),在个人计划上是怎么应用的?在项目计划上又是怎么应用的?当 Plan 应用在个人计划上时,你就要按照"要事第一"和"保持弹性"的原则编制计划;当 Plan 应用在项目计划上时,你就要按照项目管理的方法,先编制 WBS,再估算资源限制、进行关键路径排序等。

再如,当 PDCA 中的 Check(检查)应用在个人执行情况检查时,你就要每天对照计划找出未完成的内容;当 Check 应用在项目执行情况检查时,你就要运用挣值管理、成本管理、风险管理等完整的方法体系进行检查。

如果你对 PDCA 的深入应用感兴趣,那欢迎你加入我们的读者群一起探讨、交流。

⏮ 本章总结

本章介绍了"高效执行"和"检查调整",其中,"高效执行"部分又分别介绍了个人执行和团队执行。接下来,我们进入"假设思考"部分的学习。

❓ 书外求助

读书时遇到了不解之处,或者碰到了想找人交流的问题怎么办?

例如,除了项目计划,还有哪些能提高执行效率的方法呢?在运用 PDCA 时有哪些具体的注意事项呢?

为了帮你解答这些读书时可能存在的疑问,以及能与其他读者交流,我们建立了一个读者群。

关注微信公众号 YouCore,发送"思维力"即可入群。

第六章

假设思考——咨询顾问的问题分析与解决之道

↘ 导入案例——猜帽子

现在有3个人、5顶帽子，其中2顶红帽子、3顶黑帽子。假设你和其他两人在黑暗中各取一顶戴在头上，灯亮后，你发现其中一人的帽子是红色的，另一人的帽子是黑色的，你能最快说出你的帽子的颜色吗？

传统的解题方法是等灯亮后，一步步进行推导。

如果你戴的是黑帽子，那么另外两人分别看到的帽子颜色就是一黑一红和两黑，这样在题目的条件下他们应该都无法判断自己戴的是什么颜色的帽子，所以他们应该都会迟疑。

如果你戴的是红帽子，那么另外两人分别看到的帽子颜色就是一黑一红和两红，这样看到两顶红帽子的人就能立马说出他的帽子颜色是黑色了。

但是现在没有任何一个人开口，大家都在迟疑，综上推论你戴的应该是黑帽子。

上面这个推导过程虽然严谨，但是太慢了，万一你戴的是红帽子，没等分析完就已经被别人抢答了。

这道题最快的解题方法，就是使用假设思考。

先直接假设一个结论：自己戴的是红帽子。在假设结论的前提下，灯一亮后，立马进行验证：现在另一人是红帽子，因为自己也是红帽子，所以应该立马就有人准备张口了，但现在另外两人都在迟疑，那自己戴的肯定黑帽子。

看，用了假设思考后解决问题的速度是不是提高了很多呢。

以上这个案例就是"假设思考"的一个简单应用。

第一节　什么是假设思考

假设思考与一般推论的不同

场景1——和3个月大的宝宝相处

假设让你和一个可爱的宝宝独处，这个宝宝只有3个月大，还不会说话，你的任务是陪伴他一下午。开始你和他玩得很开心，宝宝手舞足蹈，你颇有成就感。不知什么原因，宝宝突然开始哇哇大哭，你会怎么办？

也许你已经是几个孩子的爸（妈）了，哄孩子是家常便饭，不足挂齿。但是想想当初初为人父（母）的时候，你是怎么做的？或者你可能会说："我还是个孩子呢。"那看到弟弟妹妹哭个不停，你总不能袖手旁观吧。

你会怎么办？你可能会说"打电话求助'场外观众'"，这不失为一种办法。有没有你自己独立解决的办法呢？

（不妨放下书本，思考30秒。）

你可能会说："我会检查一下尿不湿，看宝宝是不是尿了，不舒服。"

你可能会说："我会去泡奶粉，喂宝宝喝奶，看他是不是饿了。"

你可能会说："我要回忆一下之前一起玩的时候做过什么，看是不是不小心弄疼他了。"

你可能还有其他很多答案。

无论哪个答案，你不妨想一下你对自己的这个解决办法有百分百的自信吗？是不是实施了这个办法后宝宝就一定不哭了？你也许会说："这哪能百分百肯定。如果觉得是宝宝尿了，我就检查一下尿不湿；检查了没有尿，不是这个原因，我再喂他喝奶；如果在喂他喝奶时，他往外吐，我再想其他办法。总之兵来将挡，水来土掩。"

哈哈，恭喜你！不知不觉中你已经在用假设思考了。

我们再切换一个场景。

场景2——和8岁的孩子相处

假设让你和一个8岁的孩子独处，8岁的孩子自然已经伶牙俐齿了，你的任务同样是陪伴他一下午。同样的情况，开始你和他玩得很开心，孩子手舞足蹈，你颇有成就感。不知什么原因，孩子突然开始哇哇大哭，你会怎么办？

你应该会说："我直接问孩子哪里不舒服不就行了。这可是会说话的大孩子，我可以等信息收集全了再处理。"这就是我们经常用到的一般推论法。

一般推论从问题发生的源头寻求答案，先收集与分析资料，再以归纳法逐步求解，这是一套标准的问题分析与诊断流程。

而假设思考先预设一个或几个可能性最高的结论，再以资料与实验加以验证，逐步修正。

简单来说，假设思考和一般推论最大的区别就是方向性问题。

- 假设思考是从结论到问题，从结论出发，验证假设，逐步到位。
- 一般推论是从问题到结论，从问题出发，顺向推导，一步到位。

假设思考与一般推论的不同如图 2.6.1 所示。

假设思考与一般推论的不同

一般推论：（适用情况：时间与信息允许的条件下）一步到位
问题 →顺向推导→ 结论
从问题发生的源头寻求答案，先收集与分析资料，再以归纳法逐步求解，这是一套标准的问题分析与诊断流程

vs

假设思考：（适用情况：时间紧迫与信息很少）逐步到位
问题 ←验证假设← 结论
先预设一个或几个可能性最高的结论，再以资料与实验加以验证，逐步修正

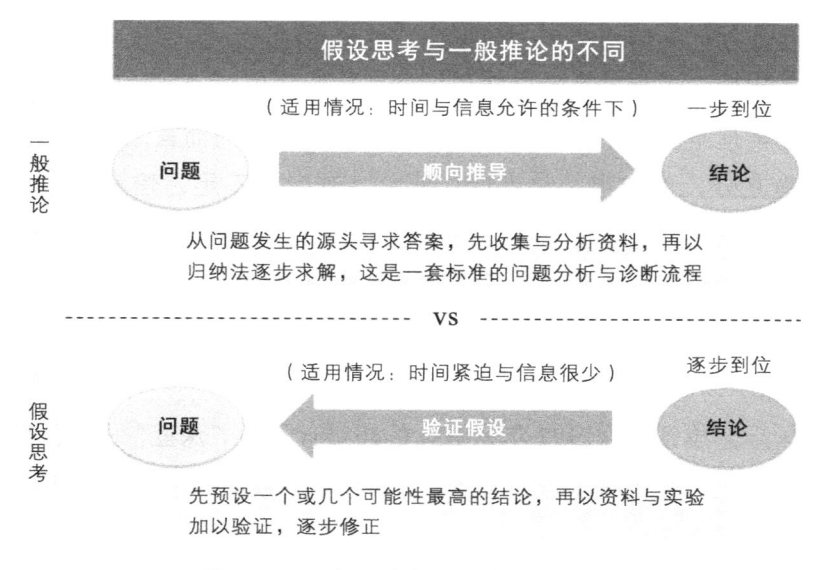

图 2.6.1 假设思考与一般推论的不同

假设思考其实并非西方咨询公司的专利，中国古代早已有之。1919 年，胡适在北京"少年中国学会"做《少年中国之精神》的演讲时，也提到过相关的概念。

胡适说："科学家最重'假设'，观察事物之后，自说有几个假定的意思；我们应该把每一个假设所含的意义彻底想出，看那意义是否可以解释所观察的事实，是否可以解决所遇的疑难。所以要博学，正是因为博学方才可以有许多假设，学问只是供给我们种种假设的来源。"这段话说出了假设思考的根源。

胡适还说："许多假设之中，我们挑出一个认为最合用的假设；但是这个假设是否真正合用？必须实地证明。有时候，证实是很容易的；有时候，必须用'实验'方才可以证实。证实了的假设，方可说是'真'的，方才可用。一切古人今人的主张、东哲西哲的学说，若不曾经过这一层证实的功夫，只可作为待证的假设，不配认作真理。"

胡适因此呼吁："少年的中国，中国的少年，不可不时时刻刻保存这种科学的方法、实验的态度。"

133

⏮ 假设思考适用的情况

那么，在什么情况下用一般推论，在什么情况下用假设思考呢？

孩子哭的例子是不是给了我们一些启示：当他会说话的时候，你就用一般推论；当他不会说话的时候，你就用假设思考。简而言之，若时间充裕、信息收集充分，你就用一般推论；反之，若时间不足、信息不全，你就用假设思考。

不知道你会不会下棋，下面我将和你聊两种棋——国际象棋和围棋。可能你会说"我不会下棋啊"，没关系，我们只聊棋盘的大小。国际象棋是"8×8"，共64个格子；围棋是"19×19"，共361个交叉点。

在国际象棋领域，1997年，IBM的超级计算机"深蓝"击败国际象棋冠军卡斯帕罗夫；在围棋领域，直到2016年，谷歌的AlphaGo才战胜了李世石。中间时隔近20年，为什么？

你可能会说："这不是很明显吗？围棋棋盘大，变化多，20年前计算机的计算能力不足，现在今非昔比了。"

的确，20年过去了，计算机的计算能力已经不容小觑。AlphaGo比"深蓝"厉害了多少倍？有人算了一下，大概是2.5万倍。但这里我们不能忘了围棋361个交叉点到底有多少种变化，有人说围棋的变化多过宇宙中原子的数量，2.5万倍和宇宙中原子的数量相比仍然只是沧海一粟。

那是什么让AlphaGo有了质变？归根结底，AlphaGo最与众不同的并不是它的计算能力有了多么惊人的提升，而是它开始以人类的方式思考。AlphaGo用的就是我们人类的假设思考！试想一下，如果AlphaGo执着于一般推论，在宇宙原子数量级的变化面前，即使它的计算能力再强大，它也是不堪一击的，况且下棋有时间限制。

人类对整个世界的认知用的何尝不是假设思考。你可能觉得信息不收集到自己无法处理，就不够多，总觉得信息收集全了自己才更有控制力。但信息收集得全吗？我们看一看科幻小说作家刘慈欣在《三体》中提出的"射手假说"。

有一名神枪手，在一个靶子上每隔 10 厘米打一个洞。设想这个靶子的平面上生活着一种二维智能生物，它们中的科学家在对自己的宇宙进行观察后，发现了一个伟大的定律：宇宙每隔 10 厘米，必然会有一个洞。它们把这个神枪手一时兴起的随意行为，看成自己宇宙中的铁律。

我们人类就是生活在这个靶子上的二维智能生物，我们生活的宇宙就是这个靶子，你是不是瞬间觉得自己渺小了很多？即使有人被冠以"科学家"的称号，他们也只是这个靶子上的一个生物，认知有限。在信息的洪流中，科学家的做事方式是"弱水三千，只取一瓢"，发现了缺口，就先假设有一个洞。宇宙中只有一个洞吗？不知道。后来，科学家发现还有其他的洞，数量不止一个。洞与洞之间有什么规律吗？距离有多远呢？科学家又不断地假设，再验证，最后得出了"10 厘米"的结论。这就是人类科学的大致发展过程，虽然有些无奈，但不得不承认，所谓的科学都是一个个假设，都是暂时性的。当你在靶子上发现了一个 11 厘米的洞时，就可以推翻之前的铁律。

看了"射手假说"，你应该不会执着于全盘掌控信息了吧。有了一定数量的信息后，就开始进行合理假设吧。

随着信息呈爆发式增长、社会节奏越来越快、商业环境变幻莫测，我们越来越无法预知技术的发展方向，面对复杂的世界，我们所面对的时间限制、信息限制会越来越多，因此假设思考的应用场合也会越来越多。

第二节　假设思考的三大优势

在第一节，我们介绍了什么是假设思考，比较了假设思考与一般推论的不同，并分析了假设思考适用的情况。事实上，假设思考广泛存在于工作、生活和学习的各个领域。特别是随着你的职位越来越高，假设思考将成为你主流的思考方法。

那么，假设思考到底有哪些不一般的优势，从而能得到咨询顾问、公司高层管理者的青睐呢？假设思考有三大优势：加快解决问题的速度、构建大局观、不再被信息洪流淹没。

加快解决问题的速度

说到解决问题的速度，不得不提到救死扶伤的医生。在中国的门诊中，一位医生一天的病人数量有时能达上百人。在这么短的时间内，为什么医生可以接诊那么多的病人？他们用的是什么思考方法？是一般推论还是假设思考？也许你会说："性命攸关的事情，应该是一般推论。"

我们以"医疗神剧"《豪斯医生》第一季第一集为例，看看医生是怎么诊断的。

案例1——豪斯医生的诊断过程

一位幼儿园女老师，在给孩子们上课时突然失语，癫痫抽搐，费尽余力在黑板上写下了"通知护士"四个字后轰然倒地。

到了医院，豪斯医生初步判断是脑肿瘤，但病人没有家族病史，对辐射治疗无反应，检测脑肿瘤的主要蛋白指标正常，照影扫描也没有异常。豪斯医生和几位优秀的实习医生一起会诊，大家提出了数种可能，都被否决。紧接着安排病人做核磁共振成像，但中途病人出现喉头水肿（对钆过敏），无法进行脑部扫描。到底是什么触发了炎症反应？豪斯医生在诊断的过程中，想到可能是脑动脉炎，于是通知实习医生使用类固醇（类固醇可终止炎症反应）。对此，豪斯医生和实习医生间发生争议。

豪斯医生："不敢断定是脑动脉炎，但症状完全符合。"

实习医生："没有活检，不能妄下推断。"

豪斯医生："当然可以开始治疗。要是情况好转，那证明我们是对的；要是错了，那就会有新发现。"

院长得知治疗方案后也不赞同豪斯医生的做法。

豪斯医生："我没有让病情恶化,也没有拿她做实验。我这是合理的猜测。"

院长："但没有依据。"

豪斯医生："从来就没有依据。同样的症状,100位医生会有100种诊断结果。为什么你那么惧怕错误?"

豪斯医生坚持这个治疗方案,使用类固醇后,病人的症状开始缓解。但随后病人又开始恶化,失明、痉挛、逻辑思考和语言中枢受损、行走能力下降,恶化速度极快。

豪斯医生宣布停止所有治疗。

就在众人束手无措之时,实习医生在病人的家中发现了火腿,豪斯医生怀疑病人吃了未煮熟的带有绦虫卵的猪肉。如果这样,症状完全符合。X光检查发现,病人的左大腿肌群有寄生虫幼虫。到这,豪斯医生终于确诊病人是脑囊虫病,只要按时服用阿苯达唑即可痊愈。

通过以上惊心动魄的诊断过程,你应该不会再说医生诊断用的是一般推论了吧。医生诊断用的就是假设思考,这是理性的妥协。如果用一般推论,病情信息无穷无尽,错综复杂,医生根本无法在有限的时间内完全获取,即使好不容易获取全了,病人也早已不在人世。

我们再看看生活中的例子。

点餐经常是多人一起吃饭的一大难题。你是怎么点餐的呢?一种方法是了解每个人的爱好和需求,但如果大家来自全国各地,口味迥异,那调查了半天也没有结果。还有其他方法:直接问服务员,餐厅的招牌菜是什么,听了菜名,大家没有意见就直接上菜,有意见再进行调整。后者的速度要快很多。

▶ 案例2——情侣吃饭

某个喜剧片里有一个点餐片段,一对情侣在环境幽雅的餐厅吃饭。

男生问女生:"亲爱的,我们今天吃什么?"
女生回答:"随便。"
男生说:"那我们今天吃火锅吧。"
女生回答:"不行,吃火锅脸上会长痘的。"
男生继续说:"那吃四川菜。"
女生:"昨天刚吃了四川菜,今天又吃。"
男生:"那我们吃海鲜吧。"
女生:"海鲜不好,吃了会拉肚子的。"
男生:"那你说吃什么?"
女生:"随便。"
男生:"那我们先不吃东西了,可以干点别的事情。"
女生:"都行。"
男生:"那我们看电影吧,很久没看电影了。"
女生:"电影有什么好看的啊,耽搁时间。"
男生:"那打保龄球,运动一下。"
女生:"大热天的,运什么动,你不嫌累啊。"
男生:"那我们再喝几杯咖啡吧。"
女生:"喝咖啡会影响睡眠。"
男生:"那你到底要怎么样?"
女生:"都行。"
男生:"那我们干脆回家吧。"
女生:"看你。"
男生:"我们坐公交车,我送你。"
女生:"公交车又慢又挤,还是算了。"
男生:"打车呢?"
女生:"那么近的路,不划算。"
男生:"那走路好了,散散步。"
女生:"空着肚子散哪门子步。"

男生:"那你到底想怎么样?"

女生:"看你。"

男生:"那先吃饭。"

女生:"随便。"

男生:"吃什么?"

女生:"都行。"

男生进行了多次假设思考,虽然在这一大段对话之后,餐还没有点好,但至少知道了哪些假设是可以排除的,向结果迈进了一步。对于"随便""都行"的情况,假设思考不失为一种快速推进讨论的好办法。

你再想一下如何寻找自己的恋人。

朋友问你希望寻找一个什么样的恋人。你可能会说:"都可以,我没有什么特别要求。"若给你时间写一个详细的需求说明,即使朋友按照你的需求去找,也可能找不到你心仪的对象。

换一种方法,直接带一个人到你面前,询问这个人做你的恋人合不合适。你可能对他一见钟情,任务立刻完成;或者你会说这里不合适,那里不合适,朋友根据你的反馈,再进行搜索,相信用不了几次,也可以达成目标。这就是用假设思考解决问题的速度。

在工作的过程中,客户让你开发一款产品,你会怎么做呢?

你可能会说:"我会和客户好好聊一聊要开发怎样的产品,把详细的需求写下来,之后制订计划,按部就班地把产品开发出来。"在整个过程中,你可能会积累很多文档,是大家关于产品内容的讨论,但是最终的产品依然不尽如人意。

换一种方法呢?听了客户简单的需求说明之后,你拿出一个原型,和客户进行确认,询问他是不是需要这样一款产品。如果不是,就确定哪里需要改进、需要调整;如果是,大家就可以信心满满地开展之后的工作了。

先假设一个原型,在原型的基础上调整,要比从头到尾,一步一步整理需求快速得多。很多客户刚开始也不确定自己到底需要怎样一款产品,拿到实物之后，他的各种想法才开始涌现。如果在交货期临近时你才把成型的产品给客户看，此时已经耗费了大量的时间、人力和物力，即使客户有了想法，也已经"无力回天"。把假设的成果尽早展现给客户，整个过程中沟通效率会大大提高。

你在学习的过程中，也可以用假设思考加快解决问题的速度。

有的人学习，会先收集资料，越多越好。在当今这样一个知识爆炸的时代，这自然没有难度。线上下载电子书、学习视频，线下买纸质书、上课。但这样一番折腾不仅耗费了时间，而且仍不知道自己的方向在哪里。

使用假设思考会是怎么样的？结论先行，再确定要达成的目标是怎样的。假设的结论就是你要模仿的对象，是你的方向。对于这个方向，你可以验证，如果觉得不合适，在此基础上再进行创造性的调整，解决问题的速度会更快。

其实，在时间充足、信息足够的情况下使用假设思考，解决问题的速度往往更快。例如，听到马蹄声，就想到马，而不是斑马。如果使用假设思考，那你可按可能性从高到低的顺序将假设进行排序，先对可能性最高的假设进行验证。一般情况下，在验证了一两种假设后，你就可以得到答案，这比毫无优先级的一般推论要快得多。当然，即使运气不佳，出现了小概率事件，那和一般推论所耗费的时间也差不多（见图 2.6.2）。

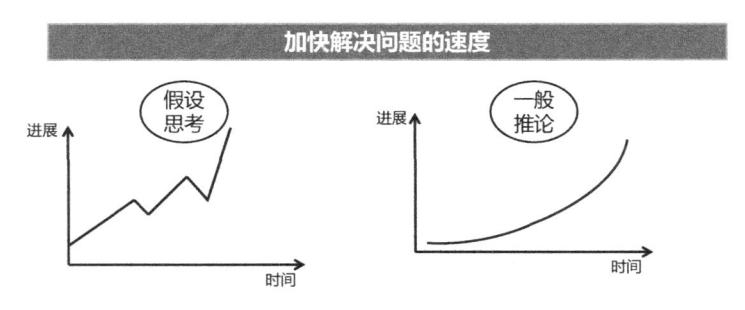

图 2.6.2　假设思考相较一般推论解决问题的速度更快

⏮ 构建大局观

假设思考可以加快解决问题的速度，那是不是就是碰运气猜呢？当然不是！假设思考的起点不是建立假设，而是构建框架。如果没有框架，就没有了假设的范围和边界，即使假设被验证为不正确，你也无法离正确答案更近一步。

以框架为基础的假设如图 2.6.3 所示。

构建大局观

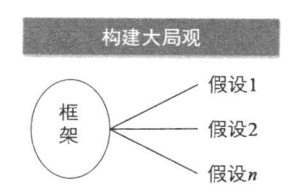

框架 → 假设1
     → 假设2
     → 假设n

图 2.6.3　以框架为基础的假设

你可能听过"摸着石头过河"这句话，其实这句话的前面还有一句话——顶层设计。无"顶层设计"的"摸着石头过河"只是盲目的实践，即使不小心踩空，掉下去灌了水也得不到任何有用的经验。

假设思考可以说是有框架的"蒙"。

上文情侣吃饭的例子其实就是一种有框架的"蒙"。一种是脑子里面想到火锅就问火锅，想到海鲜就问海鲜；还有一种是先构建框架，分中餐、西餐，中餐、西餐再往下细分，就可以做到几大类不重不漏。如果这样询问都不满意，那只有一种可能：她不愿意和你吃饭！

再说到给客户开发产品的例子，设计的原型要基于客户的初步需求。可能客户仍有很多需求，在构建框架时应有所侧重。只有这样才能更贴近客户的需求，而不是随意给客户一个原型，这样反而会误导大家。

正是因为假设思考必须以框架为基础，因此熟练掌握假设思考的人，都有非常好的大局观。

⏮ 不再被信息洪流淹没

你应该做过英语阅读理解吧。英语阅读理解一般都是选择题。想想你当时是怎么做的？

先通读全文，然后看文章后面的题目？如果你用的是这种通读全文的方法，除非你的阅读能力很强，否则你会感到非常吃力，有时还会因为几个单词不认识，或者几个句子不理解，而耽误了时间。

但如果你是先看文章后面的题目，再根据题目和题目的选项，回到原文去找答案，那你的速度将大大加快。因为你是带着假设，有目的地搜寻对应的部分信息，而不再是对信息的全面检索。

假设思考对信息的检索方式如图 2.6.4 所示。

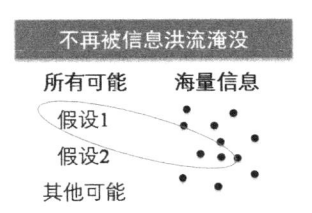

图 2.6.4　假设思考对信息的检索方式

不知道你有没有看过这类娱乐节目，其中会有一个游戏环节，嘉宾被要求回答一个问题，但嘉宾开始不知道问题的内容，要等看完一段视频之后，才会知道。

一般情况下，嘉宾无法说出问题的答案，即使问题很简单。为什么呢？因为视频的内容很多，嘉宾无法带着问题找寻答案，那就意味着他要对看到的所有信息进行处理，这基本是不可能完成的任务，除非碰巧嘉宾关注的问题和主持人要问的问题一致。但往往为了节目的娱乐效果，主持人的问题会是一个让大家大跌眼镜的视频中的小细节，嘉宾肯定会因为答不出来而被惩罚。

侦探在探案的过程中运用假设思考，能避免被海量的信息所淹没。

侦探探案的过程一般是初步了解案情，弄明白发生了什么事情；然后收集与案件有关的线索，如案发现场的情况、作案工具、受害人情况等；初步了解情况以后，就开始综合分析，进行假设；有了假设，确定了侦查方向，划定了侦查范围，就开始分配资源具体侦查，验证假设是否正确，再进行调整。

只有在初步了解情况以后，才能进行假设，确定侦查方向，再根据侦查方向收集所对应的局部信息。不然关于案情的信息无穷无尽，如果只是一味地收集信息，那只能迷失方向。

以我们比较熟悉的福尔摩斯为例，有一个案件叫"身份案"。

↘ 经典案例——身份案

萨瑟兰小姐的新婚丈夫安吉尔先生失踪了，她给了福尔摩斯一张关于丈夫的寻人广告和他的四封回信。福尔摩斯首先想到的是安吉尔的奇怪行为必定有所企图，唯一能够从这件事中受益的只有萨瑟兰的继父。再看事实，安吉尔和萨瑟兰的继父从来没有同时出现过；安吉尔的墨镜、奇怪的说话声和毛蓬蓬的络腮胡子暗示着伪装；安吉尔的回信是用打字机打印的，应该是怕笔迹被认出。

了解了初步的情况后，福尔摩斯猜测萨瑟兰的继父就是安吉尔。他开始了证实工作。

福尔摩斯把寻人广告中的络腮胡子、墨镜等与伪装相关的描述去掉，然后将寻人广告寄给继父工作的商行，让他们确认寻人广告中的安吉尔是否与商行某个人相像。果然，他们回信说这是萨瑟兰的继父。

福尔摩斯写信到继父的办公地点给他本人。如福尔摩斯所料，他的回信是用打字机打印的，从回信中可以看出打字机的种种同样细微的但有特征的毛病，与安吉尔的回信一样。

整个案件就此告破。

有了初步的信息，就要快速构建框架，大胆假设，并根据验证假设的需要，聚焦所需的信息。不要在毫无思路时就盲目地收集资料，这样只能被淹没在海量的信息中。

福尔摩斯在收到萨瑟兰的委托后，并没有盲目地收集一切与案情有关的资料，而是根据萨瑟兰提供的有限信息，快速构建了"萨瑟兰的继父就是安吉尔"的假设，然后集中精力采集和验证与这个假设有关的信息，从而耗费了很少的精力，在很短的时间内就侦破了案件。

在如今这个信息爆炸的时代，信息的总量和增加的速度已经远远超出了你的想象。如果盲目地收集所有的信息，那么只能被海量的信息淹没。

第三节　假设思考五步法

我们已经了解了假设思考的定义及其三大优势，接下来我们学习如何进行假设思考（见图 2.6.5）。

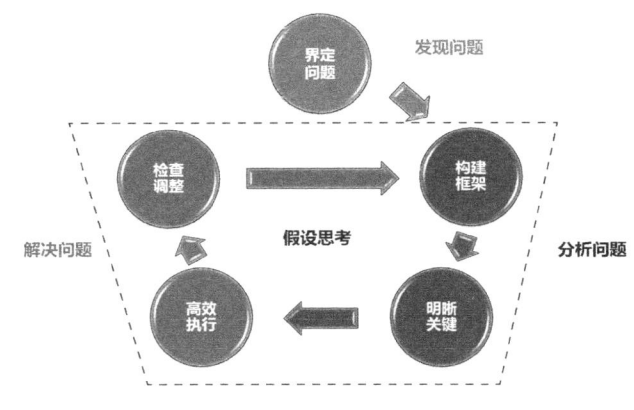

图 2.6.5　假设思考五步法

⏮ 步骤一：界定问题

请参考第三章"发现问题——界定问题"部分。

⏮ 步骤二：建立假设

我们先来做个小演练。

↪ 小演练——提升业绩

假定定价不合理是业绩无法提升的原因。现在客户请你做提升业绩的方案，请给出你的操作步骤（要具体且可执行）。

看到这个题目,你是怎么思考的?

一看到"做方案"几个字,是不是立刻就有做一番大事的冲动:去调研,资料收集得越全越好,然后对资料进行归纳分析,找出问题的根本原因,对症下药。

这样的全面梳理,少则耗费几周,多则几月、几年,才能得到自己认为"靠谱"的方案,但也许这时市场已经和原来的情况大不一样了。即使一样,你能保证找出的根本原因一定准确吗?全面地收集信息也许能满足你的控制感,但往往令你无法适应这个变化多端的世界。

你也许会说:"我知道了,之前说了假设思考,我要立刻建立假设!题目中已经假定了定价不合理是业绩无法提升的原因,说明价格太高,那我直接降价。"

那降价多少呢?10%?5%?既然要求方案具体且可执行,就要有明确的降价幅度。

如果降价 5%后市场反应良好,业绩得到了提升,就说明问题得到解决了。如果你能立刻提出"直接降价",说明你已经基本知道用假设思考了。但是这里还有一个问题,你是怎么想到要降价的,是突发灵感、灵光一现吗?

如上文所说,假设思考不是拍脑袋,而是以框架为基础进行猜测。针对这道题,在界定问题后,需要先构建框架,提出假设(见图 2.6.6)。

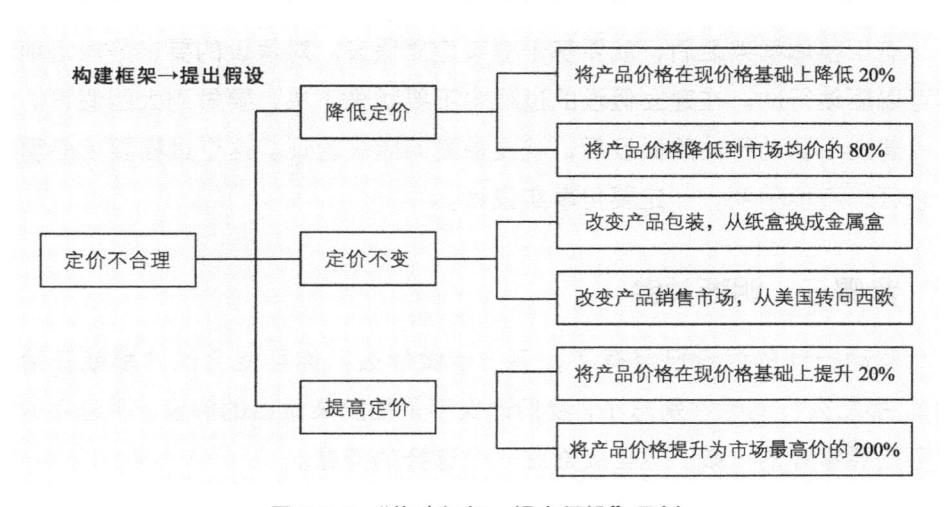

图 2.6.6 "构建框架,提出假设"示例

对于定价不合理的处理，我们分为三种情况（降低定价、定价不变和提高定价），在这个框架基础上，再提出相应的假设，如将产品价格在现价格基础上降低 20%。

先构建框架再提出假设，这才是正确的建立假设的过程，否则就容易变成盲目地瞎猜。

建立假设反映的不是分析能力的高低，而是一种思维习惯的转变。建立假设的思考路径如图 2.6.7 所示。

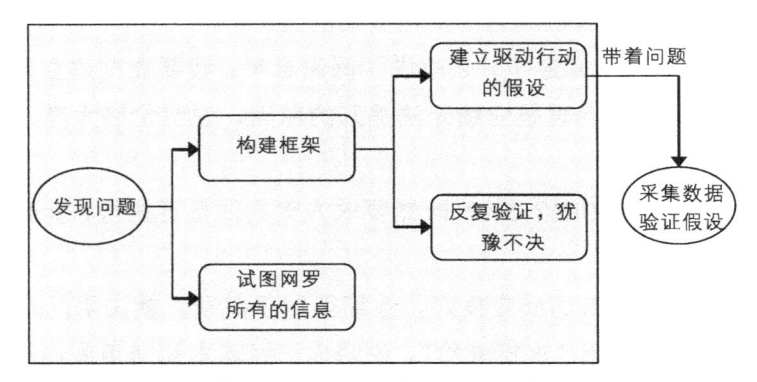

图 2.6.7　建立假设的思考路径

发现问题之后，不要总想着网罗所有的信息，而是要提醒自己改变思维习惯，先构建框架。

有了整体框架之后，就要基于框架建立假设。对假设的要求是能落地，即可以驱动行动。在建立假设的过程中不要犹豫不决，要做到大胆假设。

建立了驱动行动的假设后，就要带着问题去验证。这个过程要求必须小心求证，不能猜测，一定要用事实说话。

⏮ 步骤三：明晰关键

驱动行动的假设已经有了，下一步做什么？你可能会说"那就开始行动"。那怎么行动呢？别忘了，我们这次不是拍脑袋做出的假设，所建立的假设不是孤零零的一条。这里就面临一个选择的问题。

那怎么选择呢？这里不得不提到 80/20 法则：在任何一组东西中，最重要的只占其中一小部分，约 20%，其余 80%尽管是多数，却是次要的。80%的回报、产出和结果，总是来自 20%的努力、投入和原因。

举个简单的例子。你一定有考试的经验，考试之前同学们最喜欢让老师做的事情是什么？是画考试重点。考试重点就是 80/20 法则的一种体现。也许一本书很厚，但想考试及格，只要掌握其中 20%的核心内容就可以了。如果不明白 80/20 法则，你可能就会老老实实、一页一页从头开始复习，这样平均用力的结果是效果肯定不理想。

假设思考也一样，有了可以驱动行动的假设之后，不是按自己提出假设的顺序去行动，也不是按随机顺序去行动，而是明晰其中的关键，按重要性顺序去行动。

步骤四：验证假设

我们已经界定了问题，也建立了假设，还明晰了其中的关键，下一步做什么？既然是假设，自然不能贸然行动，可以大胆假设，但要小心求证。这里又涉及验证假设的步骤。

验证假设分为粗略验证和全面验证两步。

粗略验证

粗略验证，即 QDT（Quick and Dirty Test）。当大家讨论到某个假设时，可以先快速、粗略地验证这个假设。所谓快速、粗略地验证假设，就是验证假设成立需要的假定条件，如果其中任何一个假定条件错误，那么假设也就错了。运用 QDT 的方法，不用等信息收集后再进行验证，直接根据现有经验，就能够在几分钟之内验证假设是否正确。因此，QDT 经常用于需要快速抉择的场合。

看一个案例，你就能了解 QDT 是怎么回事了。

案例 1——QDT 演练

阿基米德说："给我一个支点，我就能撬起地球。"

请运用 QDT 的方法验证一下阿基米德的这个假设是否可行。

阿基米德能否撬起地球？对于这个问题，你是不是一定得把阿基米德找来，把他送上外太空，才能验证他所说的话？当然不用。要撬起地球，光有支点肯定不行，还要有一根棍子。这根棍子可不是一般的棍子，基本上和孙悟空的金箍棒是一个级别的，要足够长，还要足够牢固，否则没法撬起地球。你的这个验证，只花了几分钟的时间，就免去了阿基米德的"长途跋涉"。

经过 QDT，是不是假设就牢不可破了？

还是刚才那个案例，如果真的有孙悟空的金箍棒，是不是就说明阿基米德的"豪言壮语"没有问题？我们这时候就要进入全面验证环节。

全面验证

全面验证有三种方法：实验主导型方法、讨论主导型方法和分析主导型方法（见图 2.6.8）。

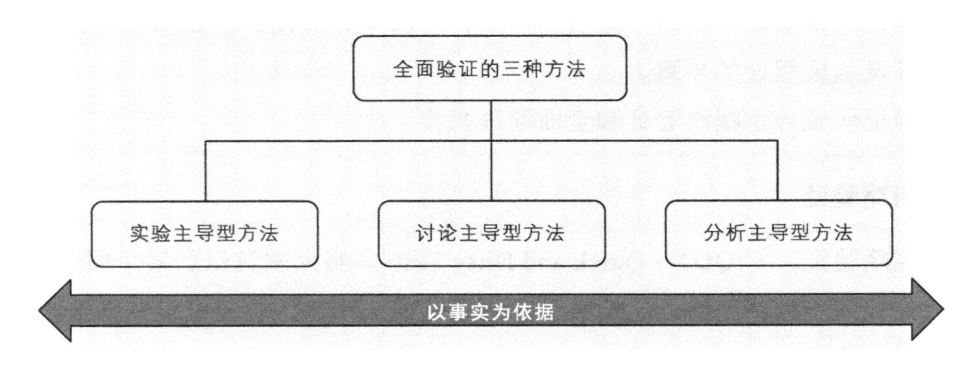

图 2.6.8　全面验证的三种方法

第一种方法，实验主导型方法。实践出真知，有了想法，我们可以直接用实验验证。科学就是不断假设，有了假设再不断验证的过程。可是有些假设是可以验证的，验证失败了，结果也可以承受；但还有一些假设受限于某些因素，不能验证。例如，你说自己可以爬到喜马拉雅山的顶峰，这个假设如果用实验的方式验证，说不定会出人命。因此，实验主导型方法虽然富有说服力，但并非任何时候都可以用，要谨慎对待。

第二种方法，讨论主导型方法。除了实验，我们也可以"纸上谈兵"。但这个讨论可不是一般的讨论，几个没有任何相关经验的人一起讨论是没有意义的，讨论时必须有专家。这个"专家"的头衔并非因为他学历高，或者有多少荣誉而授予他，而是他的确熟悉这个假设的验证，有经验，有话语权。

第三种方法，分析主导型方法。这次还是"纸上谈兵"，但要收集信息，进行归纳分析和推理证明，类似一般推论，但别忘了这么做的目的是验证假设。

无论使用上面说的哪种方法，不变的一点是，我们要以事实为依据。

除了粗略验证和全面验证，你可能想到统计学里的假设检验，什么是假设检验呢？下面看一个案例。

▶ 案例2——神投手

你在篮球场遇到了一个男生，他说自己很厉害，是"三分神投手"，你可能将信将疑，那怎么办呢？你可以直接用实验验证——让他投篮。结果他投篮的成绩是三分球20投2中，这时候你肯定会鄙夷地看着他，还神投手呢，吹牛的吧。

这就是假设检验的过程。

假设检验有两个很重要的逻辑：一是证明一件事情为"真"很难，但证明一件事情为"假"比较容易；二是小概率事件一般不会发生。对于这个"神投手"的例子，一开始你就会有一个原假设——这个男生是神投手。结果他20投2中，10%的命中率。也许他说自己运气不好，但基于"小概率事件一般不会发生"，你可以否定原假设，也就是说这个男生不是神投手。你也许会问，如果他20投19中呢，那他是不是就是神投手？在假设检验里也只能说"我们无法否定他是神投手"，注意了是"无法否定"，并不是承认他是神投手。因为证明一件事情为"真"很难，我们只证伪。

◀◀ 步骤五：快速调整

验证了假设，有了事实的反馈，我们就要调整之前的假设。切记假设可以被推翻!无论你界定问题、建立假设、明晰关键这些步骤做得有多好,但假设终究是假设,如果经不住事实的考验,你就要快速调整。不"摸着石头过河"的"顶层设计"会导致主观臆想的"乌托邦"。

你可能会说:"如果假设不能通过验证,自己肯定会调整。"这可不一定。心理学中有一个著名的实验,叫"看不见的大猩猩"。

▶ 典型实验——看不见的大猩猩

在实验中,研究人员会放一段视频,里面有穿白色衣服和黑色衣服的球员。被试者要数穿白色衣服的球员一共传了多少次球,正确答案是16次。被试者一般都可以正确数出传球的次数。但对于视频中出现的大猩猩,如果之前没有听说过这个实验,大约一半的被试者都会说"没看到"。有的人可能听说过这个实验,会去注意大猩猩,但不会注意背景的幕布换了颜色、有一位穿黑色衣服的球员离开了舞台。研究人员发现,那些声称"没看到"大猩猩的人,其实"看到了"大猩猩,他们的眼动轨迹有足够长的时间是落在大猩猩身上的。为什么他们还是声称没有看到呢?因为人的注意具有选择性。

人只会看到自己想看到的东西,只相信自己希望相信的东西。所以,当假设没有通过验证时,我们要基于新的事实快速调整假设,不能因为假设是自己提出的,不愿意否定自己而耽误了问题的解决。

第四节 如何练习假设思考

你在工作中也许有过这样的经历:和某个专家讨论某个问题,当你还在冥思苦想时,他已经一针见血地指出了问题的症结,大家去一一验证,果然八九不离十。实际上他用的也是假设思考。

你可能会说:"我们之前说了假设思考有很多步骤,在验证假设之前有三步，即界定问题、建立假设、明晰关键。他得出假设结论的时间如此短，那他真的经历了这些步骤吗？"实际上他经历了，只是速度实在太快，以至于你没有察觉。我们平时把专家的这一行为称为"直觉"。

直觉又是从哪里来的？直觉可不是靠运气，而是来自日积月累的经验。经验越丰富，经历的场景越多，建立的假设也会更全面。这些假设在你之前的经历中得到过验证，相当于进行过预演，当你再次遇到类似的问题时，自然轻车熟路。

你可能会说，自己的工作年限很短，或者还是在校的学生，哪里会有那么多经验？能在实际的工作中练习假设思考，自然最好，但即使没有这样的条件，我们也可以不断地模拟练习。如何练习呢？可以从深度和广度两个维度进行。

首先是深度。当你在平时的工作、生活和学习中遇到了一个现象或问题时，你是怎么去面对的？是人云亦云，还是略加思考？要提升自己假设思考的能力，就可以从这里入手。简单说就是多问前因后果。"前因"就是遇到一个现象或问题，多问"Why"（为什么），之前我们做过 5Why 的练习，不断地问"为什么"，不断地探究事物的本质；"后果"是多问"So What"（之后会如何），也可以问 5 个"So What"，这样事情的发展和影响也就清晰明了了。为什么不问别的问题，而要问"前因后果"呢？因为假设思考是从结论到问题，从结论出发，验证假设，逐步到位，所以假设思考做得好，就能快速地在问题与结论间穿梭，而"前因后果"的练习正好能提高这种能力。你可能又会说："我了解这种练习方法了，但怎么才能知道自己的'前因后果'的练习有进展了呢？"诀窍就是不要找你已经知道前因后果的现象或问题练习，可以找目前不知道前因后果的现象或问题练习。分析出了现象或问题的前因后果后，对于"因"，可以找别人的分析匹配，如报刊、新闻报道，对于"果"，可以与同样渠道的结果匹配，只不过可能需要一些时间，因为"果"还没有显现出来。

然后是广度。遇到一个现象或问题，多问"Why"，多问"So What"，加快自己在问题与结论间的穿梭速度。但是只从自己的角度思考这些前因后果可以吗？换位思考会怎么样？你的身份是有限的，但你可以跳出思维的框架，活出不一样的人生。例如，遇到一个问题，你可以想一想，如果你是普通工人，你会怎么想？如果你是中层管理者，你会怎么想？如果你是总经理，你会怎么想？如果你是总裁，你会怎么想？经过这样一番换位思考，你思维的世界会更加开阔。

有了深度与广度的模拟练习，你进行假设思考的速度一定会越来越快，你做的假设一定会越来越接近最终的结论。模拟练习还有一个好处：即使自己做的假设有问题，被证明是错误的，其后果也在你的承受范围之内，不会对别人造成伤害。

刚刚说的是都是假设思考的模拟练习，但你不可能永远都只做模拟练习，总会实战的机会。如果机会来了，就要"大胆假设，小心求证"，不怕犯错，敢于突破。要知道，每次实战都是不可或缺的提升机会。

本章总结

本章介绍了假设思考的优势及方法。克劳塞维茨的《战争论》中有一句著名的话："要在茫茫的黑暗中，发出生命的微光，带领着队伍走向胜利。"假设思考就是那点微光，在你无助和迷茫时为你指明前行的方向。

书外求助

读书时遇到了不解之处，或者碰到了想找人交流的问题怎么办？

例如，假设思考在哪些场合会更有用呢？除了假设思考，还有哪些提高思考效率的方法呢？

为了帮你解答这些读书时可能存在的疑问，以及能与其他读者交流，我们建立了一个读者群。

关注微信公众号 YouCore，发送"思维力"即可入群。

第三部分

自上而下地表达

在第二部分，我们学习了框架在分析和解决问题上的应用。第二部分主要介绍了以下两项内容。

- 用框架解决问题的五个步骤：界定问题、构建框架、明晰关键、高效执行和检查调整。
- 咨询顾问和中高层管理者常用的"假设思考"的五个步骤：界定问题、建立假设、明晰关键、验证假设、快速调整。

在第三部分，我们将学习框架在表达上的应用，其应用的核心就是将框架传递给受众，换句话说，就是自上而下地表达。为何在表达时（无论是口头表达还是书面表达）需要"自上而下"地传递框架给受众呢？

我们可以通过两个案例比较一下。

↘ 案例1——不使用框架进行表达

项目助理小雪离职后，项目经理的工作就比较饱和了，只有老曹有助理。

目前，负责技术支持的助理小张开始尝试做项目了，但这样她自己的技术支持工作又有点滞后；另一个助理小孙做事比较跳跃，除了我，他对其他人都不听不服，让他跟另一个项目经理老任做配合也不太好。

我也可以问问小郑想不想跟这两个项目，但我估计希望不大。

看完以上表述后，你明白说话的人想表达的意思吗？是不是一头雾水？

我们再来看下如果采用框架自上而下地表达，是不是一下子就明白他想说什么了。

↘ 案例2——自上而下使用框架进行表达

项目助理小雪离职后要不要招一个新人来代替她呢？不招人的话有两个问题暂时无法解决：项目经理工作饱和、现有助理无法顶替。

第一，小雪离职后，项目经理的工作就比较饱和了，只有老曹有助理。

第二，没人能顶替小雪的工作。负责技术支持的助理小张开始尝试做项目了，但这样她自己的技术支持工作又有点滞后；另一个助理小孙做事比较跳跃，除了我，他对其他人都不听不服，让他跟另一个项目经理老任做配合也不太好；唯一有可能顶替小雪的是小郑，我也可以问问她想不想跟这两个项目，但我估计希望不大。

因此，我建议还是招一个新的项目助理。

改成上面这样自上而下使用框架表达的一段话，你是不是一下子就听懂了说话的人想表达的意思，而且也搞清楚他的理由了？

在表达时，如果你能用一个框架将零散的信息组织起来，并第一时间将你的框架传递给受众，这样就能大大减轻受众的负担，并使受众轻松地理解你想表达的意思。这就是自上而下地表达。

第七章

"讲三点"快速拉升水平

在自上而下地表达中,我们经常听到"下面我简单讲三点",或者经常看到"主要原因有三点"这样的话。

很多管理者也都很喜欢并擅长运用"讲三点"。例如,任正非在华为季度区域总裁会议上发表的讲话就运用了"讲三点"。

> 华为公司未来的胜利保障,主要是三点要素。第一,要形成一个坚强、有力的领导集团,但这个核心集团要听得进批评。第二,要有严格、有序的制度和规则,这个制度与规则是进取的。什么叫规则?就是确定性,以确定性应对不确定性,用规则约束发展的边界。第三,要拥有一个庞大的、勤劳勇敢的奋斗群体,这个群体的特征是善于学习。

还有郁亮在万科担任总裁期间在参加成都区域媒体答谢会时的祝酒词片段也运用了"讲三点"。

> 昨天王石主席的讲话,也代表了包括我在内的所有管理者的想法。其实在昨天的发言中,王石主席也提醒大家注意这个问题。
> 为什么我们不欢迎对方?

第一点，我们作为管理者，有责任向利益各方提示相关的风险，什么风险呢？我们可以看到20世纪80年代在美国有一轮敌意并购潮，敌意并购通常有两个主要特征：第一个是事先不跟公司董事会和管理者进行良好的沟通；第二个是利用一些杠杆来做收购，获取利益。今天我们遇到的情况和敌意并购的表现是一样的。以史为鉴，看美国20世纪80年代那一轮的敌意并购潮的结果如何？大多数都未成功，无论是收购方还是被收购方都没有成功。但更多的是投资者，以及相关的金融机构受到了损害。我们今天同样需要向相关各方提示风险，需要向投保万能险的人提示风险，需要向金融机构提示风险，需要向证券市场的投资者提示风险。如果管理团队跟股东之间有重大分歧，会影响公司团队的稳定，影响公司业绩的表现，进而影响股价。所以，我们作为管理者，有责任把这样的风险告诉大家。

第二点，我们作为职业经理人，要尽到对全体股东，尤其是中小股东的受托责任。举例而言，万科作为房地产开发公司，物业服务就是受业主委托管理物业的。有人说："房子是我的，家里怎么改是我的事，你凭什么管呢？"确实家里怎么改可以自己去做，但是社区有些事情是不允许做的。比如说，你不能随便改供气管道，这可能存在安全隐患；不能随便拆承重墙，这样会影响结构安全；不能随便搭建，这样会影响小区品质和其他业主的利益，这是我们作为物业受托管理人应尽的责任。我们的责任是守护全体股东的利益，尤其需要尽到对中小股东的保护作用。

第三点，我们不仅是职业经理人，还是事业合伙人，事业合伙人比职业经理人多了"共担"两个字。万科的事业合伙人在过去一年半的时间里拥有了万科超过4%的股票，尽管不太多，但是不要忘了，这是我们多年创造出来的成果，对我们而言是相当大的一笔投入，尽管钱没有大股东多，但是对我们而言非常珍贵。我们愿意为公司尽到守护的责任，因为我们不仅是职业经理人，还是事业合伙人,更是股东。对公司未来长远的发展,尤其是健康稳定的发展,我们有义务尽到守护责任。

总结一下刚才说的这三点:作为管理者,我们有必要向利益各方提示相关的风险;作为职业经理人,我们应该尽到对全体股东,尤其是中小股东的受托责任;作为事业合伙人,我们应该对公司长远健康的发展尽到守护责任。这是王石主席昨天讲话背后的原因,也代表我们全体万科人的态度。

如果多加留意,你就会发现除了管理者,各界人士广泛将"讲三点"应用在各种讲话和书面表达的场合。为何大家都这么钟爱"讲三点"?接下来,我们了解一下人类大脑的记忆机制。

第一节 神奇的 7±2 效应

1871年,英国经济学家和逻辑学家威廉姆·斯坦利·杰文斯说:在往盆子里掷豆子时,如果掷3个或4个,他从来没有数错过;如果掷5个,就可能出错;如果掷10个,判断的准确率为50%;如果豆子数达到15个,他几乎每次都数错。

如果有兴趣,你可以找人做一个简单实验:一个人读数字,从3个到4个……一直增加到15个;另一个人努力记住听到的数字,听完后按听到的顺序将数字写出来,看看最多能记住几个数字(注意:读音不要变调,前后一致,两个数字的时间间隔不要超过1秒)。假如你的记忆力属于常人水平,你可能回忆出7个数字,最少回忆5个,最多回忆9个,即7±2个。

这个有趣的现象就是神奇的 7±2 效应。这个规律已经被大量的实验证实了。

- 最早是在19世纪中叶,爱尔兰哲学家汉密尔顿观察到:将一把弹珠撒在地板上,人们很难一下子看到7个弹珠。
- 发现遗忘曲线的德国心理学家艾宾浩斯说:人在阅读一次后,可记住约 7 个字母、音节或字词。
- 20 世纪 50 年代开始，心理学家进行了大量相关实验，所得结果都是 7。1956 年，美国心理学家米勒教授在其论文中阐述了这一理论现象：短时记忆的容量为 7±2，即一般为 7，并在 5~9 波动。

根据 7±2 效应，既然人类大脑在努力记忆的情况下，准确的短时记忆数量也只是在 5~9 波动，那么为了让别人在一般状态下准确接收你传递的信息，一次性传递的要点最好保持在 3 个左右（2~5 个）。这就是由 7±2 效应引申出的"讲三点"理论。

第二节　表达时"讲三点"的好处

通过对大脑记忆机制的了解，相信你已经理解了为什么"讲三点"有助于受众准确接收你传递的信息。那么，"讲三点"还有其他好处吗？至少还有两个好处。

（1）可以快速在他人心中营造逻辑性强的"伪印象"。

逻辑能力的提升一般难以一蹴而就，需要经过大量、持续的练习。但是在逻辑能力提升初期，逻辑性还不够强、语言表达还不够有条理的时候，"讲三点"的表达形式会更容易让你在他人心中营造逻辑性强的"伪印象"。

↳ 案例——节目面试

我曾经看过天津卫视的一档现场面试节目《非你莫属》，印象比较深刻的有两位小伙子：一位叫陈运腾，他当时是北京工业大学管理科学与工程专业的研三学生，本科毕业于哈尔滨工业大学数学与应用数学专业；另一位叫邵丹，他毕业于俄罗斯莫斯科国立大学应用数学专业，当时毕业 6 年。

根据节目中的个人背景介绍，陈运腾的数学能力很强，高中时数学基本是满分，高考时考了 143 分（满分 150 分），大学在哈尔滨工业大学读数学与应用数学专业时，年年获得奖学金、优秀团干部，毕业时又是省优秀毕业生。从他的背景来看，他的基础逻辑能力相当不错。他还擅长写诗，可以说是一位"文武全才"。但就是这么一位面试者，在做完第一轮自我介绍后，现场12位面试官一致反映他的讲话没逻辑。

为何会产生如此大的落差？我摘录了他当时自我介绍的内容供参考。

各位老板，邵刚老师好！

今天我作为我们北京工业大学的一个研三的学生，我读的是经管学院的管理科学与工程专业。我本科毕业于哈尔滨工业大学数学与应用数学专业。我其实个人比较喜欢的是阅读各种方面的书籍。然后我最擅长的是历史方面的，还有天文方面的，包括宇宙大爆炸等。当然，我也比较喜欢写诗，各方面都涉猎一些吧。然后应聘的岗位是咨询类、管理类和市场类，因为在这几个方面我觉得都还算比较擅长。我喜欢给别人提一些建议，就是说当有些人遇到一些事情的时候，比如说很困难的事情，因为我的思维是比较创新一些的，我会采用一些逆向思维的方式。

所以说，希望大家能给我一个机会吧。

以上就是令现场12位面试官觉得语言表达逻辑不清、内容很散的自我介绍。在现场听这么一大段话，比通过文字阅读，理解和记忆的难度自然又高了不少。那么，问题到底出在哪儿？我们以另一位面试者邵丹的表达形式做个比较。

邵丹："大家好，我叫邵丹，来自美丽的天津滨海新区。我毕业于俄罗斯莫斯科国立大学应用数学专业。我有6年的工作经验，前3年供职于俄语外贸出口企业，后3年自己创业，做了一家淘宝化妆品店。今天非常荣幸来到《非你莫属》，我想寻求一份有关电子商务或者俄语方面的工作。"

主持人："你的工作经历是两大段，求学经历就是在莫斯科的这段求学经历，怎么想起来去莫斯科留学？"

邵丹："是这样的。第一，我从小非常喜欢研究其文化和历史；第二，我非常向往这个国家；第三，我想选一个我自己喜欢的专业。"

这两段自我介绍最大的不同是什么？其实就是邵丹的自我介绍用了"讲三点"的方法，而陈运腾则没有。例如，邵丹清晰地分了求学、工作和求职意向三段简要介绍了自己，用三点说明了自己去莫斯科留学的理由。

在节目中，邵丹对"讲三点"的运用非常娴熟，后来连主持人都调侃他："来，用'一、二、三'阐述下。"通过"讲三点"的表达形式，邵丹成功地给主持人、12位面试官和现场观众都留下了逻辑性强、表达有条理的深刻印象。

反观陈运腾，他的自我介绍的逻辑思路其实很清晰，却因为表达形式的不足，给受众留下了逻辑混乱的印象。如果用"讲三点"的表达形式重新改写，他的自我介绍就有条理多了。

今天我作为北京工业大学一名研三的学生，我读的是经管学院的管理科学与工程专业。我本科毕业于哈尔滨工业大学数学与应用数学专业。

以上为三段式的第一段，介绍自己的学习背景。

我个人喜欢阅读各方面的书籍，其中在三个方面尤为擅长：第一是历史方面；第二是天文方面，包括宇宙大爆炸等；第三是写诗。

以上为三段式的第二段，通过爱好阅读这个特点介绍自己知识的全面性。在段内又运用了局部的"讲三点"说明了更具体的喜欢内容。

我今天应聘的是咨询类、管理类和市场类的岗位。选择这三个岗位的主要原因有三点：第一，这三个岗位我觉得都比较擅长；第二，我喜欢给别人提一些建议；第三，我的思维比较创新，能够采用逆向思维的方式解决别人眼中的问题。

以上为三段式的第三段，提出自己的求职意向。在段内又运用了局部的"讲三点"说明了原因。

改写之后的自我介绍虽然在表达细节上还有些累赘，但整体上是不是比原先有条理多了？

（2）真正提升表达的逻辑性、条理性。

当然，"讲三点"的表达形式不仅能营造你逻辑性强的"伪印象"，更能真正提升你表达的逻辑性和条理性。

通过有目的地"讲三点"，可以快速地组织你的文字和语言。因此，"讲三点"在写演讲词（尤其是极短时间内的发言）、发表意见、写文章等方面都很有效，而且非常容易掌握。

因为要"讲三点"，这就促使你在发言或表达前将脑海中零乱的思绪重新进行整理、归纳、分组，提炼为三点，从而有效帮助你厘清思路、组织语言，让受众更容易接收你传递的信息。

如果你能在日常的工作、生活和学习中坚持"讲三点"，就会给自己带来大量的练习机会，长此以往，你的逻辑能力会不自觉地得到很大的提升，你也会从逻辑性强的"伪印象"转变为逻辑性强的"真内在"！

第三节　如何养成"讲三点"的习惯

"讲三点"是一种简单易学、见效快的表达技巧，但是如果你仅停留在"知道"阶段而不能不假思索地加以应用，那么其实这和不知道"讲三点"并没有什么区别。那么，如何才能养成"讲三点"的习惯？有以下两种方法。

（1）练习前期在一切可能的场合多采用"讲三点"的表达形式。

"讲三点"的原理很简单，应用起来也很容易，掌握它的核心就是使之成为习惯。习惯的养成需要大量、持续、重复的锻炼，因此在练习前期要尽可能地在一切可能的场合多采用"讲三点"的表达形式，养成习惯后再根据场合需要选择是否"讲三点"（"讲三点"并不是所有场合的最佳选择，如在谈情说爱时"讲三点"就有点煞风景了。但前期还是可以先不分场合多多练习)。

在练习的早期，如果有条件，你可以找一个"陪练"，"陪练"的主要职责就是提醒你别忘了"讲三点"。"陪练"可以是你的朋友、同事或另一半（在找另一半担任"陪练"时，请务必提前说清楚练习的目的——尤其是恋爱关系尚未完全稳定的情侣——否则影响了你们的爱情我可就担待不起了)。

我创办的公司 YouCore 在培养学员"讲三点"的习惯时，就由讲师兼任"陪练"的角色。无论是在课上回答问题，还是在课后一对一交流，只要学员忘了"讲三点"，讲师就会及时打断学员的发言，请学员用"讲三点"的形式重新表述。这样三周下来，基本上所有的学员都能养成"讲三点"的表达习惯。

（2）有目的地积累"讲三点"的框架并刻意练习。

在进入"讲三点"的殿堂后，你只要稍加留意就会发现同样是"讲三点"，有些人的"讲三点"让你觉得逻辑严谨，有些人的"讲三点"却有生搬硬套的感觉。这又是什么原因造成的呢？其核心就在于是否有一个逻辑严谨的框架。

如何才能做到在"讲三点"时有一个逻辑严谨的框架？特别是极短时间内的发言，如何才能做到逻辑严谨？这就需要你在平时有目的地积累一些常用的"讲三点"的框架，并刻意练习以记住它们。

表 3.7.1 所示为"讲三点"的框架，你可以参考一下，以便进行举一反三。期望你能多积累一些你自己常用的"讲三点"的框架。

表 3.7.1　"讲三点"的框架

序　号	"讲三点"的框架
1	Why-What-How（为什么、是什么/做什么、怎么做）
2	过去、现在、未来
3	少年、中青年、老年
4	大、中、小
5	个人、家庭、社会
6	乐观、客观、悲观
7	3C 战略三角模型［公司自身（Corporation）、公司顾客（Customer）、竞争对手（Competitor）］

本章总结

好了,到目前为止我们已经一起了解了"讲三点"的价值和背后的原理,并学习了如何做到"讲三点"。"讲三点"是一个速成大法,能够快速提升你的表达水平。但若要真正讲好三点,要掌握的远不止本节介绍的这些内容。下面我们将逐步深入,共同学习如何做到表达时目标明确、逻辑清晰、展示有力!

书外求助

读书时遇到了不解之处,或者碰到了想找人交流的问题怎么办?

例如,"讲三点"和"讲两点"或"讲四点"的区别是什么?在什么情况下适合"讲三点"?在什么情况下又不太适合呢?

为了帮你解答这些读书时可能存在的疑问,以及能与其他读者交流,我们建立了一个读者群。

关注微信公众号 YouCore,发送"思维力"即可入群。

第八章

"从结论说起"明确目标

在第七章，我们共同学习了"讲三点"的表达技巧，主要强调表达时要尽量以"一、二、三"的形式进行陈述。"讲三点"是做到自上而下地表达的速成方法。在日常的交流中，做到这个程度应该已经能满足大部分场合的表达要求，但是仅仅做到"讲三点"与真正的自上而下地表达还有较大的距离，特别是在要求更高的场合。

在要求更高的场合，你需要在"一、二、三"陈述之前先用一句话表达你的中心思想，即"从结论说起"，让受众在第一时间就知道你表达的目标。为什么在要求更高的场合表达时要"从结论说起"？因为人在接收信息时，会不断地猜测后面的内容，一旦别人在猜测时产生误解，你表达出来的意思就会被完全曲解。

下面以一个向老板汇报的场景为例来体会下。

▶ 场景案例——向老板汇报

假设你是一家公司的老板，你让你的秘书给你订一家酒店。你的秘书这样回答你：

"老板，您让我订的酒店在网上显示满房了，我就专门给他们的预订部打了一个电话……"

听到这儿，你想到了什么？是订了，还是没订呢？别急，继续听下去。

"结果还是不行。后来我就查了一下周边 1 千米以内的酒店，找到了 2 家……"

听到这儿，你又想到了什么？是订了，还是没订呢？再听听。

"不巧的是，这 2 家也不行。于是……"

请问，你还想再听下去吗？

其实秘书想告诉你的是：她想给你订一家距离原酒店 2 千米的酒店，因为原酒店及原酒店周边 1 千米以内的所有酒店都订不到。

这样一听，你是否在第一时间就明白了她的意思呢？

但如果她采用之前的表达方法，你是会感谢她之前订酒店所做的种种额外努力，还是会暴躁、觉得她无能呢？

因此，在一些场合，如向老板汇报这样的场合，一定要结论先行。

通过上面的案例，相信你已经知道在部分场合"从结论说起"的必要性了。接下来，我们一起学习"从结论说起"的表达结构、"从结论说起"的适用场合，以及如何做到"从结论说起"。

第一节 "从结论说起"的表达结构

下面还是从一个熟悉的例子来理解"从结论说起"的表达结构。以下是我为《非你莫属》节目中的面试者陈运腾改写的自我介绍。

大家好，我叫陈运腾。我是一个知识面广、思维活跃的人。

我的学习经历分为两段。我目前是北京工业大学一名研三的学生，读的是经管学院的管理科学与工程专业。我本科毕业于哈尔滨工业大学数学与应用数学专业。

我个人喜欢阅读各方面的书籍，其中在三个方面尤为擅长：第一是历史方面；第二是天文方面，包括宇宙大爆炸等；第三是写诗。

我今天应聘的是咨询类、管理类和市场类的岗位。选择这三个岗位的主要原因有三点：第一，这三个岗位我觉得都比较擅长；第二，我喜欢给别人提一些建议；第三，我的思维比较创新，能够采用逆向思维的方式解决别人眼中的问题。

以上的自我介绍呈现出一个清晰的金字塔结构，如图3.8.1所示。

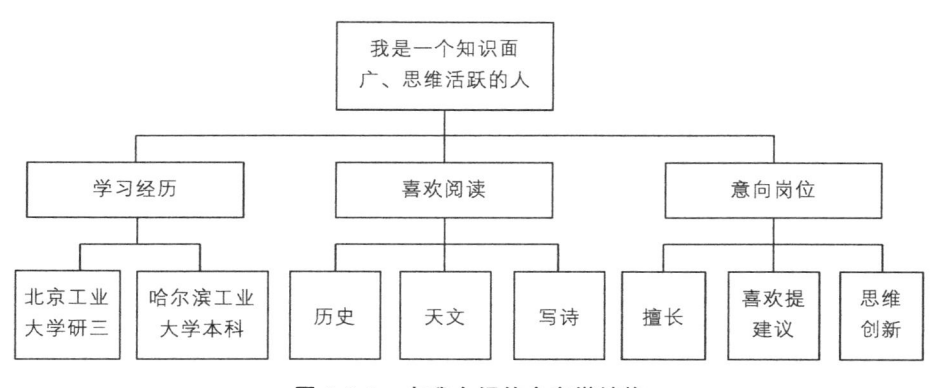

图 3.8.1　自我介绍的金字塔结构

在表达的时候，金字塔塔尖的中心思想先行，即"我是一个知识面广、思维活跃的人"，给受众一个统领性的自我评价。

接下来的表达按照从左往右、自上而下的顺序对"我是一个知识面广、思维活跃的人"从三个方面——学习经历、喜欢阅读、意向岗位——进行说明。

首先从第一层左边的学习经历说起，给出明确的要点"我的学习经历分为两段"。再按照自上而下的顺序，介绍自己两段学习经历的院校和专业。通过介绍研究生的管理科学与工程专业和本科的数学与应用数学专业，给受众留下多专业交叉背景的印象，从而解释"知识面广、思维活跃"的中心思想。

然后介绍第一层中间的个人爱好部分，以"个人喜欢阅读各方面的书籍"为明确要点，进一步支撑"知识面广、思维活跃"的中心思想。之后进一步向金字塔下一层展开，介绍了自己在历史、天文和写诗三个方面尤为擅长，强化了知识面广、文理结合、均衡发展的个人特点。

最后介绍第一层右边的求职意向部分，依然明确地抛出"我今天应聘的是咨询类、管理类和市场类的岗位"的要点，同时按照自上而下的顺序展开金字塔的第二层，说明选择这几个岗位的三个主要原因：一是个人觉得擅长；二是喜欢给别人提建议；三是思维创新能解决难题。

看，结合了"从结论说起"的"讲三点"，是不是要点更明确、表达更清晰了？

第二节 "从结论说起"的适用场合

如上所述，"从结论说起"会让你的表达（无论是口头表达还是书面表达）更为明确，从而更有利于受众接收你传递的信息。但"从结论说起"是否适用于所有的场合呢？答案自然是否定的。

适合"从结论说起"的场合

"从结论说起"开门见山，能够让受众第一时间接收到你传递的信息。这种表达形式特别适用于以下两种情况。

- 以突出成果为主要目的的场合，包括公文、商业报告和研究报告的写作，解决方案的演示，研究成果的汇报和月度/年度工作汇报等。
- 需要在短时间内说清楚一个要点、事情。

以突出成果为主要目的的场合一般都是为了向受众传递一个明确的要点，并说明是如何推出这个要点的。"从结论说起"的表达形式符合受众接收信息的习惯，非常有助于提升你的要点被理解和接受的程度。

或者因为时间限制（你没有足够的时间或受众没有足够的时间），这种情况下"从结论说起"也是非常有效的一种形式，有助于你在极短的时间内传递你的要点，从而实现表达的目标。

慎用"从结论说起"的场合

"从结论说起"的威力很大,但这并不意味着它适用于所有场合。在某些不应该或不能够"中心思想先行"的情况下,采用"从结论说起"的表达形式甚至会适得其反。

下面两个场合就不太适合"从结论说起"。

案例1——投诉邻居小孩

你邻居的小孩二蛋和你的小孩是小学同学,你很清楚二蛋简直"无恶不作",如逃课、骂人、欺负小朋友等。出于对二蛋未来成长的担忧,你很想向二蛋妈妈反映二蛋的真实情况,请她多加管教以免二蛋将来走弯路。你会怎么说呢?

假如你采用"从结论说起"的表达形式,效果可能是这样的。

你直接对你的邻居说:"二蛋他妈,你们家二蛋现在坏透了,再不多加管教的话,未来他会走弯路的。"然后看看二蛋妈妈的反应,再进一步提供证据。

我相信如果你这么说,中心思想确实很明确,二蛋妈妈也绝对能理解你的意思,但是结果呢?结果我只能祈祷二蛋妈妈在下手时能避开你的脸!

如果二蛋妈妈的素养比较高,那估计她会脸色发青、忍着怒气回你一句:"我知道了,谢谢你的提醒!"然后在心里默默地将你拉入"黑名单"。如果二蛋妈妈的素养稍微低一些,那估计你将承受一通劈头盖脸的痛骂,然后你们就形同路人了。无论哪种情况,你都没有机会列举二蛋的"光荣事迹"来证明你的中心思想。

这种情况下,如果你借鉴我们老祖宗的智慧,采用"话留三分,拐弯抹角"的表达形式,效果可能截然相反。

你可以这么跟你的邻居讲："二蛋这个孩子挺讨喜的，脑子灵活，动手能力强！"讲完后停一会儿，留点时间让二蛋妈妈组织谦虚的话。

"哪有哪有，这个孩子可调皮了！"二蛋妈妈最有可能这么回复你。

这时你就可以抓住机会列举二蛋的"光荣事迹"："男孩子调皮蛮正常的，不过二蛋确实比一般小孩调皮！我听说他在学校逃课、骂人、欺负小朋友。虽说都是淘气的小事，不过如果家长能提醒他改改，可能就更好了！"

相信到这里二蛋妈妈已经明白了你的意思。但是效果与你之前的"从结论说起"就完全不同，她不但会虚心接受你对二蛋的投诉，心里还会对你很感激。

再举一个与女朋友交往不宜多用"从结论说起"的例子，主要是为了提醒部分男生控制好"从结论说起"的威力，不然害我不小心犯下"棒打鸳鸯"的罪过就不好了（俗话说"宁拆十座庙，不毁一桩婚"）。

↘ 案例2——哄女朋友

假如你和女朋友手牵手在逛街，她突然停了下来，目不转睛地看着街边商店橱窗里一款漂亮的包，驻足良久后（这期间你赶紧瞥了一眼价格标牌，4 800元！"乖乖！"你不由在心里倒抽了一口凉气），她转过头温柔地对你说："亲爱的，我们进去看看这款包好不好？"

这时你会怎么回答？如果"从结论说起"蹦了出来，你的回答估计会是下面的形式。

还是别看了吧，从3个方面来说，你都没必要买这个包。
第一，你已经有4个包了，足够你换着用。
第二，这个包的性价比太低了，1个包的价格都赶上你现在的

4 个包了。

第三，如果买了这个包，这个月的生活费就有点紧张了。

虽然你说的都是大实话，而且"从结论说起"和"讲三点"都运用得很娴熟，但我想你们的恋爱关系可能要经历波折了，轻则赔礼道歉（包肯定要买来体现道歉的诚意），重则一拍两散。

那么，这种时候应该怎么回答才可以既让女朋友开心，又省了买包的钱呢？你可以尝试这么回答。

"好啊！"你说。（这两个字必须以一种轻快的、斩钉截铁的语调说出。）

"不过亲爱的，这个包虽然看起来挺漂亮，但你准备怎么跟你现在的4个包换着用呢？"你问道。（以商量的口吻提醒女朋友，她已经有4个包了！）

"哦，也是。"你的女朋友迟疑道。（果然引起女朋友的思考了。）

"要不今天我们就先看下，等你以后想好了再买，怎么样？"你建议说。（果断补上一句，大功告成！）

同理，除了投诉邻居小孩、哄女朋友，在解雇员工、传递坏消息、讲故事等需要从缓到急或制造悬念的场合都要慎用"从结论说起"的表达形式。

中国传统文化博大精深，我们在学习"硬的表达逻辑"时，也千万别丢了老祖宗留下的"软的表达智慧"。

第三节 如何做到"从结论说起"

前面我们已经了解了"从结论说起"的表达结构和"从结论说起"的适用场合。不可否认的是，"从结论说起"在大部分场合下都是威力巨大的。那么，到底要怎么做才能运用好"从结论说起"呢？下面我们就从口头表达与书面表达两个方面分别学习如何用好"从结论说起"的表达形式。

⏮ 口头表达：开口前在脑中进行归纳

如前所述，"从结论说起"的表达呈现为金字塔结构，在表达时应"中心思想先行"，并按照从左往右、自上而下的顺序进行说明。

步骤一：中心思想先行

你在开口前需要将要讲的内容在脑中进行归纳，提炼出中心思想，把它作为金字塔塔尖，并用作表达时提纲挈领的一句话。

➥ 案例——参加婚礼

假如你参加一个朋友的婚礼，突然被人起哄要你讲几句。在开口前，你可以在脑中将你第一时间想到的内容进行归纳。可能当时你想到了如下内容。

"新郎小新今天很精神！"

"新娘小美今天打扮得很漂亮！"

"我和新郎自大学认识以来有10年了。"

"我想让新郎知道，作为他的朋友，今天他结婚，我真为他感到高兴。"

基于以上想到的内容，你可以将它们归纳成一句话然后表达出来。也许你可以这么开头："今天，是我认识小新10年来最妒忌他的一天！"

这句话既透露了你与新郎是认识很久的朋友，又表达了你对他的祝福，同时为接下来利用"解释为何妒忌"来赞美新郎、新娘开了个好头。

在口头表达（特别是即兴表达）时，因为思考时间有限，当你无法第一时间提炼出中心思想时，可以考虑讲一些过渡的话语，或者与听众互动来争取更多的思考时间。

步骤二：从左往右、自上而下，依序说明

提炼出中心思想后，如果你在脑中想清楚了第一层的要点，就可以直接按照从左往右的顺序表述。如果第一层的要点需要进一步论述，你可以分解到第二层，按照自上而下的顺序表述（在口头表达时，建议不超过两层，否则听众难以记住）。

下面继续以你在婚礼中的即兴发言为例。

"今天，是我认识小新 10 年来最妒忌他的一天"的中心思想摆出来后，接下来就要按照从左往右、自上而下的顺序说明。在本案例中，你已经想清楚了接下来要分别赞美新郎帅和新娘美，换句话说，即兴发言的金字塔结构已经在你的脑中构建好了（见图 3.8.2）。

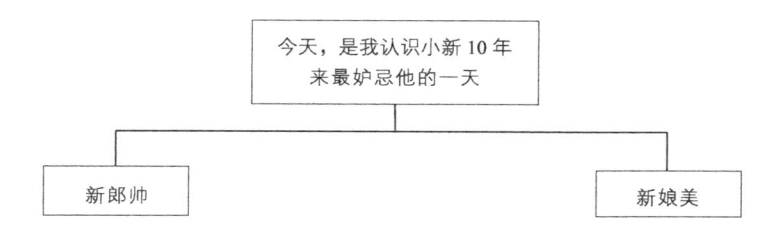

图 3.8.2　即兴发言的金字塔结构

因此，接下来你可以说：

为什么呢？有两个原因。

第一，小新今天帅得让我只能羡慕、嫉妒！将我甩得连追赶的心都没了……

以上是金字塔第一层左边部分的展开说明，下面将展开说明金字塔第一层右边部分。

第二，今天小新娶了世界上最漂亮的一位姑娘……

以上这个案例演示的是在具体表述时脑中已经有金字塔第一层要点的情况。那么，万一你当时没有想全金字塔第一层的要点，该怎么办呢？很简单，你可以先不用说到底几个原因，而是直接说"第一"，然后边讲边组织语言，讲完"第一"后也就想到了"第二"。

⏮ 书面表达：锻炼提炼中心思想的能力

在口头表达时，做到"从结论说起"的难点在于在短时间内将自己的思绪归纳为一句话作为表达的要点和起点。因此，即时反应能力是关键。

在书面表达时，一般情况下你都有足够的思考时间来组织、归纳和提炼自己的思绪，难点不再是即时反应能力，而中心思想提炼的鲜明性成为新的难点。因为书面表达相较口头表达更为正式、时效性更久，读者相较听众会有更多的时间和精力对你表达的思想反复进行理解和验证。

你也许会质疑我上面的这段话："我们念了这么多年书，学了这么多年语文，提炼一个中心思想还不是手到擒来的事！"

我当然希望提炼中心思想对你而言是一件轻而易举的事，不过可惜的是，大部分人终其一生都未能做到轻松地提炼中心思想。

到底如何才能有效地提炼中心思想呢？本书不再重复初、高中语文的内容，如果你有兴趣，可以阅读一些有关"如何概括中心思想"的书籍或文章，相信会对你大有裨益！

本章总结

到目前为止，我们对"从结论说起"的表达结构、适用场合，以及做到的方式都进行了介绍。无论是口头表达还是书面表达，想真正做到"从结论说起"的诀窍只有一个，就是进行持续大量的练习。只有多练，你的归纳总结能力和即时反应能力才会越强，才能满足"从结论说起"的要求。

不过幸运的是，我们在平时的工作、生活和学习中有无数的表达机会，抓住每次机会进行有目的的练习，相信你很快就能做到"从结论说起"！

书外求助

读书时遇到了不解之处，或者碰到了想找人交流的问题怎么办？

例如，如何才能将观点提炼得更深刻呢？除了本章的举例，还有哪些不适合"从结论说起"的场合呢？

为了帮你解答这些读书时可能存在的疑问，以及能与其他读者交流，我们建立了一个读者群。

关注微信公众号 YouCore，发送"思维力"即可入群。

第九章

"金字塔结构"清晰逻辑

"从结论说起"是自上而下地表达的第一个难点，主要难在中心思想的提炼上。这个我们在第八章已经做过了解。

自上而下地表达还有第二个难点：如何以一个清晰的结构（框架的构成元素）和逻辑顺序（框架构成元素间的有机联系），有效地阐述或论证你提炼的中心思想。

一般情况下，为了阐述或论证金字塔塔尖的中心思想，你需要将其向下分解成多个要点（这里的"要点"又可以称为每一层的论点或论据），如果有必要对第一层的要点进行进一步解释，又需要继续向下分解……这种层层分解的结构呈现为金字塔状，所以称其为"金字塔结构"。

细心的你想必已经发现金字塔结构与逻辑树在本质上是一样的：金字塔是自上而下的层层分解结构，逻辑树是从左往右的层层分解结构。金字塔结构和逻辑树的比对如图 3.9.1 所示。

因此，逻辑树原则上完全包含金字塔结构，不过金字塔结构作为一个表达工具已经被很多人熟知。为了你将来与他人沟通和交流的方便，本书在表达部分会沿用"金字塔结构"的术语，但你在学习的时候要清楚地知道金字塔结构可以完全被逻辑树取代。

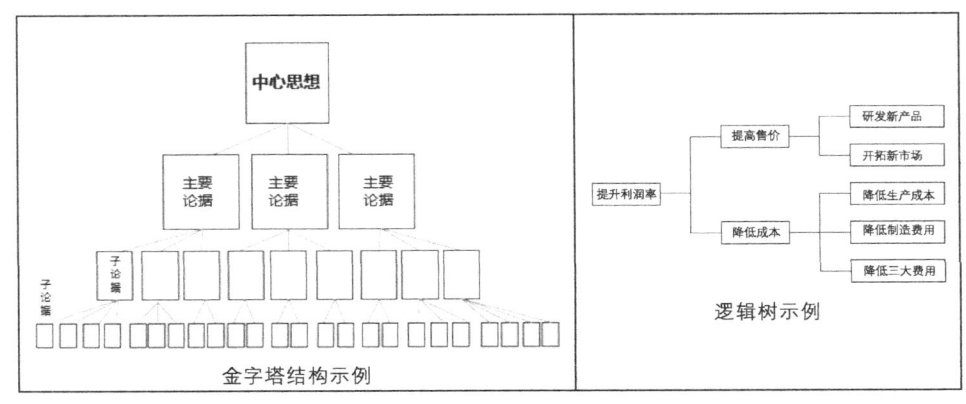

图 3.9.1　金字塔结构和逻辑树的比对

第一节　金字塔原理概述

金字塔原理的前世今生

说起金字塔结构就不得不提到芭芭拉·明托。金字塔结构是客观存在的框架，我国很早就开始使用它。而真正将金字塔结构提炼为一个表达工具的，却是一位美国女性——芭芭拉·明托。

芭芭拉·明托出生于美国俄亥俄州的克利夫兰市。她于 1961 年进入哈佛商学院，是哈佛商学院的第一批女学员。1963 年，麦肯锡顾问公司聘请芭芭拉·明托作为该公司有史以来的第一位女性顾问。因为写作方面的才干，她很快得到麦肯锡的赏识，并于 1966 年被派往伦敦，负责提高麦肯锡日益增多的欧洲员工的写作能力。

在指导麦肯锡欧洲员工写作的过程中，她发现文章写得不好的咨询顾问的主要问题不在于语言的使用，而在于思维不清晰。她敏锐地发现：文笔清晰的文章很容易看出来，因为这种文章都具有清晰的金字塔结构，而文笔不清晰的文章则不具备这一结构。从此发现出发，她基于金字塔结构提炼出了"金字塔原理"——一个用于指导公文、商业报告写作的原则和工具，并于 1973 年出版了第 1 版的《金字塔原理》。首版《金字塔原理》出版后，当即引起了轰动，并且持续畅销欧美市场多年，芭芭拉·明托也被到处邀请做培训和讲座。因此，1973 年，她成立了自己的公司 Minto International, Inc.，致力于推广金字塔原理。

芭芭拉·明托最初是为了指导咨询顾问写作商业报告，特别是管理咨询报告而提出金字塔原理的，这也是芭芭拉·明托在《金字塔原理》一书中大量列举咨询案例的原因（当然，大量选取咨询案例也直接造成了该书的晦涩，使得该书将一个浅显易懂的金字塔结构变得复杂无比，一般读者基本读不下去）。

因为金字塔原理在指导公文、商业报告写作上的巨大成功，芭芭拉·明托又将其推广至 PPT，进而延伸到一般性的思考领域，并于 1996 年出版了第 2 版的《金字塔原理》。第 2 版的《金字塔原理》与第 1 版相比，在金字塔表达逻辑上变化不大，但增加了思考逻辑、解决问题的逻辑和演示的逻辑。

平心而论，芭芭拉·明托将金字塔结构提炼为金字塔原理是一个很大的创新，金字塔原理历经逾 40 年的实践检验，已经被证明是一个非常好的商业报告写作、商业演示、口头表达的指导工具。而商业报告写作、商业演示、口头表达几乎是任何一位职场人士都必须具备的职业能力。因此，金字塔原理是值得每一位职场人士都掌握的基本技能。

但是，金字塔原理在一般性的思考领域中的表现只能说中规中矩。芭芭拉·明托因写作而被赏识的个人职业成长背景，以及金字塔原理"脱胎"于商业报告写作的起源，都导致了其在思考上的应用局限：更多聚焦于论点产生后如何将其组织为金字塔结构，但对如何有效思考以产生论点、如何直接思考得出金字塔结构，以及如何使用金字塔结构外的思考框架等都未能考虑。

因此，你在阅读《金字塔原理》时，需要清楚金字塔原理的来龙去脉，并明确其适用的场合和应用前提，这样自然就能更深入地理解和掌握金字塔原理了。

⏮ 金字塔原理的本质

金字塔原理本质上就是一种适用于商业报告写作和口头表达的特殊金

字塔结构。前面提过，一般的金字塔结构从塔尖的中心思想出发，向下分解成多个论据，每层的论据又可以作为论点继续向下分解成论据，如此层层延伸成金字塔状，所以称其为"金字塔结构"。芭芭拉·明托从商业报告写作和口头表达的需求出发，在一般金字塔结构要求的"上层论点必须是下层论点的总结"这个普遍性规则的基础上，又增加了三个关键限制。

（1）每个论点的论据最多不超过7个，最好在3个左右（框架的构成元素的要求）。

该限制的原理请参考第七章关于"讲三点"的原理。

（2）同一组论点必须具备相同特性（框架的构成元素的要求）。

例如，如果上层的论点是水果，那么只能将苹果、梨、菠萝放在同一组；如果将苹果、青菜、菠萝放在同一组，那么它们就不具备相同的水果特性；但是如果将上层的论点水果改为果蔬，那么苹果、青菜、菠萝又可以放在同一组，因为它们具备相同的果蔬特性。

（3）每组论点必须按照逻辑顺序组织（框架构成元素间的有机联系的要求）。

在分析和解决问题部分，在学习如何构建框架时我们已经介绍过逻辑顺序。本段我们继续以上段的水果为例进行复习。当将苹果、梨、菠萝放在同一组时，到底哪个放在第一个、哪个放在第二个、哪个放在第三个呢？假设你要补充维生素C，你可以按照维生素C含量的高低，将菠萝排在第一位、苹果排在第二位、梨排在第三位；你也可以按照汉语拼音首字母的顺序排列，将菠萝排在第一位、梨排在第二位、苹果排在第三位。

有了以上三个关键限制的金字塔结构就成了"金字塔原理"。其实可以根据其他场合的使用需要，在一般金字塔结构上加上限制，构建属于你自己的金字塔结构（如每层只有"是""否"两个论点的"选择金字塔"）。不过，"金字塔原理"这个术语你就不能用了，因为它已经被芭芭拉·明托独占了。

接下来我们一起做个小结吧！

通过以上对金字塔原理的解读，相信你已经对金字塔原理有了本质的认识：它是芭芭拉·明托提炼的一种特殊的金字塔结构，起源于商业报告写作，是一种非常高效的表达结构（思考上的应用较为局限）。

我们分析了金字塔原理在一般金字塔结构的基础上增加的三个关键限制。构建明托金字塔结构必须符合以下三个规则（也就是"金字塔原理的三大规则"），如图 3.9.2 所示。

- 规则 1：任一层的论点都必须是下层论点的总结（金字塔结构的通用要求）。
- 规则 2：同一层的论点必须具备相同特性（第二个限制）。
- 规则 3：同一层的论点必须按照一定的逻辑顺序排列（第三个限制）。

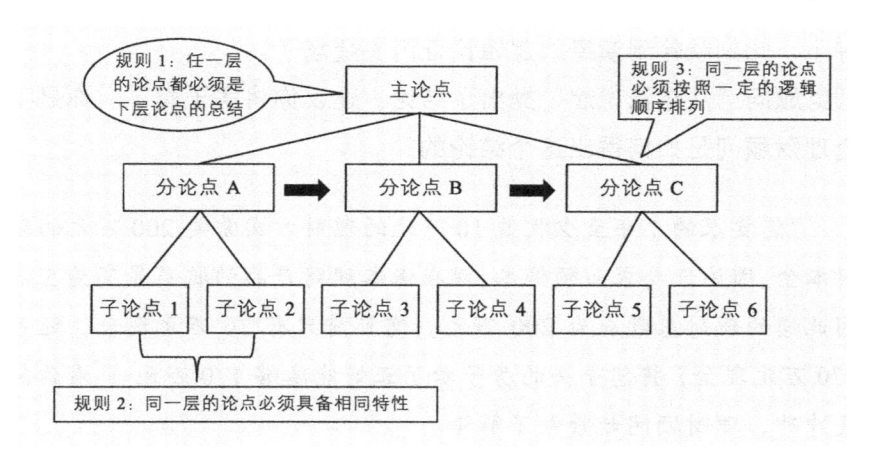

图 3.9.2　明托金字塔结构示意

第二节　演绎式逻辑论证

"从结论说起"要求中心思想先行，但是提炼出中心思想后，如何对中心思想继续往下阐述，并符合金字塔原理的三大规则呢？这时有且只有两种逻辑推理方式：一是演绎推理，即演绎式逻辑论证；二是归纳推理，即归纳式逻辑分组。本节我们先学习如何通过演绎推理对中心思想进行进一步的阐述。

▶ 案例 1 ——卖房理财

假设作为资深"月光族"的你最近赚了一笔 30 万元的小钱，因为一时无其他用途，你想到了理财。但你之前没有任何理财经验，于是你咨询了一位理财顾问。

经过长达 1 小时的全方位、立体式的访谈，终于熬到了出具理财建议的时刻，你打起精神、竖起耳朵准备好好听听这 30 万元的"婆家"时，理财顾问却淡淡地抛给你一个"深水炸弹"："我建议您将现在的房子卖了！"

"什么？！"想必你此刻一定夹杂着愤怒、困惑和好奇，"我向你咨询 30 万元的理财方案，你却建议我卖房！"

好了，此刻就轮到演绎式逻辑论证闪亮登场了。

理财顾问"从结论说起"抛出了结论：建议你将房子卖了。你是不是很想知道理财顾问是如何得出这个结论的？

"您要求的 1 年至少收益 10 万元的理财方案需要 200 万元的理财本金。因为您要求必须保本，现在保本理财产品的收益最高为 5%，因此您的理财基数应为 200 万元。您目前只有 30 万元现金，还差 170 万元现金，将您手头的房子卖了正好能凑够 170 万元。"看你怒气冲冲，理财顾问赶紧做了解释。

该理财顾问的解释就是一段演绎式逻辑论证，我们可以以金字塔结构（或逻辑树）的形式表示（见图 3.9.3）。

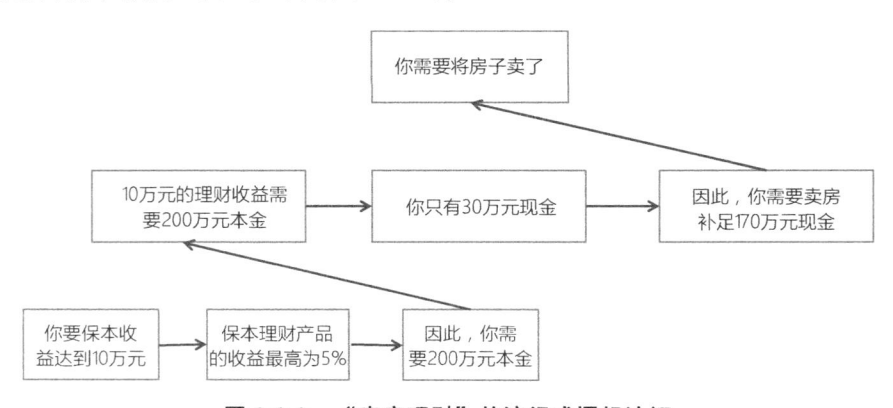

图 3.9.3　"卖房理财"的演绎式逻辑论证

这是一段两个层次的演绎推理，在表达时遵循从左往右、自上而下的顺序。首先，"你需要将房子卖了"是金字塔的塔尖。

因此，理财顾问解释的第一句话就是第一层左边的"10万元的理财收益需要200万元本金"。

第二句话是按照自上而下的顺序对"10万元的理财收益需要200万元本金"进行解释，也就是第二层的内容。因此，理财顾问又讲了"因为您要求必须保本，现在保本理财产品的收益最高为5%，因此您的理财基数应为200万元"。

第三句话回到第一层，按照从左往右的顺序对剩余内容进行表述，也就是理财顾问讲的"您目前只有30万元现金，还差170万元现金，将您手头的房子卖了正好能凑够170万元"。

以演绎式逻辑论证的方式证明已知结论的合理性，是演绎推理的强项，也是我们中国学生从小到大一直被培训的推理方式，数学证明题培养的其实就是演绎推理的能力。

演绎是一个从普遍到特殊的过程，即基于已知的普遍规律（大前提），代入一个特殊前提（小前提），从而得出一个具体结论的过程。

我在第四章详细解释过演绎推理的逻辑原理，此处不再进行过多说明。如果你对演绎推理的逻辑原理还有些不太清楚，可以参考本书第四章关于演绎推理的内容。

"大前提—小前提—结论"的经典演绎推理在实际的工作、生活中已经演变出了很多实用的演绎式逻辑论证框架，以下是部分在表达中常用的演绎式逻辑论证框架，你可以作为参考。希望你在平时的工作、生活和学习中有意识地积累自己的演绎式逻辑论证框架，这样有助于快速提升自己构建符合金字塔原理三大规则的金字塔结构的能力。

- 需要有A才能成功—你无法做到A—请加强做到A的能力。
- 需要有A才能成功—你的重心不在A上—请将重心转到A上。
- 你正朝A发展—但B更有利于你—请转向B发展。
- 你认为A是问题—但其实B才是问题—请转为应对B。

- 出现了问题/现状—问题/现状的原因是 A—请采用应对 A 的对策。

接下来利用上面列示的其中一个框架："问题/现状—原因—对策"，一起演练如何通过演绎式逻辑论证构建金字塔结构。

案例 2——项目状况汇报

假设你是一个成本优化项目的项目经理，项目已经开展 3 周了。目前项目进展得不太顺利，实际进度较计划进度落后一周，但是项目成本超支了 30%。

成本超支的主要原因是项目立项时对采集现有成本数据的困难估计不足。因为公司之前不重视文档管理，大部分部门无法第一时间提供成本数据，所以需要重新安排人手整理历史成本数据。为了不影响项目进度，只能安排更多的人员从事成本数据的采集工作，最终导致人工成本超支。

当然成本超支还与项目组成员经验不足有关。为了锻炼年轻人，项目组成员除了在公司工作了 5 年的财务部的老员工老张，其余 5 名成员则是刚工作 1 年的年轻员工或刚毕业的大学生。老张因为还有其他财务工作要做，在这个成本优化项目中属于兼职。另外，老张算是"专家"角色，一般只给年轻员工提供专业指导意见，不直接动手做事。项目组在第一周要求各部门提交成本数据时，因缺乏经验，没提供标准数据采集模板给各部门。结果各部门上交的报表形式五花八门，根本没法做汇总统计。虽然项目组立马改正错误，给各部门发了新的数据采集模板，但是销售部、研发部都推脱说工作太忙了，没空再按新模板重新整理数据。因此，项目组只能安排成员晚上和周末加班，按照新的数据采集模板整理销售部、研发部提交的成本数据。

某天 16:00，你正在伏案查阅采集上来的成本数据，公司总经理陈总来到你的项目办公室，表情略带严肃地问你："听说项目进展得不太顺利，你接下来准备怎么做？"

作为项目经理,你会怎么答复陈总呢?

(老规矩,请先自己思考10秒,整理下表达的思路。)

怎么样,在你的脑海中,对陈总的即兴口头汇报成功了吗?如果成功了,恭喜你,你已经成功掌握了利用演绎式逻辑论证构建金字塔结构的技巧。如果暂时没有成功,那也没关系,接下来我们一起准备向陈总进行项目状况汇报。

需要注意的是,必须先"从结论说起",确定你本次汇报的中心思想,这是金字塔的起点。因为陈总关心的重点是你将如何改进,因此你的中心思想应该是改进举措。明确方向后,你可以跟陈总说:"我准备向公司申请派3名有5年以上工作经验的老员工替换项目组的3名年轻员工。"

金字塔的塔尖——中心思想确定后,接下来就要构建金字塔的塔身——论点或论据,以阐述中心思想。在本案例中,你要向陈总阐述你申请派3名老员工替换年轻员工的理由。此时,你就可以尝试运用"问题/现状—原因—对策"的框架来进行演绎式逻辑论证,如图3.9.4所示(该案例中仅以"问题"为例)。

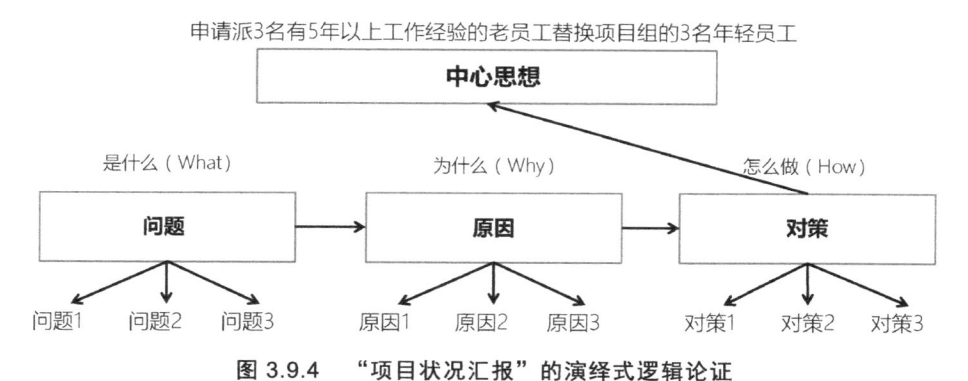

图 3.9.4 "项目状况汇报"的演绎式逻辑论证

首先,向陈总大致介绍下项目的主要问题。

目前项目主要有两个问题:一是项目进度滞后了一周;二是项目成本超支了30%。

接着，介绍原因。

  这两个问题主要是由三个原因引起的：一是大多数部门没有标准的历史成本数据记录；二是各部门的配合意愿不高；三是项目组成员经验不足。

然后，针对原因提出对策。

  针对以上三个原因，我提出以下三个对策。
  一是针对大多数部门没有标准的历史成本数据记录问题，需要有 5 年以上工作经验的员工指导各部门整理数据；
  二是针对各部门的配合意愿不高问题，需要由在公司工作 5 年以上的员工发挥老员工的人脉优势，说服各部门投入人力加班，提高部门配合度；
  三是针对项目组成员经验不足问题，需要调换 3 名有 5 年以上工作经验的员工，避免再发生因项目组成员经验不足导致项目进度延迟和成本超支的情况。

最后，做个总结，点明中心思想。

  因此，我准备向公司申请派 3 名有 5 年以上工作经验的老员工替换项目组的 3 名年轻员工。

看，运用演绎式逻辑论证框架，你很容易就构建出了符合金字塔原理三大规则的金字塔结构。

- 规则 1：任一层的论点都必须是下层论点的总结。
    完全符合。第一层的"问题""原因""对策"就是完全围绕"申请派 3 名有 5 年以上工作经验的老员工替换项目组的 3 名年轻员工"的论点展开的。
- 规则 2：同一层的论点必须具备相同特性。

完全符合。第一层的"问题""原因""对策"是同一演绎式逻辑论证框架的组成部分,特性相同且只有 3 个。

- 规则 3:同一层的论点必须按照一定的逻辑顺序排列。

完全符合。第一层的"问题/现状—原因—对策"演绎式逻辑论证框架是完美的演绎顺序。

以逻辑树的形式重新整理以上表达,如图 3.9.5 所示(再次友情提醒:逻辑树原则上可以完全包含金字塔结构)。

中心思想:申请派3名有5年以上工作经验的老员工替换项目组的3名年轻员工

两个问题
- 项目进度滞后了一周
- 项目成本超支了30%

三个原因
- 大多数部门没有标准的历史成本数据记录
- 各部门的配合意愿不高
- 项目组成员经验不足

三个对策
- 老员工指导各部门整理数据
- 老员工用人脉提高部门配合度
- 补充老员工,弥补项目组成员经验不足问题

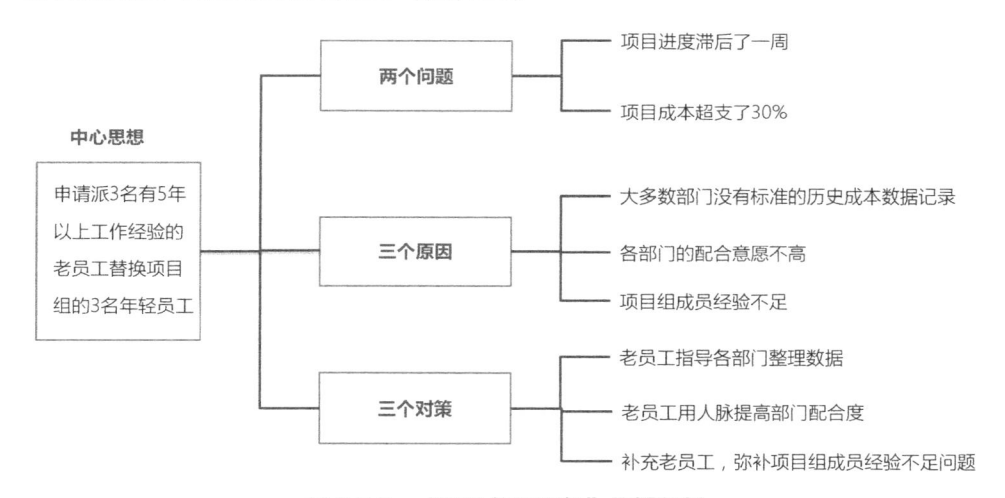

图 3.9.5 "项目状况汇报"的逻辑树

演绎式逻辑论证的优势在于逻辑严谨、推导出的结论唯一且比较有逻辑上的说服力。但是演绎式逻辑论证也有两个不足。

(1)只要受众对演绎式逻辑论证的大前提、小前提或推理逻辑的任一环节产生怀疑,推导出的结论就会被质疑。以"项目状况汇报"为例,如果陈总对"各部门的配合意愿不高"这个原因产生怀疑,则最后的结论"申请派 3 名有 5 年以上工作经验的老员工替换项目组的 3 名年经员工"就会被质疑,甚至被推翻。

(2)演绎式逻辑论证的受众在听到最后的结论时,需要记忆大量的有关问题、原因的信息,以及相互间的逻辑关系,这对受众的注意力要求较高,一旦受众的注意力分散,则很容易赶不上演绎式逻辑论证的思路。依然以"项

目状况汇报"为例，陈总在判断是否批准你申请调换 3 名有经验的员工之前，需要记忆两个问题、三个原因，以及问题到原因、原因到对策的逻辑关系，这需要高度的专注。

第三节　归纳式逻辑分组

你现在已经知道，提炼出中心思想后有两种方式可以自上而下地构建出符合金塔原理三大规则的金字塔结构：一是演绎式逻辑论证，二是归纳式逻辑分组。第二节我们一起演练了演绎式逻辑论证，本节我们一起演练归纳式逻辑分组。

不同于演绎式逻辑论证强调逻辑推导关系，归纳式逻辑分组是将上层的中心思想拆分为并列的多个论点或论据，如多个例子、多个原因或多种对策等。归纳式逻辑分组与演绎式逻辑论证的比对如图 3.9.6 所示。

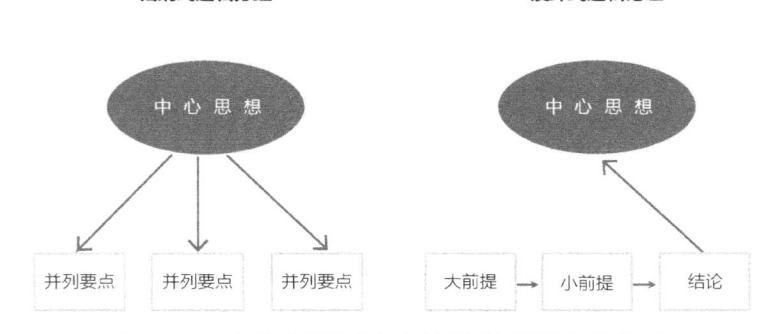

图 3.9.6　归纳式逻辑分组与演绎式逻辑论证的比对

在第二节的"项目状况汇报"案例中，我们采用了"问题/现状—原因—对策"的演绎式逻辑论证框架，下面我们尝试用归纳式逻辑分组重新给陈总做一次汇报。

陈总："听说项目进展得不太顺利，你接下来准备怎么做？"

你回答道："我准备向公司申请派 3 名有 5 年以上工作经验的老员工替换项目组的 3 名年轻员工。"

你继续说道:"一是利用老员工的专业指导各部门整理数据;二是利用老员工的人脉提高部门配合度;三是利用老员工的经验弥补项目组成员经验不足问题。"

好了,上面这段就是运用归纳式逻辑分组的方式重新做的一段项目状况汇报(见图3.9.7)。

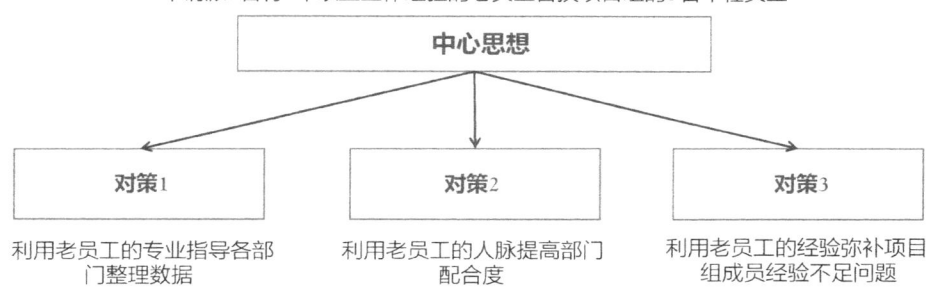

图 3.9.7 "项目状况汇报"的归纳式逻辑分组

从本案例中可以看出,相较演绎式逻辑论证,归纳式逻辑分组有三个优势。

(1)便于受众记住要点。

与要先记住大量问题、原因的信息后才能听到结论的演绎式逻辑论证框架相比,陈总相对比较容易记住归纳式逻辑分组框架的三个要点:"利用老员工的专业指导各部门整理数据""利用老员工的人脉提高部门配合度""利用老员工的经验弥补项目组成员经验不足问题"。

(2)对关注"怎么做"的受众更有效。

因为归纳式逻辑分组是对中心思想的直接分解,而非逻辑合理性的论证,如果中心思想是行动性的,则归纳式逻辑分组框架就是具体的行动方案或措施。例如,在本案例中,你直接向陈总汇报了具体的行动方案:"老员工指导各部门整理数据""老员工提高部门配合度""老员工弥补项目组成员经验不足问题"。

(3)即使部分论点或论据错误,结论可能依然有效。

与演绎式逻辑论证任一环节被质疑,则整个结论都会被推翻不同,归纳式逻辑分组即使有一点被否定了，其他各点依然有效，因此结论可能依然有效。例如，在本案例中，即使陈总不认可你说的"利用老员工的人脉提高部门配合度"，但因为"利用老员工的专业指导各部门整理数据""利用老员工的经验弥补项目组成员经验不足问题"这两点依然有效，他还是有很大可能会同意你提出的调换3名有5年以上工作经验的老员工的申请。

当然，归纳式逻辑分组的表达乜有其局限性，对一些更关注"为什么"或逻辑关系的受众而言，如果你对归纳式逻辑分组的要点缺乏必要的说明或论证，受众对结论的接受会比较勉强。为消除这种弊端，你在表达时若有时间，可以对归纳式逻辑分组的各要点再运用演绎式逻辑论证进行论证。

你可以综合运用归纳式逻辑分组与演绎式逻辑论证重新对陈总做一次项目状况汇报。

陈总："听说项目进展得不太顺利，你接下来准备怎么做？"

你回答道："我准备向公司申请派3名有5年以上工作经验的老员工替换项目组的3名年轻员工。"

你继续说道："这3名老员工具体会发挥三大价值。一是利用自己的专业指导各部门整理数据。因为当前项目进度滞后的原因之一是大多数部门没有标准的历史成本数据记录，所以通过老员工的专业指导能够加快各部门重新整理数据的速度，追赶项目进度。二是利用自己的人脉提高部门配合度。因为当前成本超支的主要原因是有些部门不愿意按照新模板重新整理数据，项目组只能代为整理，导致项目成本超支。通过老员工的人脉关系，可以说服这些部门自己动手整理数据，从而节约项目成本，而且对追赶项目进度有帮助。三是利用自己的经验弥补项目组成员经验不足问题。当前项目进度滞后、成本超支虽然有各部门的客观原因，但项目组成员经验不足导致的指导能力不足、工作返工也是主要原因之一，补充老员工可避免以后项目组成员因经验不足导致的问题。"

综合运用归纳式逻辑分组与演绎式逻辑论证的框架示意如图 3.9.8 所示。

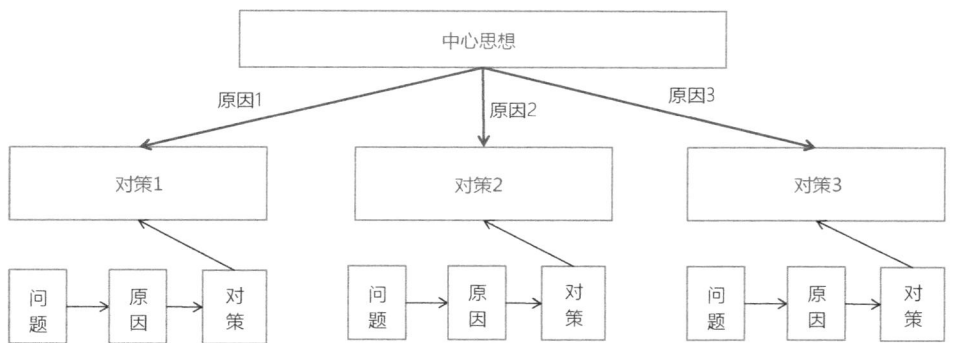

图 3.9.8　综合运用归纳式逻辑分组与演绎式逻辑论证的框架示意

好了，你已经了解了归纳式逻辑分组的优势，并且也知道了可以综合运用演绎式逻辑论证来弥补单一归纳式逻辑分组的不足。

不过当你运用归纳式逻辑分组将上层的论点分解为多个论点或论据时，除了要满足金字塔原理的前两条规则"任一层的论点都必须是下层论点的总结""同一层的论点必须具备相同特性"，还要满足第三条规则"同一层的论点必须按照一定的逻辑顺序排列"。运用演绎式逻辑论证分解出的论点或论据，自然符合演绎顺序。但是运用归纳式逻辑分组分解出的论点或论据，不一定符合归纳的三大逻辑顺序：时间顺序、结构顺序、重要性顺序。因此，你需要进一步考虑分解出的论点或论据的逻辑顺序。

◀◀　时间顺序

所谓时间顺序，就是按照事件发生的时间先后所排列的顺序。例如，早晨起床的时间顺序为睁眼、起身、穿衣、刷牙、洗脸等。

依然以你向陈总汇报项目状况为例，你将塔尖的中心思想分解成了三个要点。

- 利用老员工的专业指导各部门整理数据。
- 利用老员工的人脉提高部门配合度。

189

- 利用老员工的经验弥补项目组成员经验不足问题。

在表达前，你就要考虑它们的先后顺序，即先说哪个、后说哪个。以上的排列顺序其实就是一种时间顺序，因为这是按照你碰到问题的时间先后组织的顺序。

- "利用老员工的专业指导各部门整理数据"——解决项目刚开始采集成本数据时碰到的问题。
- "利用老员工的人脉提高部门配合度"——解决成本数据采集上来后，要求一些部门重新按照新模板整理成本数据时碰到的问题。
- "利用老员工的经验弥补项目组成员经验不足问题"——解决未来项目继续推进可能碰到的问题。

想在表达时用好时间顺序，除了像上例临时根据实际情况组织，你还可在平时的工作、生活和学习中有目的地积累一些常用的时间顺序框架，以降低表达过程中临时组织要点逻辑顺序的难度。

好了，现在你又对时间顺序进行了一遍复习理解。下面我们再做一个关于时间顺序的简单演练。

↘ 小演练——自我介绍（一）

假设你刚入职一家新公司，正在参加新员工入职培训。突然，主持人点名让你跟大家做个自我介绍。你会怎么介绍自己呢？

在入职培训这样的场合做自我介绍时，因为需要让大家多多了解你、认识你，所以你需要对自己的经历进行一个较为全面的介绍。但是大家相互不熟悉，不能交浅言深地暴露自己太多的个人信息和想法。这时适合采用时间顺序做自我介绍。下面是我在入职 IBM 时，在新员工培训课上做的自我介绍，你可以参考时间顺序的用法。

开场语：

大家好，我叫王世民，今天刚入职公司，还请大家多多关照。

"结论先行",点出中心思想:

为了让大家对我有一个全面的了解,我先介绍下我的学习、工作经历。

按照时间顺序介绍自己的学习和工作经历:

我是在老家江苏东台念的一所普通小学,小学期间成绩还不错。

初中是直接上的学校初中部,因此没感受到任何换学区或升重点中学的压力。初中期间成绩依然不错,一般都是班级前两名。

高中念的是我们市的重点中学——东台中学,多多少少感受到了一点学习的压力。不过总体上还好,因为碰到了一位鼓励素质教育的校长,因此在校期间没"享受"过老师疯狂上课、学生熬夜做作业的"特殊待遇"。一般都是晚上10点前就休息,而且还锻炼了不错的自学能力。

大学念的是南京大学,专业是信息管理与信息系统。我的大学生活有点颓废,基本就是在打排球——我是院排球队的主力替补——和玩游戏中度过的。当时一度因为经常请假在学校球场练习排球,被人笑称为"体育系的"(后来才得知南京大学根本没有体育系)。好在从大三下学期开始,迫于就业压力,我好好学习了一阵子程序开发,所以得以顺利毕业。

我的第一份工作就来到了深圳,是被公司进校招聘"忽悠"来的,在三星手机中国总代理的信息部从事移动程序开发。当时父母强烈反对我离开长三角,但是因为公司将深圳描绘得实在太好了,抱着对"花花世界"的向往,我还是顶住压力过来了。来了深圳后,我就被"绑架"成"永久居民"了,迄今未离开。

在深圳辗转了两家公司,分别尝试了IT需求分析师和ERP实施顾问后,终于找到了自己的方向——管理咨询顾问,并有幸来到了IBM。

最后总结：

> 我的学习和工作经历介绍完了。希望未来能有幸跟大家在工作中携手合作。谢谢！

以上的自我介绍，按照时间顺序全面介绍了自己的学习、工作经历，给大家留下了公开、坦诚的印象，但这些又都是客观的表面信息，避免了在对环境还没深入了解的情况下贸然展示太多的风险。

⏮ 结构顺序

所谓结构顺序，就是构成顺序，即按照构成顺序组织各个部分，这些部分拼起来就是一个整体。例如，房间由天花板、墙壁和地板构成。

依然以你向陈总汇报项目状况为例，你是否可以根据结构顺序对以下要点重新排列？

- 利用老员工的专业指导各部门整理数据。
- 利用老员工的人脉提高部门配合度。
- 利用老员工的经验弥补项目组成员经验不足问题。

在项目管理中，有一个被称为"项目管理三要素"的框架，如图 3.9.9 所示。

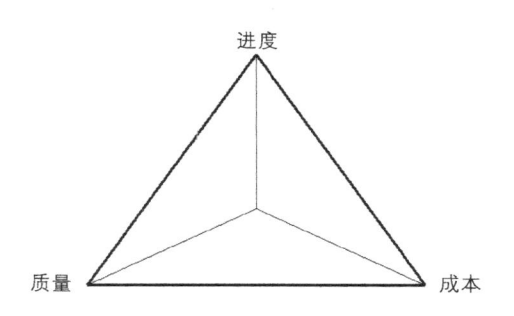

图 3.9.9 "项目管理三要素"框架

你可以按照逆时针的顺序——进度、质量、成本，重新组织要点的先后顺序。

- "利用老员工的专业指导各部门整理数据"——解决进度问题。
- "利用老员工的经验弥补项目组成员经验不足问题"——解决质量问题。
- "利用老员工的人脉提高部门配合度"——解决成本问题。

当然,你也可以按照顺时针的顺序——进度、成本、质量,组织要点的先后顺序(此时的顺序跟时间顺序一致)。

- "利用老员工的专业指导各部门整理数据"——解决进度问题。
- "利用老员工的人脉提高部门配合度"——解决成本问题。
- "利用老员工的经验弥补项目组成员经验不足问题"——解决质量问题。

相较时间顺序,想在表达过程中熟练运用结构顺序,更需要在平时的工作、生活和学习中多多积累一些常用的框架。

在按照结构顺序表达要点时需要遵循一定的顺序,如顺时针或逆时针的顺序、自上而下的顺序、从东往西的顺序等。

上文我们是按时间顺序做的自我介绍,接下来我们看如何按结构顺序做自我介绍。

▶ 小演练——自我介绍(二)

假设你此刻正在相亲,对对面的姑娘(小伙子)挺满意,心里特别想本次相亲能成功。这时,如果对方请你做个自我介绍,你会如何介绍自己呢?

因为是相亲,对方肯定想对你进行非常深入的了解(这点和入职时自我介绍的泛泛而谈就很不一样),特别是表面资料之下的价值观、动机、能力和未来潜力等。因此,你可以采用"工作、学习、生活"的框架立体、深入地介绍自己,从而向对方展现一个真实的自我(可能你很想看到相亲自我介绍的示例,但鉴于这段自我介绍非常隐私,我就不演示了,请自行练习)。

◀◀ 重要性顺序

所谓重要性顺序,就是找到一类事物的共性特点,再按照共性特点体现的强弱组织要点的顺序。"讲三点"一般就是讲有共性的、最重要的三点，如"我的三个优点""A 公司的三大支柱""国家面临的三大挑战"等。

重要性顺序是一种比时间顺序和结构顺序更难掌握的逻辑顺序，因为一旦使用不好，就会变成简单罗列。因此，我建议初学者先练习好时间顺序和结构顺序后，再练习重要性顺序。

想在表达时用好重要性顺序，必须掌握好重要性顺序的两个要求。

（1）按共性归类。

这是重要性顺序的基本要求，即将特性相同的事物归在一起。例如，你可以将 iPhone 6、华为 P9、三星 Note 4 归在一起，因为这些都是手机。如果加入一个 iPad Mini 进去，从"手机"这个特性出发，就不行；如果从"消费电子产品"这个特性出发，就又可以。

（2）按重要程度排序。

满足按共性归类的要求后，还要满足第二个要求：按重要程度排序。这就要求你必须找出归在一起的要点背后真正的逻辑关系。

继续上面的案例。将 iPhone 6、华为 P9、三星 Note 4、iPad Mini 放在一起，你会怎么排序呢？你会发现按照"消费电子产品"这个特性，你根本没法进行重要性排序。但如果我告诉你这是华为的一个手机研发工程师包里带的电子产品，你可能就会进行如下排序：华为 P9、iPhone 6、iPad Mini、三星 Note 4。为什么是这个顺序呢？因为这是该研发工程师在研发手机时参考产品的重要性顺序：首先当然要对自己公司的产品研究透了，因此将华为 P9 放在第一位；其次 iPhone 6 的销量是全球同时期新款手机中单机销量最高的，而 iPad Mini 同属苹果产品，因此比三星 Note 4 的参考价值更大一点；最后就是三星 Note 4。你看，找到了"研发参考产品"这个特性而非宽泛的"消费电子产品"特性后，你自然就知道应该如何进行重要性排序了。

因此，只有找到要点背后真正的逻辑关系，才有可能真正做到按重要性顺序进行表达。这也是重要性顺序比时间顺序和结构顺序掌握起来更难的原因。

老规矩，依然以你向陈总汇报项目状况为例。根据重要性顺序，你将如何排列下面的要点？

- 利用老员工的专业指导各部门整理数据。
- 利用老员工的人脉提高部门配合度。
- 利用老员工的经验弥补项目组成员经验不足问题。

假设根据你对陈总的了解，他更关注项目的成本而非进度，那么你就可以将要点按照对降低项目成本的重要程度进行排序。

- "利用老员工的人脉提高部门配合度"——最有利于降低项目成本。
- "利用老员工的专业指导各部门整理数据"——可附带降低项目成本。
- "利用老员工的经验弥补项目组成员经验不足问题"——可降低未来成本。

如果陈总更关注项目质量呢？那么你就可以按照对提升项目质量的重要程度对要点进行排序。

- "利用老员工的经验弥补项目组成员经验不足问题"——最能保证质量。
- "利用老员工的专业指导各部门整理数据"——有利于提升数据质量。
- "利用老员工的人脉提高部门配合度"——对质量帮助最小。

重要性顺序其实没有"放之四海而皆准"的排序标准，关键还是要找到要点背后真正的逻辑关系。

那么，重要性顺序是如何在自我介绍中应用的？按照重要性顺序做自我介绍的场合，一般是面试，或者其他需要突出自身某些特点的场合（如上选秀节目）。

总之，归纳式逻辑分组相较演绎式逻辑论证应用起来可能难度更高些，原因有两个。

- 我们从小的教育更侧重培养演绎式逻辑论证的能力，因此这方面的基础更好。
- 演绎式逻辑论证只有一个演绎顺序，而归纳式逻辑分组需要选择逻辑顺序。

归纳式逻辑分组相较演绎式逻辑论证有其优点：便于受众记住要点；对关注"怎么做"的受众更有效；即使部分论点或论据错误，结论可能依然有效。但它也有一定的局限：对关注"为什么"或逻辑关系的受众可能说服力不足，因此部分时候需要与演绎式逻辑论证综合使用。

第四节　综合运用演绎式逻辑论证和归纳式逻辑分组

我们在第二节和第三节分别学习了演绎式逻辑论证和归纳式逻辑分组，也分别了解了它们的优势和不足。不过，在实际构建金字塔结构的时候，除非要表达的内容非常简单（只有一层金字塔结构），否则大多数时候要综合运用演绎式逻辑论证和归纳式逻辑分组。

你可以将演绎式逻辑论证框架和归纳式逻辑分组框架看成基本的积木模块，它们可以根据表达的需要任意组合成各式金字塔结构。图 3.9.10 所示为两种常见的演绎、归纳混合型金字塔结构。

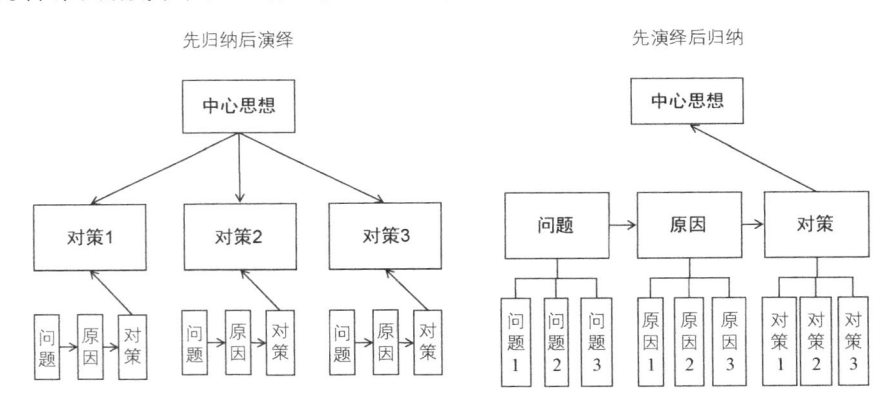

图 3.9.10　两种常见的演绎、归纳混合型金字塔结构

（注：考虑到简洁性，以上图示省略了"现状"，仅将"问题"作为示例。）

⏮ 先归纳后演绎的综合运用

先归纳后演绎的金字塔结构更多运用于口头表达的场合和受众更关注"怎么做"的场合。

口头表达的场合

在口头表达的场合，受众无法在脑海中临时记忆大量的信息，因此第一层采用归纳式逻辑分组框架有助于受众记住你的要点。

第二层采用演绎式逻辑论证框架，对第一层的要点进行说明和论证。不过因为人的大脑的临时记忆力是有限的，因此除第一层尽量采用归纳式逻辑分组框架外，建议口头表达的金字塔结构不要超过两层——甚至可以根据实际情况尽可能简化演绎式逻辑论证框架，否则受众无法有效接收到你想表达的内容。

受众更关注"怎么做"的场合

在受众更关注"怎么做"的场合，无论是口头表达还是书面表达，都建议你第一层采用归纳式逻辑分组框架。通过第一时间向受众传达他们所关心的内容，吸引受众的兴趣，并提高他们对表达内容的理解力和接收度。

当然，如果是书面表达，你可以好好运用演绎式逻辑论证，对第一层的要点进行充分、严谨的论证，以提高受众对第一层要点的接收度。

先演绎后归纳的综合运用

先演绎后归纳的金字塔结构更多应用于受众更关注"为什么"或逻辑关系的场合，特别是书面表达的场合——因为人的大脑无法在短时间内一次性记忆这么多信息。

咨询顾问编制的解决方案报告一般都是采用先演绎后归纳的金字塔结构组织目录，因为绝大多数时候客户都很关注你是如何推导出对策的。下面以我的公司深圳尔雅为某个管理咨询项目所编制的报告为例进行演示。

首先，在报告的第一页列出该报告的关键结论——金字塔塔尖的中心思想（见图3.9.11）。

接下来，采用"问题/现状—原因—对策"的演绎式逻辑论证框架编制报告目录，如图3.9.12所示（该案例中仅以"现状"为例）。

报告摘要

报告目的和内容

- 该报告用于汇报第一阶段的工作成果，并作为下一阶段工作开展的输入和新起点
- 该报告主要包含RSA业务现状与分析、RSA未来业务模式设计及下一步工作安排三部分
- 附录部分主要记录了部分项目实施过程中分析过的市场和数据，该部分分析不产生结论性观点，但具有一定参考意义

关键结论（金字塔塔尖的中心思想）

- RSA未来业务模式应定位于RSA产品提供平台，提升车主品牌体验
- RSA未来业务模式应以B2B客户为主，终端车主为辅，明确以产品/服务组合为主要形式的差异化产品定位
- RSA未来业务模式的关键点在于：设计及打造提升车主品牌体验的RSA服务内容；RSA产品能够全面加入品牌事业部的产品/服务组合

图 3.9.11　某管理咨询报告的报告摘要示例

目录

第一部分
- ✓ 现状调研思路与过程回顾
- ✓ RSA市场环境分析　⎫
- ✓ RSA业务现状分析　⎬ 现状
- ✓ RSA现状分析总体结论 ⎭ → 原因

第二部分　RSA未来业务模式设计 ⎫
第三部分　下一步工作安排　　　 ⎬ 对策
附录A　更多市场分析及统计数据参考

图 3.9.12　某管理咨询报告的目录示例

从图 3.9.12 的目录中可以看出，第一部分分析了业务现状和导致现状的原因，第二、第三部分根据原因推导出了对策。

当然，一份管理咨询报告的关键结论仅仅逻辑通顺是远远不够的，你还需要证明你提出的问题/现状有据可循。因此，你需要采用归纳式逻辑分组框架归类和分组问题/现状，以证明你归纳的问题/现状要点是客观、准确的。

除了咨询顾问编制的解决方案报告，大部分职场人士编制的周、月、半年、年度的工作总结也基本采用先演绎后归纳的金字塔结构组织目录。其一

般的目录结构为上一阶段的主要工作情况、存在的问题及原因分析、下一阶段的工作展望。

综合运用演绎式逻辑论证和归纳式逻辑分组,既可以充分发挥这两种框架的优势,又可以避免各自的局限。而且在工作、生活和学习的大多数表达场合,我们需要综合运用这两种框架。因此,期待你能熟练掌握这两种框架,并根据不同的场合采用不同的组合方式。

第五节 表达时的 MECE 要求

到目前为止,你已经知道了如何通过演绎式逻辑论证或归纳式逻辑分组分解上层的论点或论据,并了解到分解后的论点或论据需要按照一定的逻辑顺序(演绎顺序、时间顺序、结构顺序、重要性顺序)表达。

平心而论,在表达时,特别是口头表达时,如果能做到以上要求,已经很不错了,而且已经满足金字塔原理的三大规则。

不过,如果你要达到表达的更高层次的水平,还需要对金字塔结构的每组要点进行是否符合 MECE 的检查。

我在第四章讲过 MECE。MECE 要求问题的分解要做到不重不漏,既不要有重叠的部分以免做无用功,也不要有遗漏的部分以免考虑不周。MECE 不仅是分析和解决问题的利器,也是检验金字塔结构的利器:表达既不重叠,也不遗漏。

如果金字塔结构的某一组要点是依据归纳式逻辑分组框架分解的,而且应用的逻辑顺序是时间顺序或结构顺序,你就需要考虑进行进一步的 MECE 检查。

↘ 案例 1——时间顺序的 MECE 检查

假设你所在的公司准备搜集所有员工的履历表,人事专员给大家下发了个人履历表,如表 3.9.1 所示。

表 3.9.1　个人履历表

序号	开始时间	结束时间	经历类型（学习/实习/工作）	学校/实习/工作单位名称
示例	2000 年 9 月	2004 年 6 月	学习	×××大学

注：请务必严格按照时间顺序填写你的学习（从高中开始）、实习和工作经历。

你认为这张表格的设计有问题吗？你可以试着填写你个人实际的学习、实习和工作经历。

这是一张要求按照时间顺序填写的表格，是典型的时间顺序。时间顺序要符合 MECE，各步骤或时间段之间不能有任何的重叠或遗漏。

按照表 3.9.1，如果一个人的实习都是在寒暑假期间进行的，那还可以。但如果有一个人的实习发生在正常上课期间，那该怎么填写呢？假设你在大三下学期开学至大四上学期结束的时候正好在外面实习，那么你是将你的大学经历填写在这段实习经历前面，还是将这段实习经历填写在大学经历前面呢？我们可以尝试着以金字塔的形式展示（见图 3.9.13）。

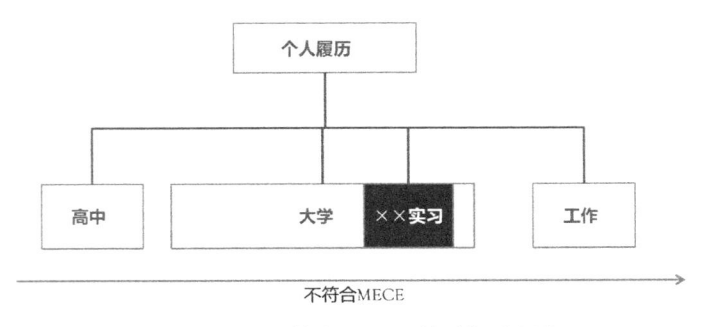

图 3.9.13　不符合 MECE 的时间段划分

从图 3.9.13 中可以明显地看出，实习经历与大学经历在时间上发生了重叠，不符合 MECE。那么，如何修改这张表格，使之符合 MECE 呢？既然无法避免时间的交叉，我们可以先按结构顺序将个人履历表分为学习、实习和工作三部分，在每部分之下再采用时间顺序。重新设计的个人履历表如表 3.9.2 所示。

表 3.9.2　重新设计的个人履历表

序　号	开始时间	结束时间	学校/实习/工作单位名称
一、学习经历（请务必严格按照时间顺序填写）			
示例	2000 年 9 月	2004 年 6 月	×××大学
二、实习经历（请务必严格按照时间顺序填写）			
三、工作经历（请务必严格按照时间顺序填写）			

这张表格就完全符合 MECE 了，其金字塔的形式也完全清楚了（见图 3.9.14）。

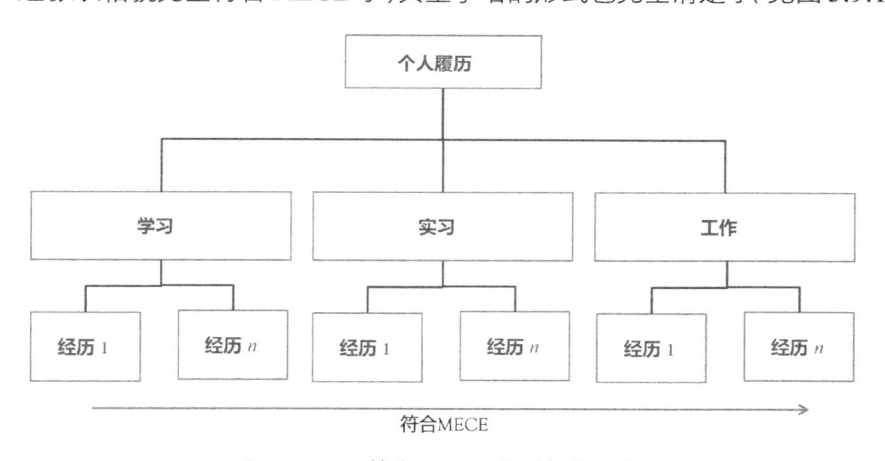

图 3.9.14　符合 MECE 的时间段划分

案例 2——结构顺序的 MECE 检查

假设你在西部某山区支教。你正在上一节地理课，需要讲解中国地图。你准备按照结构顺序对中国地图进行描述，于是你跟孩子们说："同学们，大家看这幅中国地图。我国幅员辽阔，主要分为华北、华东、华南、西南。"你觉得你的描述完整吗？

我们可以将你的描述以金字塔的形式简单展示（见图 3.9.15）。

从图 3.9.15 中可以清晰地看出，你对中国区域的划分遗漏了东北、华中、西北，因此不符合 MECE。符合 MECE 的中国区域划分如图 3.9.16 所示。

要做到金字塔结构的每组要点都符合 MECE，首先必须做到每组要点都是按照一定的逻辑顺序组织的，否则没办法进行有效的 MECE 检查。

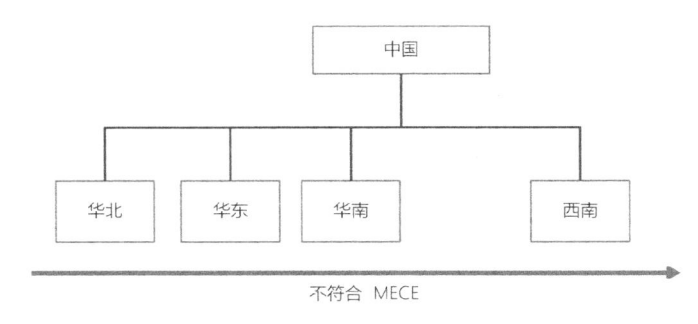

图 3.9.15　不符合 MECE 的中国区域划分

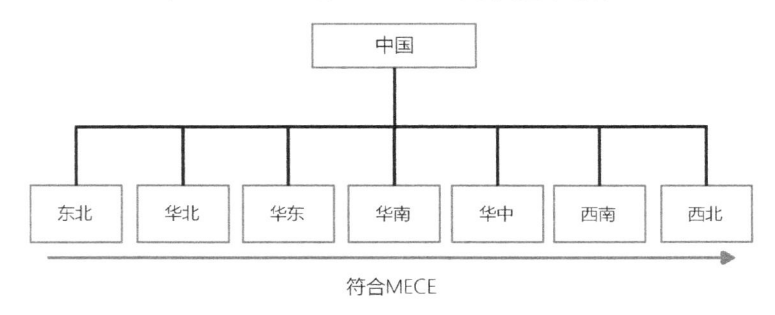

图 3.9.16　符合 MECE 的中国区域划分

⏮ 本章总结

到此为止，我们已经完成了对金字塔结构的学习。金字塔结构是一种很早以前就客观存在的框架，而芭芭拉·明托在指导咨询顾问写作商业报告的过程中，将其提炼成了一种表达工具——金字塔原理，并将其扩展到了普遍的表达领域。

金字塔原理的本质是一种特殊的金字塔结构，它起源于商业报告写作，是一种非常高效的表达结构。一般的金字塔结构从塔尖的中心思想出发，向下分解成多个论据，每层的论据又可以作为论点继续向下分解成论据，如此层层延伸成金字塔状,所以称其为"金字塔结构"。芭芭拉·明托在一般金字塔结构要求的"上层论点必须是下层论点的总结"这个普遍性规则的基础上,又增加了三个关键限制:每个论点的论据最多不超过7个,最好在3个左右;同一组论点必须具备相同特性;每组论点必须按照逻辑顺序组织。

客观地评论,金字塔原理在公文、商业报告的写作上,甚至在一般的表达上都有着非常出色的指导意义,是职场人士的必备技能。但是金字塔原理也有两个主要局限。

(1)规则的阐述和运用指导过于复杂,特别是芭芭拉·明托在《金字塔原理》一书中的举例更多侧重咨询案例,导致一般读者难以抓住金字塔原理的精髓。

(2)金字塔原理在思考上的应用过于局限。芭芭拉·明托因写作而被赏识的个人职业成长背景,以及金字塔原理"脱胎"于商业报告写作的起源,导致了其更多聚焦于论点产生后如何将其组织为金字塔结构,但对如何有效思考以产生论点、如何直接思考得出金字塔结构,以及如何使用金字塔结构外的思考框架等都未能考虑。

本章直击金字塔原理的本质,并重新设计了一套更为简单有效的、构建金字塔结构的方法——演绎式逻辑论证和归纳式逻辑分组,希望能帮助你更容易地构建金字塔结构,并提升表达水平。

书外求助

读书时遇到了不解之处,或者碰到了想找人交流的问题怎么办?

例如,金字塔结构和逻辑树是什么关系?它们是一样的吗?其他人也总结过类似金字塔结构的内容,为何未能流传开来呢?

为了帮你解答这些读书时可能存在的疑问,以及能与其他读者交流,我们建立了一个读者群。

关注微信公众号 YouCore,发送"思维力"即可入群。

第十章

"形象化表达"有力展示

对于拖延症你一定不陌生，TED（美国的一家私有非营利性机构，该机构以它组织的 TED 演讲大会而闻名）中有一个演讲就是《你有拖延症吗》。下面是演讲的片段。

> 我的每篇论文都是这种情况。我知道长达 90 页的毕业论文任务，这篇论文理应花一年的时间来完成；我也知道对于这样的工作，我先前的工作方式是行不通的，这个项目太大，所以我制订了计划。我决定按照这样的方式工作，这样来安排我这一年：开头我会轻松一点，中期任务逐渐增加，到最后，我再全力冲刺一下。整体是这种阶梯式安排，一层一层走楼梯有多难？所以没什么大不了的，是吧？但后来，好笑的事情出现了。几个月匆匆而逝，我还没有来得及动工，所以我明智地调整了计划。然后，中间的几个月也过去了，我还是一个字也没有动，眨眼就到了这里。眼看着两个月变成了一个月，再变成了两周。一天我醒来，发现离交稿日期只剩三天了，但我还是一个字都没写。我别无选择，只能在接下来的 72 小时里，连续通宵两个晚上赶论文——一般人不应连续通宵两个晚上。90 页赶出来后，我飞速冲过校园，像电影中的特写慢镜头一样，恰好在

截止日期前的最后一刻交上我的论文。

你在看了上面的文字之后，可能觉得比较抽象，但是我们来看看演讲者当时穿插的图片。图片中的横轴是日期，横轴最左边是论文布置日期，最右边是论文截止日期，纵轴是每日工作量（见图 3.10.1 和图 3.10.2）。

图 3.10.1　刚布置论文时的任务计划

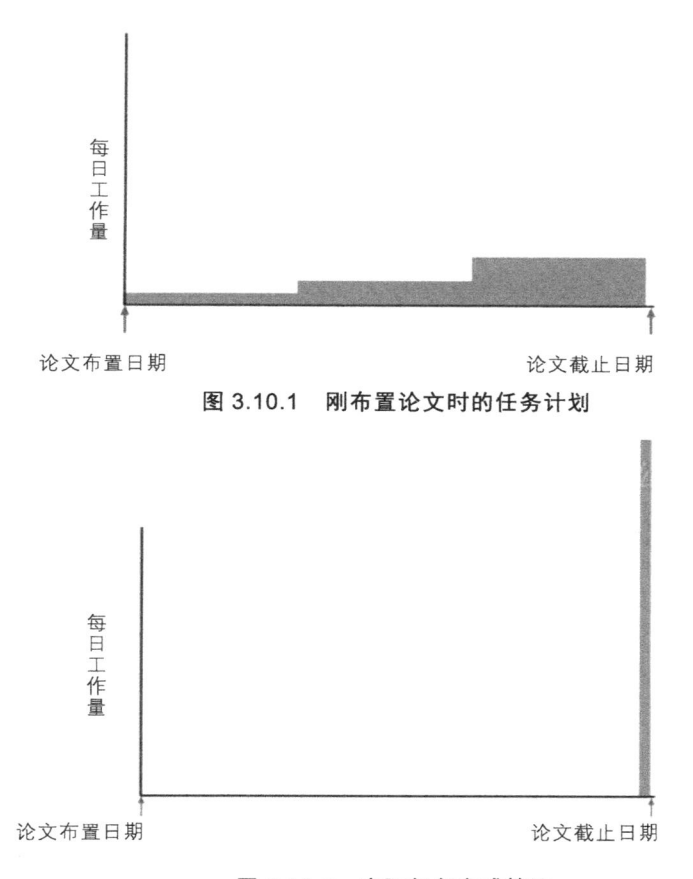

图 3.10.2　实际任务完成情况

看了这两张图，你是不是也会心一笑，有没有看到自己的影子？上面大段的文字竟没有这两张图表达得更加清晰，这就是图表化展示、形象化表达的力量。

第一节　为什么需要图表化展示

◄◄ 人类大脑的特点

为什么需要图表化展示？可以从人类处理信息的主体大脑说起。

比较流行的说法是人的大脑分为左脑和右脑，左脑掌管逻辑思维，右脑掌管形象思维。心理学中有一个著名的裂脑实验[1]，但各界对左右脑功能是完全独立还是协同合作，一直存在争议。不过有一点是比较确定的，那就是人的思维分为逻辑思维和形象思维。

当人看到纯文字的信息时，只会激发人逻辑思维的部分，但是如果再加上图表的形象化表达，那人的形象思维也可以同时被激发。两种思维模式相互合作，齐头并进，效果自然惊人。

人的视觉是整体的。1912 年，德国心理学家韦特海默、考夫卡和苛勒提出了格式塔理论，格式塔在德语里的意思是"完形"。他们认为人的视觉是整体的，我们的视觉系统会自动对视觉输入构建结构，并在神经系统层面上感知形状、图形和物体，而不只是看到互不相连的边、线和区域。图 3.10.3 所示为一个虚线圆。

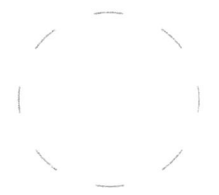

图 3.10.3　一个虚线圆

观察图 3.10.3，你应该不会说自己看到的是零散的弧形，而会说自己看到的是一个圆形，只不过这个圆形是虚线的。

---

[1] 裂脑实验是 20 世纪 50 年代由斯佩里及其研究团队利用裂脑动物所做的一连串实验，目的是研究将连接大脑两半球的胼胝体切除后的影响及大脑两半球分别的功能。

这就是格式塔理论中的封闭性原理。除此之外，还有接近性原理、相似性原理、联系性原理、正负性原理等。格式塔理论的核心是整体决定部分的性质，部分依从于整体。因此，多用图表化展示，就不会只见树木，不见森林，更有全局观。逻辑思维看到的是一棵一棵的树，形象思维看到的是一片一片的森林。

人的大部分记忆都是形象化的。当我们对事物的感知真切的时候，我们喜欢用的词是"身临其境""历历在目"。回想一下自己快乐的时光，浮现在脑海中的是一段一段的文字，还是当时的场景呢？一般都是电影般的场景回放吧。这就是人的记忆的特征——我们更容易记住形象化的内容。人类大脑的特点决定了图表化展示更加有利于大脑对信息的接收。

◄◄ 图表化能够更清晰地传递信息

（1）图表的信息量大。俗话说"一图抵千言"，现在大家都喜欢在微信、微博上分享自己的经历，如果用纯文字的形式表达，如你出游欣赏了什么美景，也许千言万语都无法表达清楚。关注者给出的评论往往是"赶紧上图""无图无真相"，如果你上传了几张图片，一切就豁然开朗了。

（2）图表的信息传递迅速。假如你的朋友说她看到某个明星穿的衣服很好看，要你帮她去买。她会向你描述很多：款式是怎么样的，颜色是什么样的。通过她的描述，你会不断地在脑中勾画这件衣服的样子。如果她直接给你看衣服的照片，整个沟通过程就一步到位了，你也不用在脑中慢慢勾画。

（3）图表的信息传递准确。不知道你更喜欢看小说还是电视剧。你也许会说自己喜欢看小说，理由是小说比电视剧有意思。小说里的某个角色美若天仙，电视剧里的演员却不符合自己的想象；或者小说里的某个场景很恢宏，电视剧根本没有拍出相应的效果。归纳起来就是小说留给人更多的想象空间，而电视剧往往把一切都固定了。就以金庸笔下的小龙女为例，一千个人看了小说，一定有一千个版本的小龙女，而电视剧中的小龙女是固定的，小龙女的形象也已经固化了。文字留给了人更多的想象空间，这是文学艺术的魅力，但也意味着更多的差异和不确定性。而用视觉阐述思想能让抽象的事物变得具体、形象、容易理解，减少抽象领域由于理解不同造成的差异。如果想让大家基于相同的信息沟通，则用不给人想象空间的图表更保险。

（4）图表的信息更富整体性。你应该有过问路的经历，如果对方和你说"往前走 100 米，向左拐弯，再向前走，到了第二个路口向右拐弯，再走 300 米就到了"。你听了之后脑中可能充满了不确定性，如同在一个关了灯的房间里，不知道自己会走到哪里，也不敢中间随便变道，因为你不知道整体的状况。但是如果对方拿出一张地图，在地图上一指，估计你就对大局了如指掌了，而且你还可以设想出多条路径。

第二节　常用的图表

图表的分类

图表大致分为五大类：示意图、统计图表、地图、界面图和历法图。

示意图

示意图分为关联图、流程图与系统图。

（1）关联图。关联图由文字框和线条箭头组成，它能简要概括出事物间的逻辑关系和因果联系。

（2）流程图。流程图由一些图框和流程线组成，表示流程中的操作顺序。其中，图框表示各种操作的类型，图框中的文字和符号表示操作的内容，流程线表示操作的顺序。

（3）系统图。系统图，简单来说，就是将事物进行分解，得到单个元素，单个元素间通过线条连接，以显示之间从属关系的示意图，如组织架构图。

统计图表

统计图表分为统计图和表格。

（1）统计图。统计图是根据统计数字，用几何图形、事物形象和地图等绘制的各种图形。它具有直观、形象、生动、具体等特点。统计图可以使复杂的统计数字简单化、通俗化、形象化，使人一目了然，便于理解和比较。

（2）表格。表格又称表，它既是一种可视化交流方式，又是一种组织整理数据的手段。

地图

地图就是依据一定的数学法则，使用制图语言，通过制图综合，在一定的载体上，表达地球（或其他天体）上各种事物的空间分布、联系及时间中的发展变化状态的图形。

界面图

界面图是指各种仪表界面、操作界面等。

历法图

历法图包括日历、月历、年历等。

本节介绍的重点是示意图和统计图表。

⏮ 常用的图表化结构

看了图表的分类，你可能会说这些自己都知道，但怎样将自己的所思所想用图表形象化表达呢？

想想你之前是怎么分析问题的。开始没有框架，没有顺序，可能无从下手，但是看了系统思维里的框架和顺序之后，是不是觉得茅塞顿开？

那能不能将这种框架和顺序延伸到形象化表达呢？回想一下系统思维构建框架的顺序，主要有四种。

- 时间顺序。
- 结构顺序。
- 重要性顺序。
- 演绎顺序。

如果对应这些顺序，你也有相应的图表化结构，那是不是大部分问题都可以形象化表达了？答案是肯定的。

对应这四种顺序，我们一起看看常用的图表化结构。

时间顺序

（1）单向，主要用于表示时间的先后关系（见图 3.10.4）。

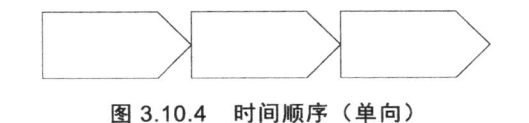

图 3.10.4　时间顺序（单向）

（2）循环，主要用于表示事情的循环（见图 3.10.5）。

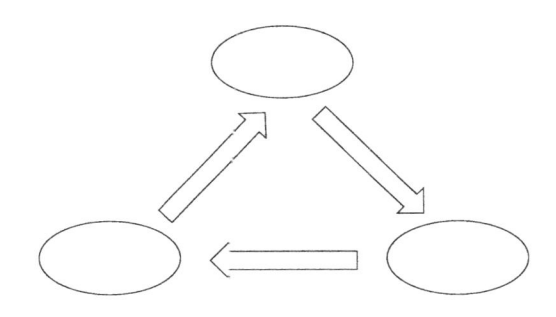

图 3.10.5　时间顺序（循环）

结构顺序

（1）包含。

① 树形（见图 3.10.6 和图 3.10.7）。

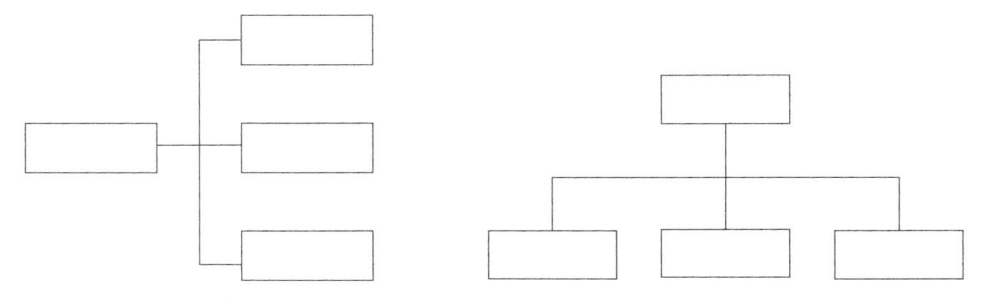

图 3.10.6　结构顺序（横向树形）　　　　图 3.10.7　结构顺序（纵向树形）

② 形状（见图3.10.8～图3.10.10）

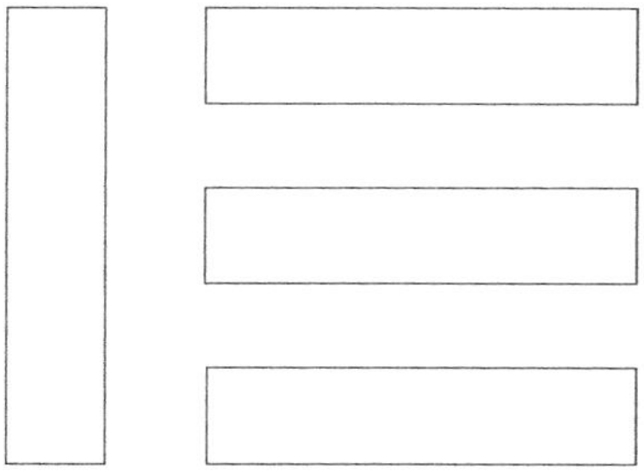

图3.10.8　结构顺序（横向形状） 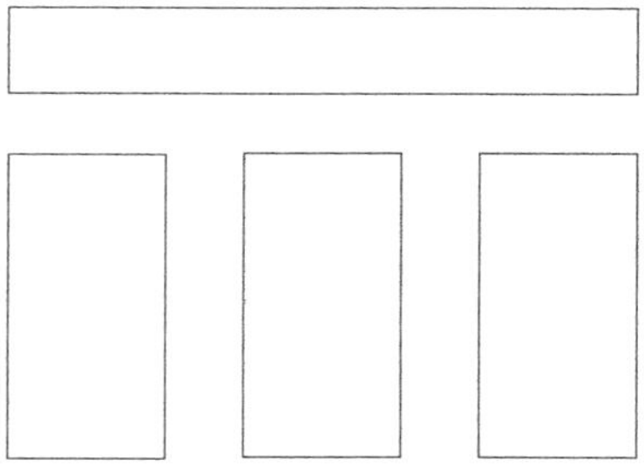　　图3.10.9　结构顺序（纵向形状）

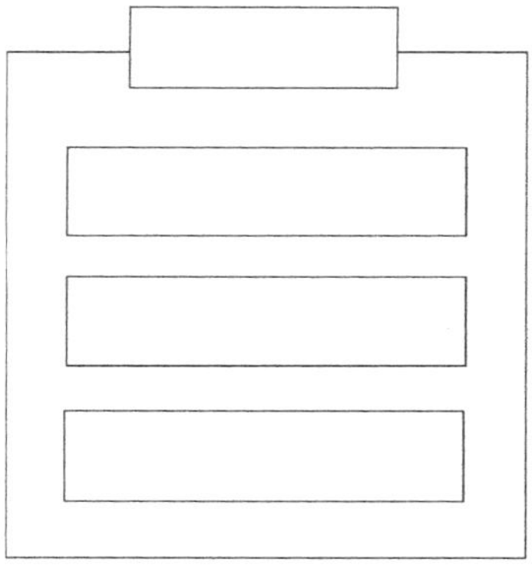

图3.10.10　结构顺序（包含形状）

（2）并列。

① 并列1个（见图3.10.11）。

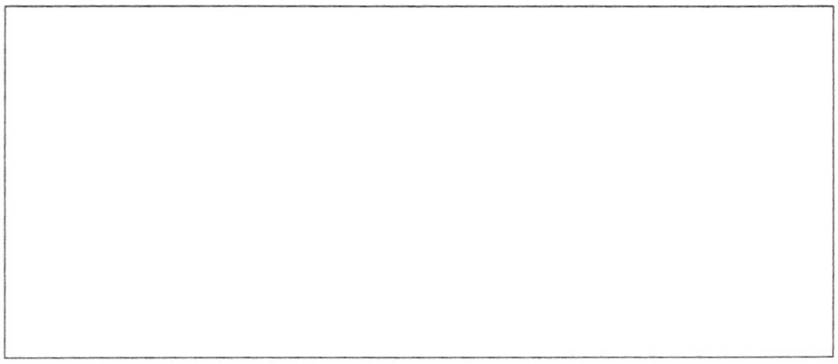

图3.10.11　结构顺序（并列1个）

② 并列 2 个（见图 3.10.12）。

图 3.10.12　结构顺序（并列 2 个）

③ 并列 3 个（见图 3.10.13）。

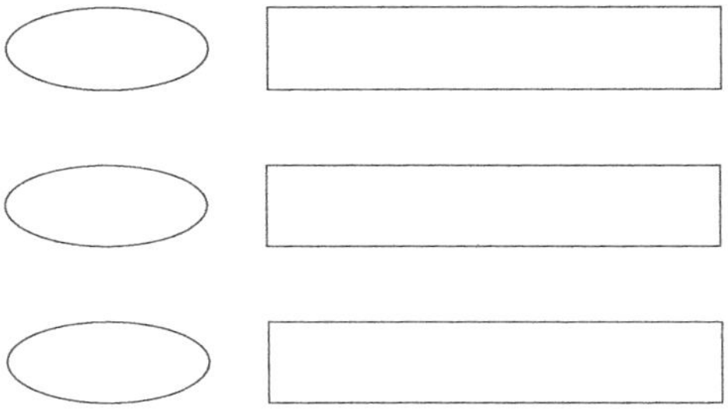

图 3.10.13　结构顺序（并列 3 个）

④ 并列 4 个（见图 3.10.14）。

图 3.10.14　结构顺序（并列 4 个）

（3）交叉。

① 交叉 2 个（见图 3.10.15）。

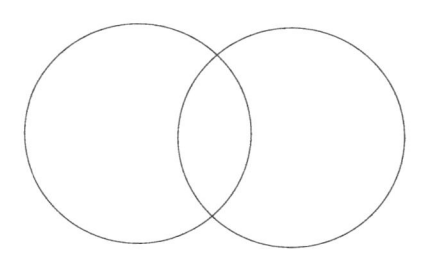

图 3.10.15　结构顺序（交叉 2 个）

② 交叉 3 个（见图 3.10.16）。

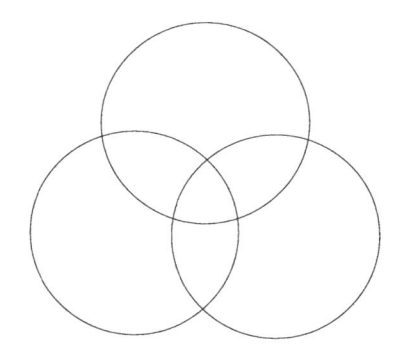

图 3.10.16　结构顺序（交叉 3 个）

重要性顺序

重要性顺序可参考结构顺序。

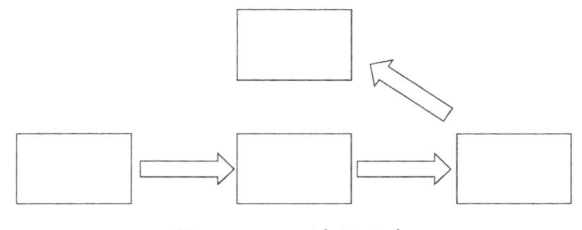

演绎顺序（见图 3.10.17）

图 3.10.17　演绎顺序

图表的设计方法

我们已经列出了常用的图表化结构，有了这些结构，下一步要做什么？

你可能会说："我见过的图表化结构可没有那么简单，其内容丰富得多。"是的，但是无论其内容如何精彩纷呈，框架仍然是其中的核心。整个图表设计的方法就是一个"升维思考，降维打击"的过程。

图表的设计分为以下三步。

- 步骤一：构建表达内容的框架。
- 步骤二：选择图表化结构。
- 步骤三：填充元素。

步骤一：构建表达内容的框架

你有时会觉得图表无从画起，那到底是哪里出了问题呢？是你的画工不行？还是其他原因？你应该看过不少图表，里面没有精美的图案，只有简单的几何图形，但你就是觉得它表达得很有道理。图表无从画起的根本原因是你的"升维思考"不够。只有对需要表达的内容十分熟悉，构建出其框架，才可以谈进一步的表达。至于怎么构建框架，在前面的章节已经说了很多，这里不再赘述。

步骤二：选择图表化结构

对于需要表达的内容你已经有了框架，下一步就可以基于此框架，选择图表化结构，也就是进入"降维打击"阶段。

如果需要表达的内容是时间顺序，那你可以参考前面图 3.10.4。

如果需要表达的内容是结构顺序或重要性顺序，并且是并列的三部分，那你可以参考前面图 3.10.13。

以上是比较简单的情况。伹往往有的时候，一个页面表达的内容不是单一的顺序，如既有时间顺序，又有重要性顺序。那怎么办呢？你可以参考图 3.10.18。

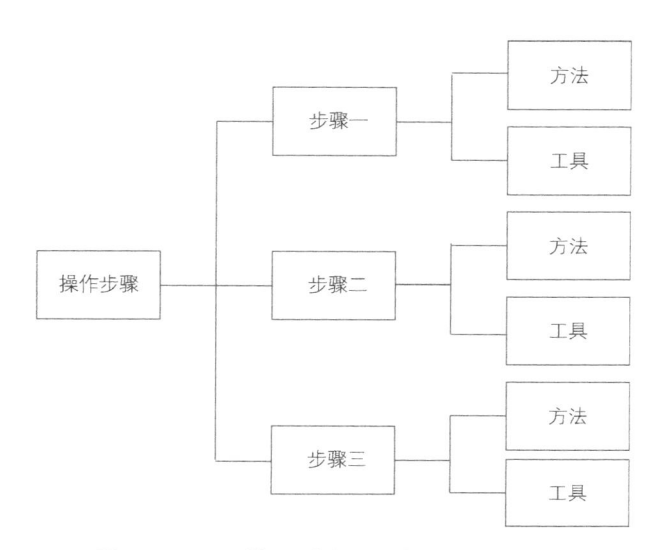

图 3.10.18　时间顺序与重要性顺序组合框架

我们看到"步骤一""步骤二""步骤三"就想到了时间顺序，然后选择时间顺序的图表化结构（见图 3.10.19）。

图 3.10.19　步骤图

对于每个步骤，都有对应的方法（见图 3.10.20）。

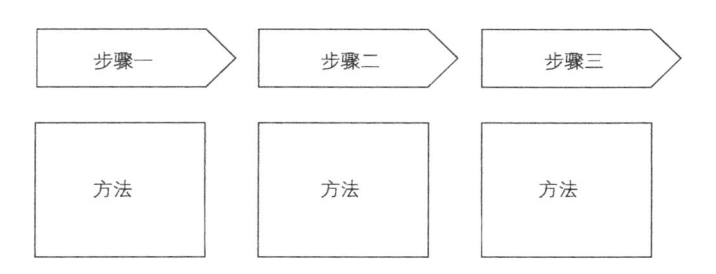

图 3.10.20　步骤与方法组合图

调整一下，得到图 3.10.21。

同理，我们再加上工具的相关信息，时间顺序和重要性顺序就在一个界面上完美融合了（见图 3.10.22）。

图 3.10.21　步骤与方法组合图的调整

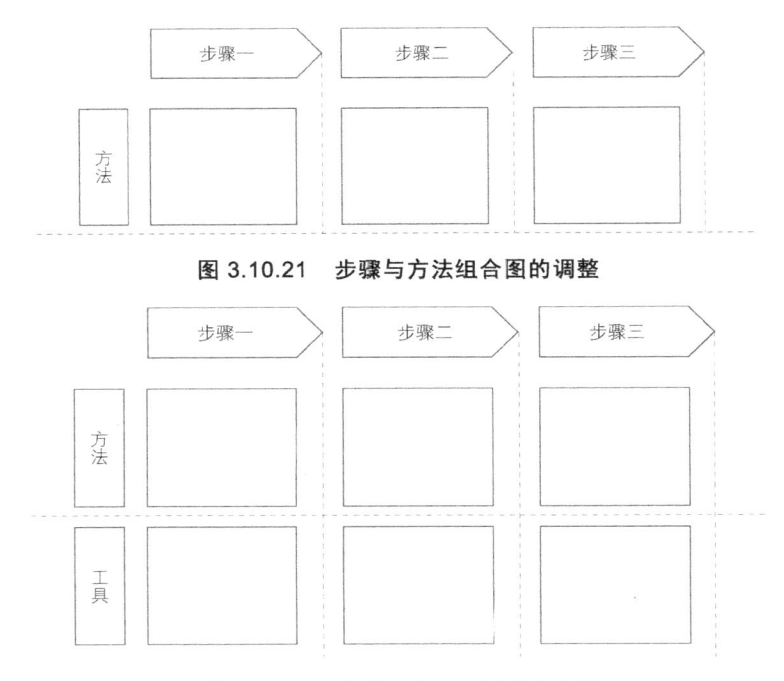

图 3.10.22　步骤、方法、工具组合图

这就是组合时间顺序与重要性顺序（结构顺序）的例子。在构建内容框架时，要做到不重不漏，涉及的维度肯定很多。在进行图表化展示时，就要进行降维的工作，可以一个维度一个维度地入手。

那时间顺序与时间顺序可以组合吗？举个最简单的例子，就是我们从小到大经常用到的课程表。以三天的课程为例，同样是框架先行（见图 3.10.23）。

图 3.10.23　时间顺序与时间顺序组合框架

有了框架后，就选择图表化结构，"星期一""星期二""星期三"是时间顺序，"上午""下午"也是时间顺序。先处理"星期一""星期二""星期三"这个维度的信息（见图 3.10.24）。

图 3.10.24　日时间图

再处理"上午""下午"这个维度的信息（见图 3.10.25）。

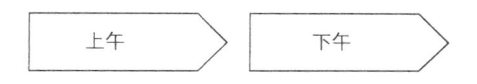

图 3.10.25　半日时间图

两个维度组合，可以得到图 3.10.26。

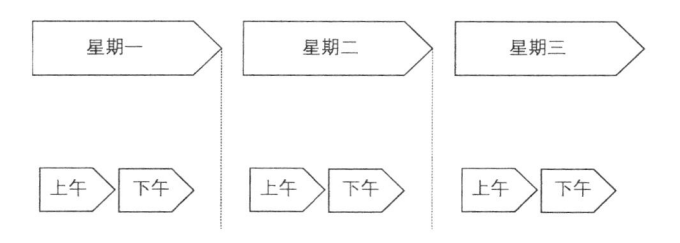

图 3.10.26　日与半日组合图

可以再调整一下，得到图 3.10.27。

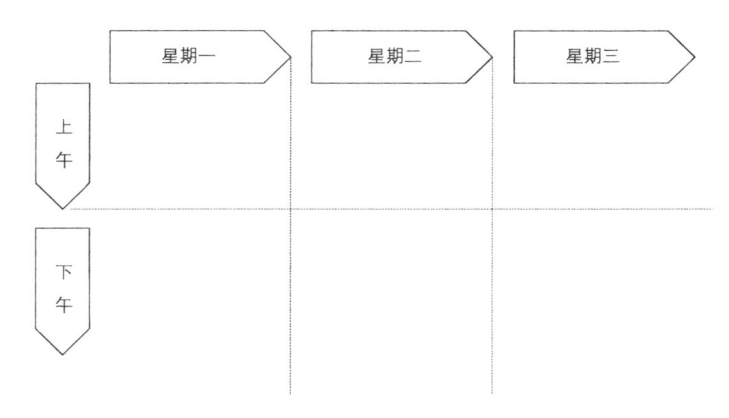

图 3.10.27　日与半日组合图的调整

现在你已经看到了时间顺序与重要性顺序（结构顺序）的组合、时间顺序与时间顺序的组合，有没有结构顺序与重要性顺序的组合呢？当然有。

例如，关于项目管理三要素，我们有框架（见图 3.10.28），这是结构顺序与重要性顺序组合的例子。

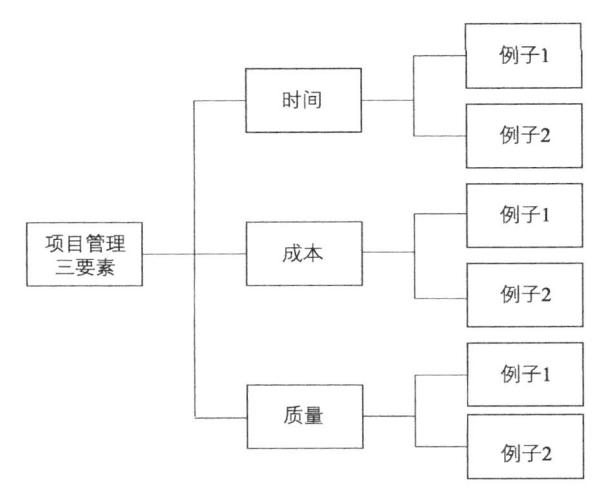

图 3.10.28　结构顺序与重要性顺序组合框架

我们先处理"时间""成本""质量"这个维度的信息（见图 3.10.29）。

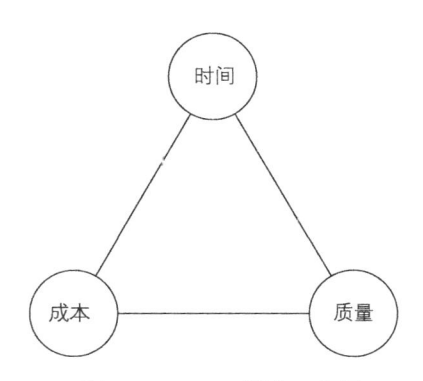

图 3.10.29　三要素三角图

也可以纵向并列（见图 3.10.30）。

或者横向并列（见图 3.10.31）。

图 3.10.30　三要素纵向并列图

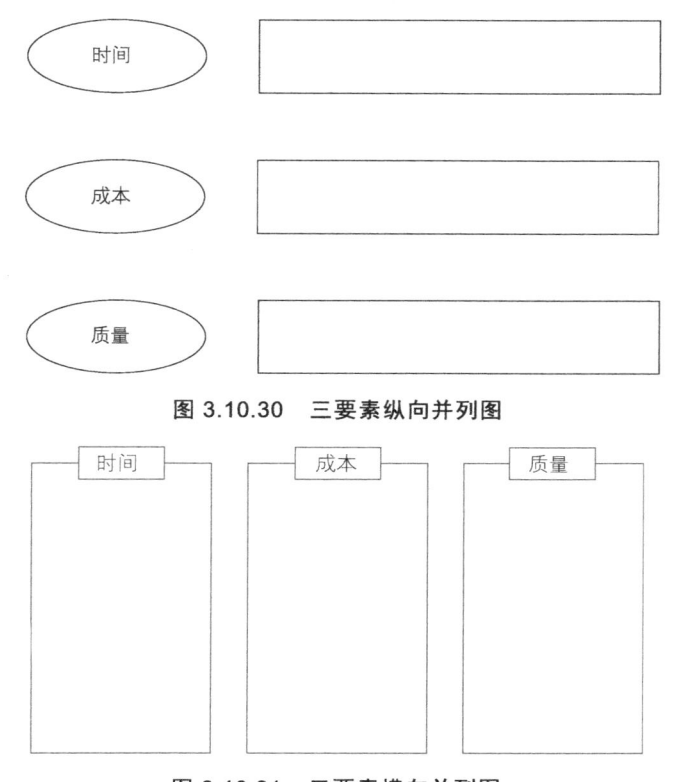

图 3.10.31　三要素横向并列图

这时再考虑"例子 1""例子 2"这个维度的信息（见图 3.10.32）。

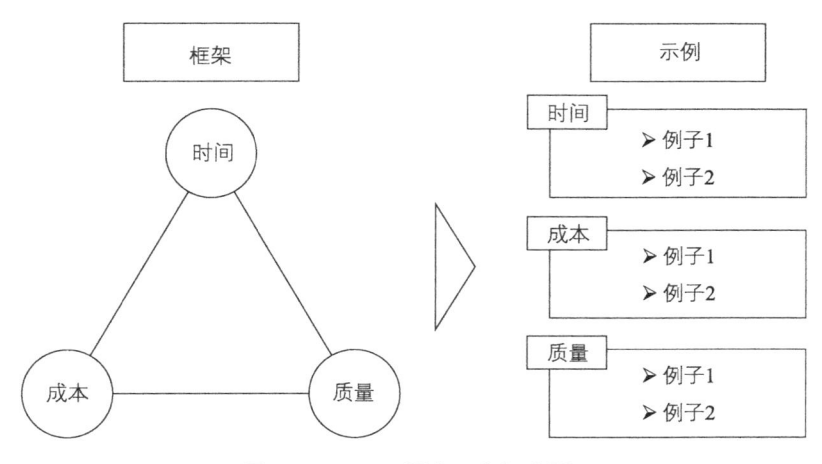

图 3.10.32　三要素三角组合图

还可以纵向或横向并列组合（见图 3.10.33 和图 3.10.34）。

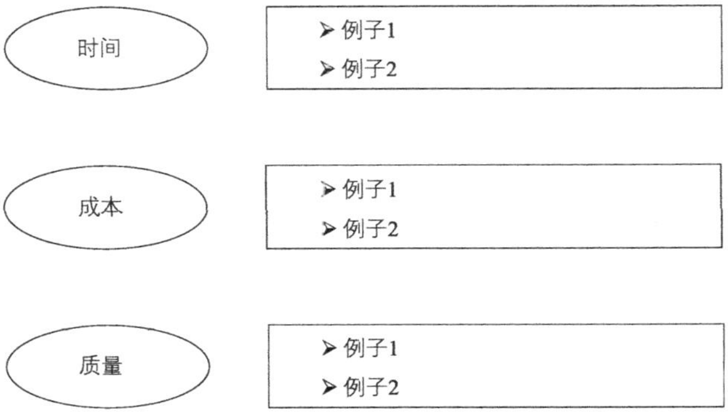

图 3.10.33　三要素纵向并列组合图

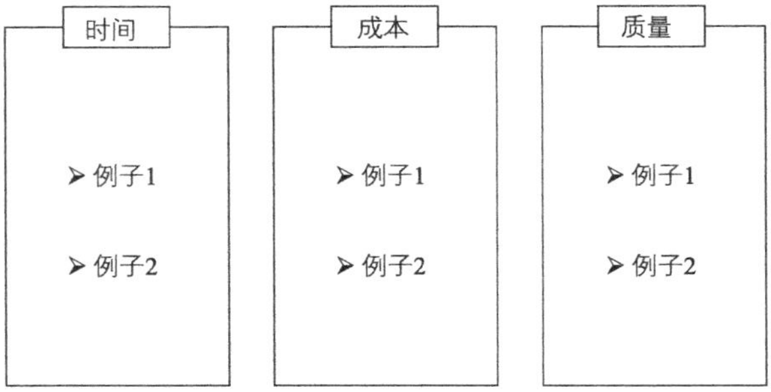

图 3.10.34　三要素横向并列组合图

到这里你应该已经发现，搭建好内容的框架以后，可选择的图表化结构多种多样。

步骤三：填充元素

有了图表化结构，就像房子已经搭好了框架，下面就可以添砖加瓦了。为了处理方便，我们再进行一个降维的工作，把元素分为 5W2H（What、Who、Why、When、Where、How、How Much）。其中，What 和 Who 可以放在一起处理。

（1）What（是什么）和 Who（谁）。

表示是什么和谁，一般用基本的几何图形就可以了，如图 3.10.35 所示。

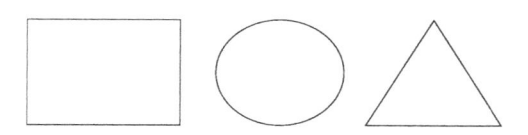

图 3.10.35　基本的几何图形

例如，飞机的"起飞""飞行""降落"三阶段，我们可以简单用几何图形表示（见图 3.10.36）。

图 3.10.36　飞机三阶段图形示例

为了更加形象化，我们可以用图标代替（见图 3.10.37）。

图 3.10.37　飞机三阶段图标示例

（2）Why（为什么）。

表示原因的方法一般是由因到果，或者由果到因（见图 3.10.38）。

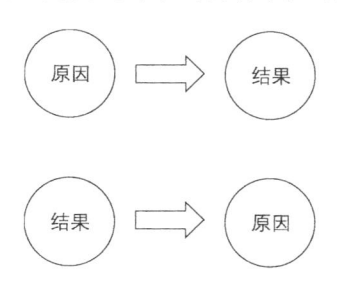

图 3.10.38　因果双向图

（3）When（时间）。

表示计划的时间安排，一般会用甘特图（见图 3.10.39）。

（4）Where（定位）。

表示定位一般用矩阵或坐标轴，如沟通风格矩阵（见图 3.10.40）、波士顿矩阵（可参照图 2.4.31）。

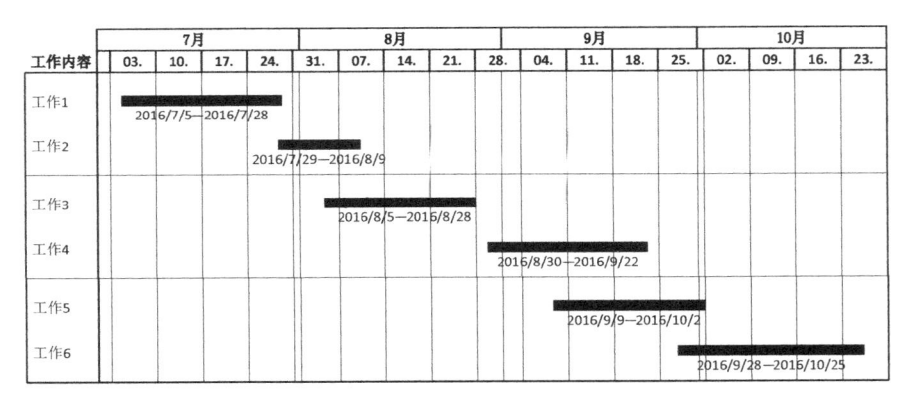

图 3.10.39　甘特图示例

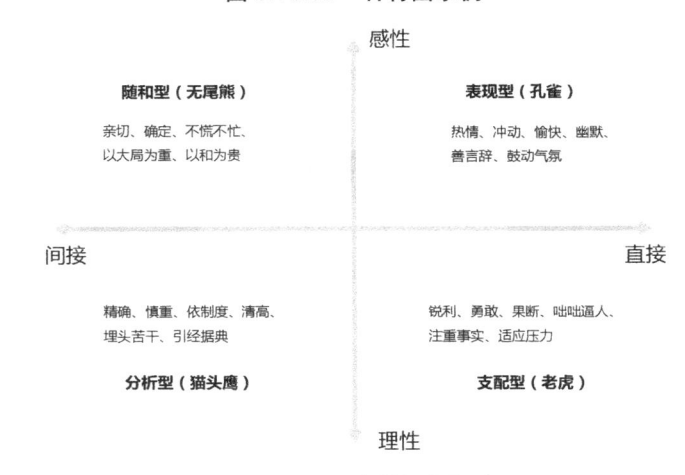

	感性	
随和型（无尾熊）		**表现型（孔雀）**
亲切、确定、不慌不忙、以大局为重、以和为贵		热情、冲动、愉快、幽默、善言辞、鼓动气氛
间接		直接
精确、慎重、依制度、清高、埋头苦干、引经据典		锐利、勇敢、果断、咄咄逼人、注重事实、适应压力
分析型（猫头鹰）		**支配型（老虎）**
	理性	

图 3.10.40　沟通风格矩阵

恋爱风格也可以用矩阵表示（见图 3.10.41），看看你是哪一类？

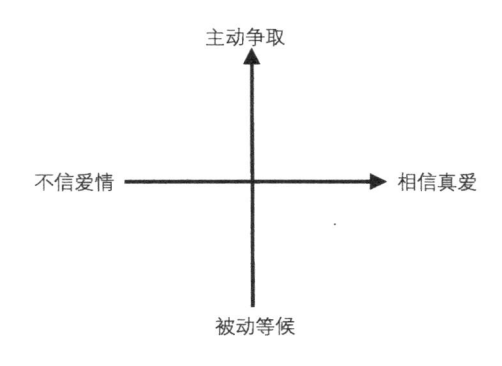

```
           主动争取
              ↑
不信爱情 ←————┼————→ 相信真爱
              │
              ↓
           被动等候
```

图 3.10.41　恋爱风格矩阵

（5）How（如何）。

表示如何的图形一般是流程图（见图 3.10.42）。

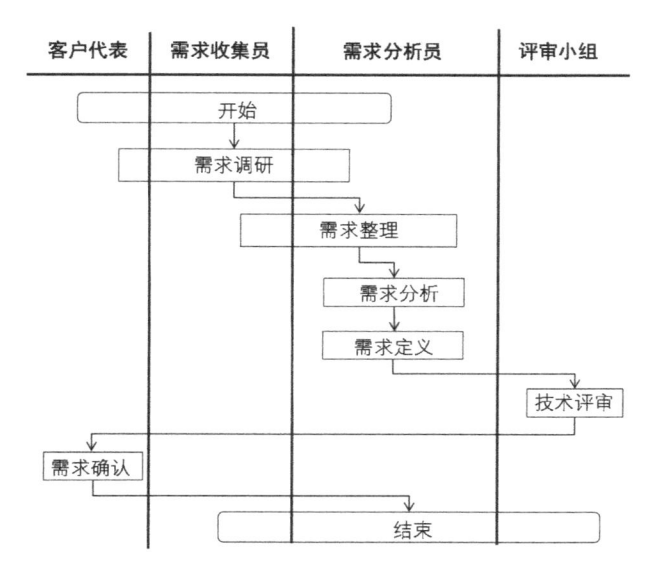

图 3.10.42　流程图

（6）How Much（多少）。

当你的数据与百分比有关，要体现个体与整体的关系时，可以用饼图（见图 3.10.43）。

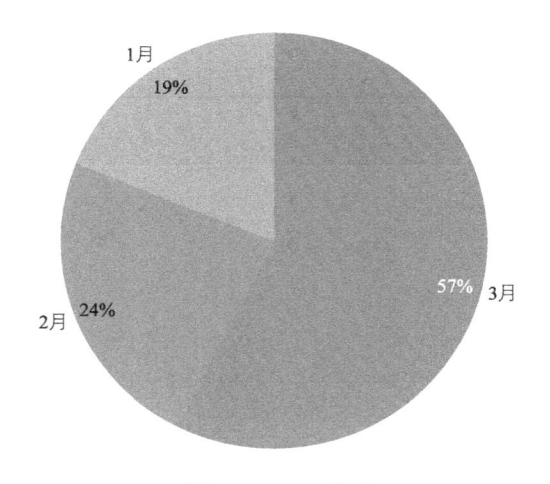

图 3.10.43　饼图

当你的数据较多，要进行排序比较时，可以用条形图（见图 3.10.44）。

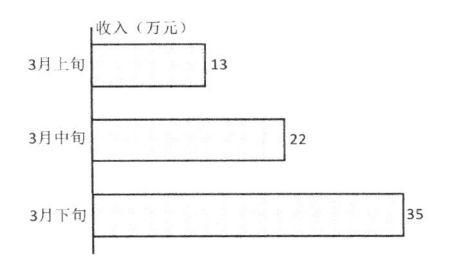

图 3.10.44　条形图

当你要体现随着时间变化的发展状况时，可以用柱状图或线图（见图 3.10.45）。

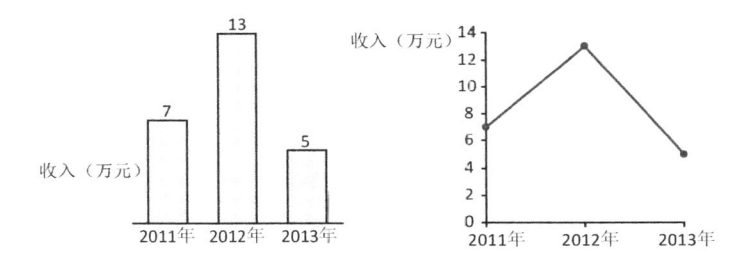

图 3.10.45　柱状图或线图

当你要体现发生的频率分布时，也可以用柱状图或线图，比较典型的例子是分布图（见图 3.10.46）。

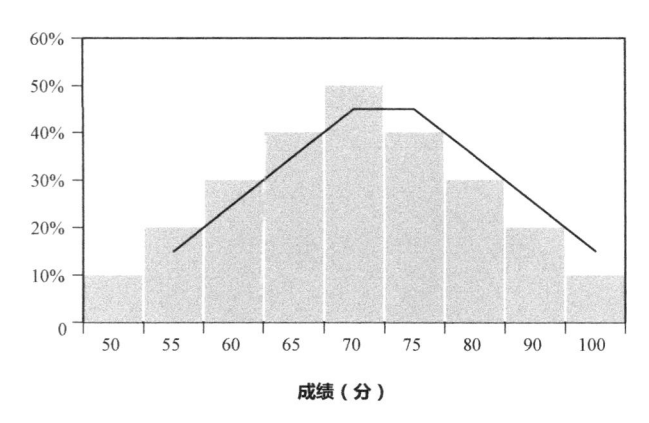

图 3.10.46　柱状图和线图频率分布

面积图兼具线图和饼图的特征（见图 3.10.47）。注意图 3.10.47 中的利润计量是以费用为零点的。

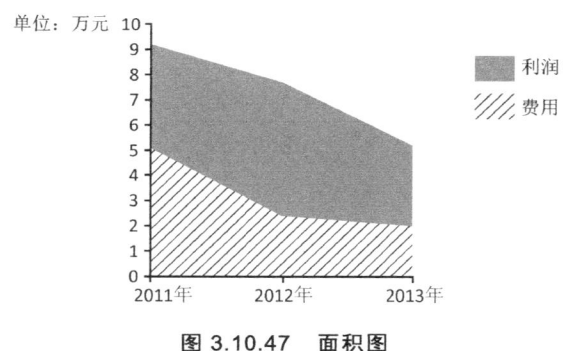

图 3.10.47　面积图

当"身兼多值"，要一较高下的时候，用雷达图清晰明了。游戏中角色的数值比较经常使用这种图（见图 3.10.48）。

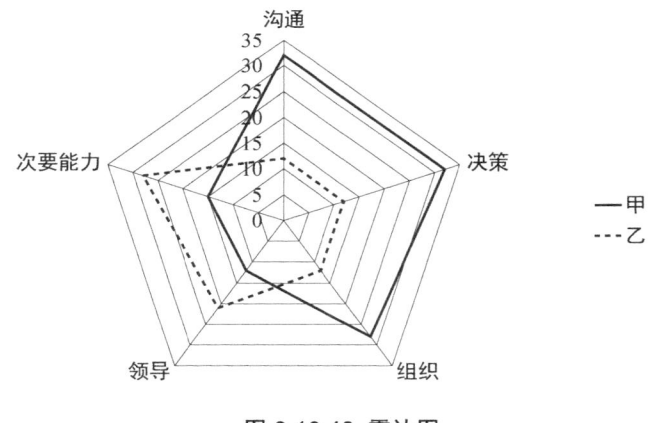

图 3.10.48　雷达图

当你要体现数据的相关性时，可以使用散点图（见图 3.10.49）。图 3.10.49 体现了人均寿命和人均 GDP 之间的关系。

上述的图形也可以互相组合（见图 3.10.50）。

当你关注的是数据的细节时，使用表格是比较好的选择。因为表格相比图形，关注的更多的是细节，是一棵一棵小树，而图形关注的是森林。

225

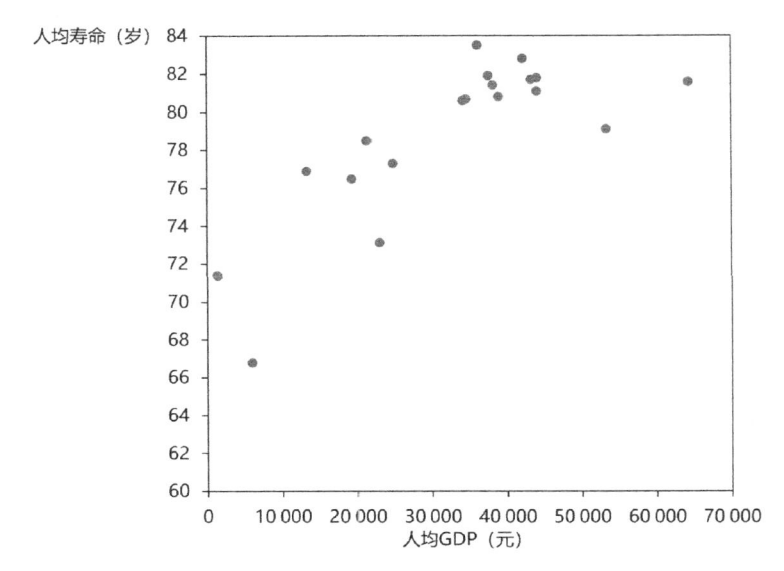

图 3.10.49　散点图

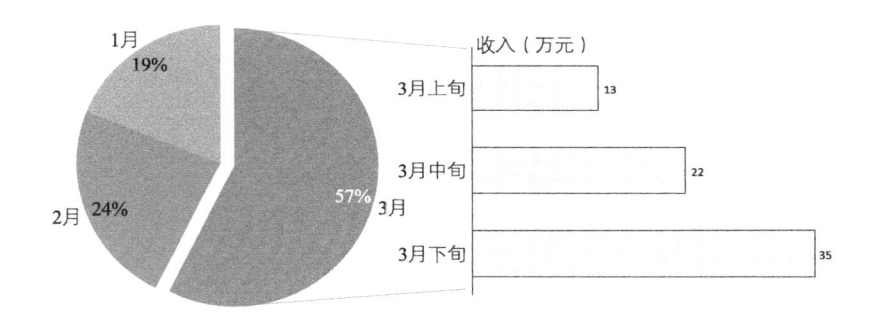

图 3.10.50　饼图、条形图组合图

◄◄ 本章总结

本章主要介绍了图表化展示的优势及图表的设计方法。图表的设计分三步：构建表达内容的框架、选择图表化结构、填充元素。有了图表化展示，你可以更形象地表达，从而使自己传递的信息更准确、更富全局观。但别忘了一点，图表化展示仍然框架为基础，没有框架的图表化展示只是无根之木。

书外求助

读书时遇到了不解之处，或者碰到了想找人交流的问题怎么办？

例如，如何才能做到更快速、更有质量地进行形象化表达呢？除了书中的案例，我还能从哪儿获得更多参考示例？

为了帮你解答这些读书时可能存在的疑问，以及能与其他读者交流，我们建立了一个读者群。

关注微信公众号 YouCore，发送"思维力"即可入群。

后记

书的结束 你的开始

感谢你完成本书的阅读，也恭喜你完成了本书的阅读！

系统思维简化应用的核心是框架。万事万物的本质其实是一个个系统，而框架则是对系统构成元素（结构）及元素间有机联系（规律）的简化体现，框架大大简化了我们对事物的认知。这正是用框架思考与表达如此有效的本质原因。因此，你在思考、表达和学习前一定要构建框架，只有构建了框架，你才能想得更明白、说得更清楚、学得更快速。

本书给出了很多上手即用的方法和工具（如5W2H、5Why、逻辑思维导图、逻辑树、MECE、"讲三点"等），它们在一定程度上确实可以带来立竿见影的效果，快速地帮你提升思维力。

但分析和解决问题、表达、学习能力的全面提升不是一蹴而就的。要做到真正掌握这些能力，你需要进行大量重复的练习和实践以养成习惯。任何未变成你身体记忆的知识或技能，都不能算真正掌握了，充其量只是存放的地点发生了转移而已：从书本转移到你的笔记本中、从笔记本转移到你的头脑中。那么，如何才能将知识或技能变成身体的记忆？无它，唯有"多多练习"。

这就是YouCore不做"轻服务"的知识付费，而做"重服务"的核心力训练的原因——只有以用为导向的刻意练习才能真正地提高思维力。虽然当时很多人不理解我的做法，但事实证明这是一条正确之道，本书的再版和 YouCore 这些年的飞速发展正是这个正确实践的证明之一。

本书阅读的结束不代表你对系统思维学习的结束，反而意味着你正式练习和应用的开始！我期待着你的成功，也期待在思维研究的未来之路上能够与你再次相遇！

也欢迎你关注 YouCore 公众号，加入我们的读书群，和一大帮志同道合的人一起学习、探讨、交流和提高。

参考文献

[1] 艾森·拉塞尔. 麦肯锡方法[M]. 张薇薇, 译. 北京: 机械工业出版社, 2010.

[2] 艾森·拉塞尔, 保罗·弗里嘉. 麦肯锡意识[M]. 龚华燕, 译. 北京: 机械工业出版社, 2010.

[3] 御立尚资. BCG视野: 战略思维的艺术[M]. 冯江, 译. 北京: 电子工业出版社, 2008.

[4] 汉弗莱·B.尼尔. 逆向思考的艺术[M]. 丁圣元, 译. 海口: 海南出版社, 2001.

[5] 东尼·博赞. 大脑使用说明书[M]. 张鼎昆, 徐克茹, 译. 北京: 外语教学与研究出版社, 2005.

[6] 芭芭拉·明托. 金字塔原理[M]. 汪洱, 高愉, 译. 海口: 海南出版社, 2010.

[7] 大前研一. 思考的技术[M]. 刘锦秀, 谢育容, 译. 北京: 中信出版社, 2008.

[8] 竹内薰. 99.9%都是假设[M]. 马淑萍, 郝莉菱, 译. 北京: 中国发展出版社, 2009.

[9] 内田和成. BCG视野: 假说驱动管理的魅力[M]. 崔永成, 译. 北京: 电子工业出版社, 2007.

[10] 理查德·格里格,菲利普·津巴多. 心理学与生活[M]. 19版. 王垒,等译. 北京:人民邮电出版社,2016.

[11] 蒙哥马利. 医生该如何思考临床决策与医学实践[M]. 郑明华,译. 北京:人民卫生出版社,2010.

[12] 丹·罗姆. 餐巾纸的背面:一张纸+一支笔,画图搞定商业问题![M]. 徐思源,颜筝,译. 北京:中信出版社,2009.

[13] 王友龙. 会图解思考的人最厉害:受用无穷的38种思考法[M]. 合肥:安徽人民出版社,2013.

[14] 戴立玲,杨巧绒,袁浩. 信息图形化基础[M]. 北京:化学工业出版社,2004.

[15] 木村博之. 图解力:跟顶级设计师学作信息图[M]. 吴晓芬,顾毅,译. 北京:人民邮电出版社,2013.

[16] 孙皓琼. 图形对话——什么是信息设计[M]. 北京:清华大学出版社,2011.

[17] 奥村隆一. 5个图表解决工作中的12大难题[M]. 黄薇嫔,译. 北京:中国青年出版社,2012.

[18] 永田丰志. 激活你大脑的"图解思考"术[M]. 王欣,译. 北京:龙门书局,2012.

[19] 永田丰志. 演讲达人的"图解思考"术[M]. 李斌瑛,译. 北京:龙门书局,2012.6.